활명수
100년 성장의 비밀

활명수
100년 성장의 비밀

예종석 지음

한국 최초의 브랜드　　한국 최장수 브랜드

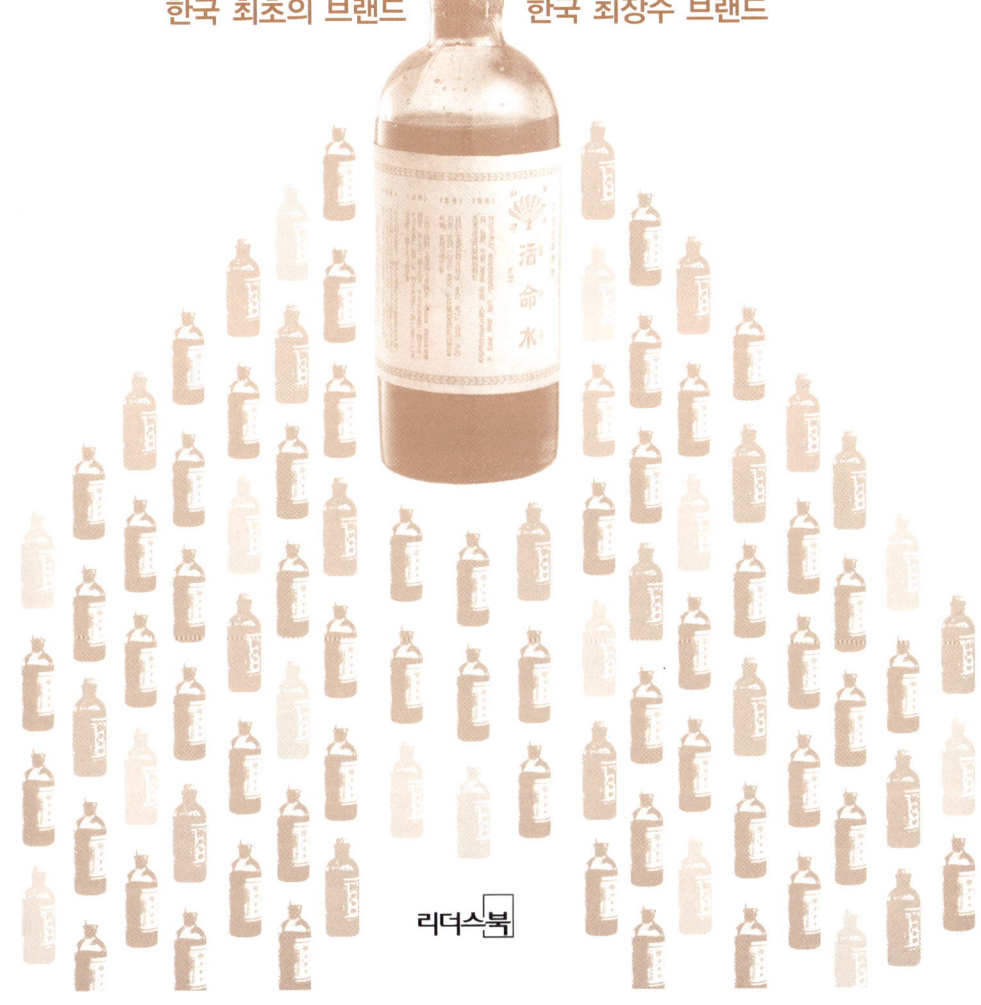

리더스북

머리말

활명수 80억 병에 담긴
경영의 지혜

한 세기 전에 만들어진 제품 중에서 지금도 팔리는 것이 세상에 몇이나 될까. 활명수는 이 나라가 일본에 국권을 위협받던 1897년 세상에 나온 이래 아직까지도 성장기를 구가하는 보기 드문 제품이다. 즉 출시 후 112년 동안 우리 사회의 변화와 함께 갖은 풍파를 겪으면서 우리의 건강을 지켜온 국민 소화제다. 2008년 한 해에만도 활명수는 9,700만 병에 460억 원의 매출고를 달성했다. 지금까지 판매된 활명수는 무려 80억 병에 이르며 이는 길이로 지구를 24바퀴나 돌 수 있는 수량이다.

활명수의 역사는 바로 대한민국의 근세사이자 의약품의 역사이며 나아가서 근대적 기업 경영의 자취나 마찬가지다. 일찍이 의약품을 통한 대중구제를 결심해 활명수를 개발하고 동화약방을 창업한 노천 민병호, 그의 아들이자 독립운동가였던 비운의 초대 사장 민강, 쓰러져가는 동화약방을 인수해 다시 일으켜 세운 사회운동가 보당 윤창식, 보당의 뒤를 이어 성장의 기반을 닦은 그의 아들 가송 윤광열 등의 이야기 속에는 민족 기업인의 자부와 긍지가 면면히 흐르고 있다.

우리 정서에 맞는 우리 것을 향한 뚝심

짧은 자본주의의 역사를 가진 이 나라에서 초창기 창업 성공 신화인 활명수의 사례는 우리에게 좋은 교훈이 된다. 활명수 이야기는 권력의 흐름에 편승해 정경유착으로 성공한 기업 스토리가 아니라 서민과 애환을 함께하며 같이 성장한 모범적인 기업의 사례다. 활명수의 역사에 얽혀 있는 여러 주인공의 감동적인 이야기 속에는 오늘날의 기업인과 경영학도들에게 교훈이 되는 사례가 무궁무진하게 숨어 있다. 그들의 훌륭한 인품과 의로운 기업가 정신도 감동적이지만 그보다 더 가슴에 와닿는 것은 그들이 보여준 경영전략가로서의 뛰어난 자질이다. 경영의 불모지였던 이 땅에서 그들이 일궈낸 장수 제품의 성공담은 오늘날의 기업가에게 모범이 되고 귀감이 될 뿐 아니라 창업을 꿈꾸는 젊은이에게도 훌륭한 지침이 될 것이다.

작금의 한국 경제는 외환위기 이후 최대의 위험 국면을 맞이하고 있다. 기업들은 고유가와 고환율의 위협 속에서 한치 앞을 내다볼 수 없는 백척간두의 상황으로 내몰리는 형편이다. 활명수의 역사에는 이러한 역경을 극복할 수 있는 지혜가 숨어 있다. 활명수는 일제 강점기에는 일본 침략자들에게 수난을 당했고 광복과 6·25를 겪으면서는 회사가 존폐의 고비를 넘었으며 수많은 경쟁자의 공격과 외환위기의 어려움까지 감내해냈다. 그러한 과정에서 활명수는 시대를 뛰어넘는 경영전략으로 어려운 시기마다 슬기롭게 그 위기를 극복해나갔다.

　오늘의 험난한 기업 환경을 헤쳐나가야 하는 경영자들이 한 세기 전의 선조에게 교훈을 얻을 수 있다는 것은 행복이 아닐 수 없다. 온고지신이란 바로 이런 경우를 위해 존재하는 말이 아닐까. 활명수 경영학을 통해 우리 모두 어떠한 위난도 이겨낼 수 있는 예지를 얻었으면 하는 마음 간절하다.

2009년 가을 행당동 연구실에서
예종석

차례

머리말_ 활명수 80억 병에 담긴 경영의 지혜 5

1장_ 궁중 비방에서 베스트셀러가 되기까지

무엇이 히트 제품을 만드는가 18 일석다조를 노린 활명수의 초기 고가 전략 33 영원한 동반자, 중간상인을 섬겨라 36 시대를 앞서 가는 활명수의 다양한 촉진 전략 40 시대 특수성을 고려한 사업의 다각화 50 100년 전부터 시작한 사회공헌 활동 53
- 활명수 경영 레슨 1 55

2장_ 현명한 경영자가 기업의 '활명수'다

동화약방을 연통부의 거점으로 활용하다 61 경영난의 타개책, 주식회사 전환 61 선장의 순국으로 휘청거리는 동화약방 63 침몰하는 동화약방의 절체절명의 위기 64 장고 끝에 체결된 조선 최초의 M&A 65 윤창식, 민중의 활명수를 살리다 68
- 활명수 경영 레슨 2 71

3장_ 시대를 앞서는 경영은 파격과 함께 온다

적확한 인재 영입이 중요한 이유 76 조직을 재정비하려면 먼저 사규를 갖춰라 77 척박할수록 블루오션을 개척하라 78 국내 브랜드의 첫번째 해외 진출 81 필요하다면 파격 인사도 불사하라 83 해외 진출의 성공 열쇠는 현지화 전략 87

• 활명수 경영 레슨 3 89

4장_ 숱한 담금질이 강력한 브랜드를 만든다

혼란한 시국에도 망하지 않는 방법 93 나라가 살아야 기업이 산다 96 3년의 공백을 딛고 다시 활명수에 도전하다 98 가장 먼저 생산부터 정상화하라 99 '역전의 명수' 활명수, 아류 제품을 제압하다 103 수요가 있다면 어떤 상황에서도 멈추지 않는다 104

• 활명수 경영 레슨 4 110

5장_ 변화를 두려워하지 않는 꼿꼿한 소신 경영

이윤 재투자로 외국 자본을 거부하다 118 질적 경쟁을 위한 노력, 대한약사회 창립 124 비전을 담아 '동화약품공업주식회사'로 거듭나다 125 철학과 소신의 CEO 윤창식이 남긴 것 126

• 활명수 경영 레슨 5 129

6장_ 새로운 싸움에서는 지난 판을 잊어라

진취적인 2세 경영 시대가 열리다 134 나를 알고 적 아는 기술제휴 137 트렌드의 산물 '까스활명수' 탄생 139 젊은 패기로 독자적 판매망 시대를 열다 145 소비자를 감동시킨 활명수의 쾌거 149 변화된 세상에 맞춰 리노베이션하라 150 앞서 가는 동화만의 라디오 광고 153 속 시원한 광고, 그게 바로 활명수! 156 소비자의 불안, 언제 어디서나 원천봉쇄하라 163 제품에서 포장, 유통에 이르는 완벽한 핫라인 166

• 활명수 경영 레슨 6 169

7장_ 회사와 같은 꿈을 꾸는 종업원은 고속성장의 동력

젊은 임원들로 수혈한 격변의 70년대 176 비전을 공유해야 효율성이 극대화된다 181 병을 고쳐 생명을 살리는 활명수의 사회공헌 185 영업 조직의 혁신, 담당임원제 189 오너와 전문경영인의 분리가 효율성을 낳는다 191 노사화합의 다리가 되는 우리사주조합 192 국내 최초의 생산직 전 사원 월급제 196 한 시대를 앞서 가는 PM 제도 도입 199 생산 실적 100억 원 달성의 쾌거를 이룬 활명수 203 적극적인 광고로 소비자를 잡아라 208 활명수의 전통성을 광고에 담아라 214
- 활명수 경영 레슨 7 222

8장_ 변화를 예견하는 자의 위기는 기회다

영업사원 1인당 매출액 1위의 뒷심, 주인의식 228 규제 많은 제약 분야에서는 영업력이 최선의 정책 229 좋은 제품에 걸맞은 따뜻한 광고 콘셉트 233 30년간 성장세를 이어 온 활명수 수출 237 11년의 노력으로 맺은 결실, KGMP 239 제약산업 최우량 기업으로 우뚝 서다 242 신제품 개발이 기업의 미래다 242 정직과 성실의 대가, '약의 상' 수상 243 동화의 역사가 깃든 훈장 수훈 244 뜻깊은 결실, 서울 연통부 기념비 준공 245 좋은 제품은 오래 사랑받는다 246 세대를 이어 동화의 정신을 계승하다 247 업계의 변화를 읽어야 진화한다 248 다국적 제약기업의 융단폭격 249 경기 침체와 맞물린 일반 의약품 성장률 하락 251 역사적인 창립 100주년과 IMF 254 혹독한 시련으로 환골탈태하다 256 개방화가 달갑지 않은 이유 257 외환위기와 의약분업이 낳은 저성장 시대 259 위축된 제약산업, 길 위에서 헤매다 261 어려울수록 힘이 되는 효자 상품 263
- 활명수 경영 레슨 8 267

9장 진화하는 장수 제품의 변신, 무엇을 상상하든 그 이상이어라

장수 제품군의 혁명적인 리모델링 273　끊임없이 진화하는 장수 제품, 코카콜라 276　제품이 아닌 브랜드 이미지를 팔아라 280
- 활명수 경영 레슨 9 282

10장 역사 속 리더에게 활명수의 길을 묻다

기업보다 조국을 사랑한 활명수의 아버지, 민강 287　동화의 기업문화를 확립한 윤창식 293　진정한 리더 윤창식을 재평가하다 296
- 활명수 경영 레슨 10 300

1장 궁중 비방에서 베스트셀러가 되기까지

活命水

동양의학과 서양의학에 대한 지식을 토대로 궁중 비방에다 양약의 편리함과 이점을 더해 만드는 활명수는 전래의 한약처럼 달여 먹지 않아도 되는 편리함과 신속한 효력이라는 소비자 지향적인 특성으로 나오자마자 히트 제품이 됐다.

활명수(活命水)는 대한제국의 원년인 1897년 9월 세상에 나왔다. 두 해 전인 1895년에는 일본의 자객들이 명성황후를 시해한 을미사변이 있었고, 그해 말에는 단발령까지 내려져 민심이 흉흉하던 무렵이었다. 명성황후 시해와 친일내각이 내린 단발령은 백성을 분노케 해 그에 항의하는 의병들이 전국 각지에서 봉기하는 등 국가적으로 어지러운 시기였다. 이러한 가운데 고종이 러시아공사관으로 피신하는 아관파천이 이듬해인 1896년에 있었고 같은 해 발족한 독립협회는 정부의 비정(秕政)을 비판하고 개선책을 건의하다 2년도 못 견디고 해산당하던 바로 그즈음이었다. 그때 요즘으로 치자면 경호실 간부쯤에 해당하는 선전관(宣傳官, 조선시대 선전관청에 속한 무관 벼슬로 품계는 정삼품부터 종구품까지 있었다) 출신의 노천(老川) 민병호(閔竝浩)가 궁중 비방을 변형해 활명수를 개발하고 동화약방(同和藥房)을 창업한 것이다.

동화라는 사명은 《주역周易》에 나오는 글귀 "이인동심 기리단금(二人同心 其利斷金)"에서 동(同)자를 취하고, "시화연풍 국태민안(時和年豊 國泰民安)"에서 화(和)자를 취해 만들어졌다. 그 글귀에는 '두 사람이 마음을 합하면 그 예리함이 쇠(金)도 자를 수 있으며, 화평하고 해마다 풍년이 들면 나라가 부강해지고 국민이 평안해진다.'는 뜻이 담겨

우리나라 최초의 신약인 활명수.

있다. 즉 민족이 합심하면 잘살 수 있다는 의미의 좋은 이름인 것이다. 동화약방을 창업할 무렵 이미 불혹의 나이에 접어든 노천은 후견인을 자처하고 자신의 아들인 민강(閔橿)을 초대 사장으로 내세운다.

돌이켜보면 국가의 운이 쇠해 나라가 풍전등화의 위기에 놓여 있던 시절이었다. 이 무렵 의약계의 사정을 들여다보면 1877년 1월 일본 해군이 강화도조약에 따라 부산항을 개항하고 그곳에 최초의 서구식 병원인 제생의원(濟生醫院)을 개설해 서양의술과 의약품을 사용했으며, 1885년 4월에는 우리 정부가 세운 최초의 서양식 의료기관인 광혜원(廣惠院)이 문을 열었다. 한약과 침술에만 의존하던 우리 의약계에 서양의학이 처음으로 소개된 것도 활명수가 이 세상에 얼굴을 내밀기 불과 20년 전이었던 것이다. 이처럼 활명수는 타의에 의해서지만 나라가 개방되고 서양의학이 들어올 무렵 궁중의 내밀한 곳에서 나와 일반 대중의 약품으로 등장한 것이다.

노천 민병호는 선전관으로 있으면서도 평소 의약에 대한 관심이 지대해 전의(典醫, 조선 후기 때 궁내부의 태의원에 속해 왕실의 의료에 관한 업무를 맡아보던 주임관)들과 교류하면서 궁중 비방을 습득했다. 또한 그는 기독교 신자로 서양 선교의사들과 접촉하면서 서양 의약에 대해서도 눈뜨게 됐다. 노천의 동양의학과 서양의학에 대한 지식을 토대로 궁중 비방에다 양약의 편리함과 이점을 더해 만들어진 것이 바로 활명수였다. 현호색, 창출, 진피, 후박 같은 전통 한약재에 아선약과

정향 등 수입 약재를 섞고 마지막으로 멘톨(박하뇌)같이 서양 약재 중에서도 특이한 재료를 배합해 독특한 맛을 낸 것은 지금 생각해봐도 뛰어난 발상이다.

활명수는 전래의 한약처럼 달여 먹지 않아도 되는 편리함과 신속한 효력으로 순식간에 인기를 끌었다. 노천이 활명수를 맨 처음 개발한 것은 당시 가장 흔한 병이 위장장애, 즉 소화불량이었기 때문이라고 한다. 타깃 마켓을 염두에 두고 제품 개발에 임한 것은 지금의 기준으로도 뛰어난 상재가 아닐 수 없다.

따지고 보면 활명수는 개화기에 태어난 동서양의 합작품으로, 성공하는 신제품이 갖춰야 할 요소들을 두루 갖춘 선구적인 제품이었다. 제품 측면뿐 아니라 활명수는 마케팅의 모든 분야에서 성공 요소들을 충실하게 구비하고 있었다. 오늘의 시각으로 활명수의 마케팅 믹스를 살펴보지.

동화약품은 1897년 동화약방이라는 상호로 궁중 비방을 변형한 활명수를 내놓으며 창업했다.

무엇이 히트 제품을 만드는가

세상 밖으로 나온 궁중 비방

활명수의 처방은 궁내부의 선전관으로서 대궐 안팎을 자유로이 출입할 수 있었던 노천이 전의들에게 습득한 궁중 비방에다 양약의 장점을 더해 완성한 것이다. 왕정국가에서 궁중의 비방으로 만든 약이 일반에 판매된다는 것은 당시로서는 상당한 사건이었던 걸로 보인다. 그것도 임금을 지근거리에서 모시는 선전관을 지낸 인물이 창업자이다 보니 그 제품에 대한 소비자의 신뢰가 대단했을 것임을 짐작할 수 있다. 말하자면 활명수는 궁중 비방이라는 신화와 함께 태어난 셈인데 이러한 이야깃거리는 신제품의 성공적인 시장 진입에 큰 도움이 된다.

일제 강점기에는 약품과 약품 영업에 관한 취체규칙이 있어 매약(賣藥)의 조제 원료, 분량, 제조 방법, 용법, 효능, 복용량 등에 대해 경무총감부(警務總監部)의 허가를 받아야 했다. 그 시절 경무총감부 허가 제10호-4(1912년 8월 30일)로 제조품목 허가를 받은 활명수의 허가 사항은 다음과 같다.

활명수 허가 사항

- 약품 분량 및 제조 방법: 계피 4그램, 정향 3그램, 고편도인(감복숭아씨) 6그램을 침출기에 넣고 적포도주 150그램을 가해 잘 혼합한 다음 3일간 침출시킨다. 이 침출액에 박하뇌 0.15그램, 장뇌 0.03그램

을 넣고 백설탕 40그램과 주정 30그램, 증류수 70그램을 가한 후 잘 혼합해 용해한 후에 여과시켜 60밀리리터 병에 포장한다.

효능, 용법 및 복용량: 남녀노소 급성카타르, 소아토사곽란, 호역성 질환, 급체, 만성설사 등 모든 위급증에 유효하다. 1일 3회 이 약 10밀리리터에 맑은 물 20밀리리터를 가해 복용한다. 대인은 1회 10밀리리터, 15세 미만은 5밀리리터, 7세 미만은 3밀리리터, 4세 미만은 1밀리리터씩을 복용한다.

잘 팔리는 브랜드 네임, 활명수

신제품의 성공에서 상표명만큼 중요한 것은 없다. 상표명은 소비자와 커뮤니케이션하는 가장 중요한 수단이기 때문이다. 활명수는 '목숨을 살리는 물'이라는 의미가 있다. 환자들에게 고통을 주는 급성카타르, 소아토사곽란, 급체, 만성설사 등의 증상에 즉효가 있는 약품의 브랜드 네임으로서 활명수는 최고의 이름이 아닐 수 없다. 강력한 브랜드를 창출해내기 위해서 갖춰야 할 가장 중요한 조건은 그 제품이 소비자의 욕구에 부응하는 측면이 있어야 한다는 것이다. 제품의 어떤 차원에서라도 소비자의 욕구에 부합하는 요소를 갖춰야 한다. 그런 점에서 활명수는 대단히 소비자 지향적인 이름이다. 많은 학자가 주장하는 좋은 브랜드 네임의 조건을 종합해보면 다음과 같다.

좋은 브랜드 네임의 조건 11
1. 브랜드 네임이 제품의 편익과 특성을 잘 나타내야 한다.

2. 식별하고 기억하기가 쉬워야 한다.

3. 기업 이미지와 다른 제품들의 이미지에 부합해야 한다.

4. 광고와 판매 촉진이 가능해야 한다.

5. 독특한 면이 있어야 한다.

6. 발음하기가 쉬워야 한다.

7. 소비자에게 긍정적인 연상을 불러일으켜야 한다.

8. 패키지와 부합해야 한다.

9. 현대적인 인상을 줘야 한다.

10. 적절한 외국어 표기가 가능해야 한다.

11. 등록과 법적 보호가 가능해야 한다.

요약하자면 좋은 브랜드 네임은 이름 자체가 제품이 가져다주는 이익과 특성을 잘 나타내고, 기억하기 쉽고 발음하기 좋아야 하며, 간결하고 독특해야 한다는 것이다. 그런 관점에서 볼 때 활명수는 이러한 조건들을 충실하게 충족시키고 있다.

브랜드는 제품에 관한 일반적인 정보를 소비자에게 전달할 뿐 아니라 그 제품의 특별함과 소비자에게 가져다주는 혜택까지도 표현하는 것이어야 한다. 다시 말해서 브랜드는 그 제품의 많은 장점을 압축해서 표현하는 것이라야 하며, 설득력 있고 흥미로운 것이어야 하는데 활명수는 우선 그 이름 자체가 소비자에게 제공하는 이익을 직설적으로 커뮤니케이션하고 있다. 약품이 소비자에게 줄 수 있는 이로움 중에 사람의 목숨을 살리는 것보다 더 중요한 것이 어디 있겠는가. 오늘날의 여건에 비춰보면 그 이름이 조금 과장된 것처럼 느껴질 수도 있겠지만 의료 혜택을 받기 어렵고 의학에 대한 상식이 부족했던 한 세기 전의 상황에서는 급체나 토사곽란 등의 증상이 생명에 위협이 될 수도 있었기에 그 의미가 현실적으로 소비자의 피부에 와 닿았으리라 짐작된다.

기억 용이성 측면에서도 활명수는 강점을 갖추고 있다. 다분히 상식적이고 당연한 기준이지만 기억하기 쉬워야 한다는 점은 브랜드 자산 구축에서 가장 중요한 요소이며 따라서 아무리 강조해도 지나치지 않다. 브랜드 네임의 선택에서 기억 용이성은 최우선적으로 고려해야 할 요소다. 활명수라는 브랜드 네임은 그 이름이 연상시키는 이익 때문에도 기억하는 것이 용이하지만 이름 자체가 쉽기 때문에도 외우기 쉽다. 활명수는 한자 이름이긴 하나 살 활(活), 목숨 명(命), 물 수(水) 세 글자가 다 쉬워 한자가 상용되던 당시 상황에서는 유식한 사람이 아니라도 다 알 만한 글자들이다.

게다가 활명수는 한국 사람들이 가장 좋아한다는 세 음절로 이뤄져 있으며 발음하기도 쉽다. 브랜드 네임을 지을 때는 다른 나라 또는 다른 문화에서도 그 브랜드를 활용할 수 있는가 하는 점도 고려해야 한다. 다른 문화에서의 활용 가능성은 글로벌 브랜드를 지향할 경우 꼭 고려해야 할 사항이다. 한 나라에서 성공한 브랜드 네임이 다른 나라에서는 나쁜 의미로 해석돼 낭패를 겪는 기업들이 적지 않기 때문이다. 활명수는 한자 이름이기 때문에 한자문화권에서는 번역할 필요 없이 좋은 의미가 그대로 통용될 수 있다는 장점이 있다. 실제로 활명수는 초창기부터 북간도와 만주국에 같은 이름으로 수출이 이뤄진 바 있다.

모방을 불허하는 방어상표 전략

성공적인 브랜드는 항상 모방의 위험에 노출된다. 따라서 우선 모방을 방지할 수 있는 법적 장치를 마련하는 것이 중요하다. 그래서 브랜드를 출시하기 전 법적 등록 절차를 국내외에서 밟아두어야 한다. 법적 규제를 피하는 모방도 가능하므로 브랜드를 설계할 때 모방을 억제할 수 있는 디자인적 요소를 고려해야 할 것이다.

등록과 법적 보호 측면에서도 활명수는 대단히 선구적인 선례를 남겼다. 동화약방은 활명수의 상징이라 할 수 있는 부채표를 1910년 8월 15일 우리나라 최초의 상표로 등록했다. 동화가 부채를 상표로 선택한 데는 깊은 뜻이 있었다. 부채표는 중국에서 가장 오래된 시집인 《시경詩經》에 나오는 "지죽상합 생기청풍(紙竹相合 生氣淸風)"이라는 글귀에 뿌리를 두고 있다. 이 글귀는 대나무와 종이가 합해져서 부채를 이뤄 맑은 바람을 일으킨다는 뜻으로, 민족이 합심하면 잘살 수 있다는 의미가 되기도 한다. 이는 회사명인 동화의 의미와도 일맥상통하는 것이다.

1년 전인 1909년 '환약(丸藥)'을 상품명으로 해 통감부 특허국에 상표 등록을 했다는 기록이 있으나 관련 자료가 소실돼 그때 등록한 상표가 구체적으로 어떤 형태인지는 확인할 길이 없다. 아무튼 동화는 일찍부터 특허와 상표의 중요성을 인식한 것으로 보인다.

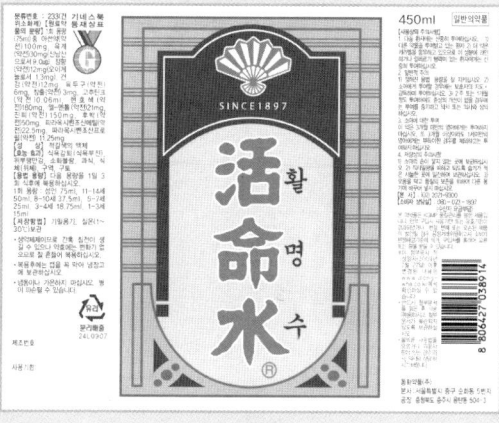

상표 등록과 보호라는 측면에서 선구적이었던 동화약방은
활명수의 상징인 부채표를 1910년 우리나라 최초의 상표로 등록했다.
사진은 초창기 활명수 라벨과 현재의 활명수, 까스활명수-큐 라벨.

부채표를 등록한 뒤 1910년 12월 16일에는 활명수도 상표 등록을 했다. 이때 동화약방은 활명수 외에도 인소환(引蘇丸), 개안수(開眼水), 팔선단(八仙丹), 지해로(止咳露) 등 13종의 약을 같이 등록하고 이후 1911년에는 청심원(淸心元)을 등록했다.

1912년경에는 선발 제품인 활명수를 모방한 유사상표가 범람했다. 당시 유명 약방들이 발매한 활명수 유사제품으로는 제생당약방의 보명수(保命水), 천일약방의 통명수(通命水), 화평당약방의 회생수(回生水), 모범매약의 소생수(蘇生水), 조선매약의 약수(藥水), 낙천당약방의 낙천약수(樂天藥水), 조선상회의 활명회생수(活命回生水), 나카무라약관(中村藥館)의 활명액(活命液) 등 10여 종에 이르렀다고 한다. 조선상회 활명회생수의 경우는 라벨에 회생이라는 글자를 아주 작게 표기해 활명수로 오인하게끔 하기도 했고 나카무라약관의 활명액은 1917년 5월부터 일간지에 지속적으로 광고를 하기도 했다.

활명수가 등록상표이긴 했지만 이때는 유사상표를 규제할 수 있는 법적 근거도 없고 규제에 대한 인식도 부족해서 달리 손을 쓰지 못했다. 그러나 동화약방은 1919년 활명수 상표를 보호하고자 '활명액'이라는 유사상표 방어용 상표를 등록하게 된다. 동화는 부채표 '활명액'을 정기, 수제, 환약, 고약, 산약, 약유에 이르는 상품류 구분 제1류로 등록했다. 하지만 실제로 '활명액'을 생산하지는 않았다.

이러한 방어 전략은 요즘엔 보편적인 기업 활동이지만 당시로서는 대단히 앞서 가는 아이디어가 아닐 수 없다. 예를 들어 롯데제과는 2006년 '드림 카카오'를 상표 출원하면서 방어상표로 '카카오 드림'

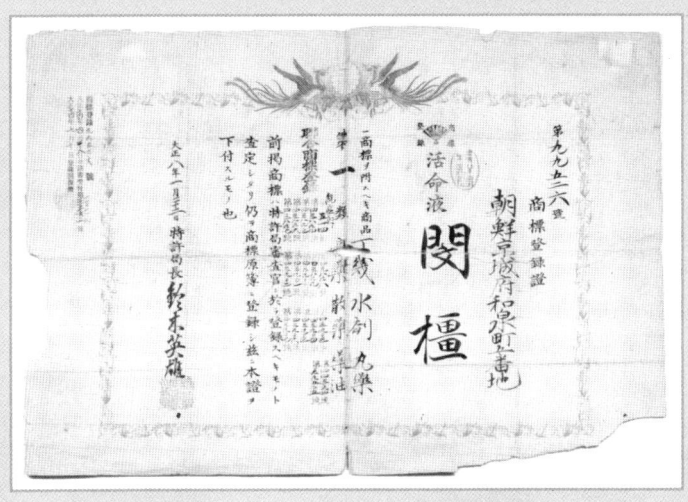

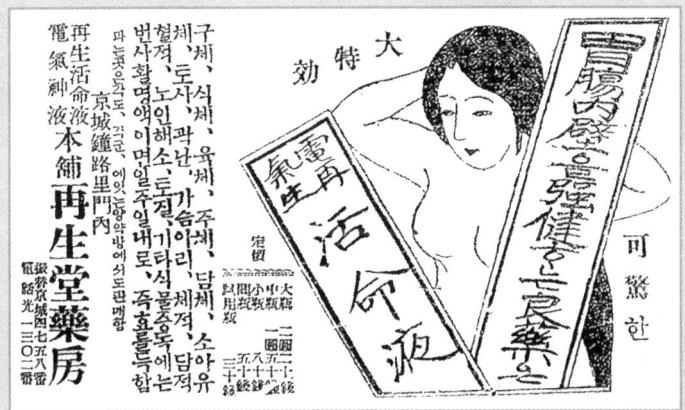

활명수를 모방한 유사상표가 범람하자 동화약방은 '활명액'이라는 방어용 상표를 등록했다.
사진 위는 동화약방의 활명액 등록증, 아래는 재생당약방(구 나카무라약관)의 활명액 광고.

히트 제품의 방어상표 등록·출원 사례

회사명	히트 제품	방어상표
롯데칠성음료	2%부족할때 오늘의차	2%남을때, 2%채워줄때 에브리차
남양유업	17차	1차~99차
롯데제과	드림카카오 석류미인	카카오드림, 꿈의카카오 석류미녀
빙그레	요맘때	그맘때, 이맘때
CJ(주)	미초	아름다운초
웅진식품	아침햇살 내사랑유자C	아침햇쌀, 아침요정 내사랑금자, 내사랑미자

출처: 2007년 3월 20일자 〈한국경제〉

과 '꿈의 카카오'를 함께 출원한 바 있고, 2005년 '몸이 가벼워지는 시간 17차'를 출시한 남양유업은 제품 출시 1년 전에 '남양 1차'에서 '남양 99차'까지 함께 상표로 등록했다. 롯데칠성음료는 '2% 부족할 때'를 출시하면서 '2% 남을 때'와 '2% 채워줄 때' 등을 방어상표로 출원했고, 식혜음료 '잔치집'을 보호하기 위해서는 '시골집'과 '처가집' 등을, '오늘의 차'를 내놓으면서는 '에브리차'를 방어상표로 등록한 바 있다. 해태음료 역시 2006년 '과일촌 아침에 사과 1개'를 '과일촌 빨간 사과 1개'와 함께 출원한 바 있고 빙그레는 아이스크림 '요맘때'의 방어상표로 '그맘때'와 '이맘때'를 같이 등록했다. 웅진식품은 '아침햇살'의 방어를 위해 '아침햇쌀'과 '아침요정'을, '내 사랑 유자C'를 위해 '내 사랑 금자'와 '내 사랑 미자'를 함께 출

한일병합 당시 동화의 상표 등록 현황

상표명	상표등록번호(등록일자)	상품류 구분(제1류)	비고
소실로 불명	통감부 제295호(1909. 10)	환약	
백응(+부채도형)	통감부 제514호(1910. 8. 15)	고약, 환약, 산약, 수약, 유약, 정기	백응고
인소(〃)	제43894호(1910. 8. 15)	정기, 수제, 환약, 고약, 산약, 유약	인소환
구급활명(〃)	제43895호(1910. 8. 15)	〃	활명수
개안(〃)	제43896호(1910. 8. 15)	〃	개안수
팔선(〃)	제43897호(1910. 8. 15)	〃	팔선단
지해(〃)	제43898호(1910. 8. 15)	〃	지해로
이급(〃)	제43899호(1910. 8. 15)	〃	이급환
영응(〃)	제43900호(1910. 8. 15)	〃	영응유
상한성약(〃)	제43901호(1910. 8. 15)	〃	상한성약
회적(〃)	제43902호(1910. 8. 15)	〃	회적환
흉복통(〃)	제43903호(1910. 8. 15)	〃	흉복통환
소적(〃)	제43904호(1910. 8. 15)	〃	소적환
치리(〃)	제43905호(1910. 8. 15)	〃	치리산
혼회(〃)	제43906호(1910. 8. 15)	〃	혼회수약
보생(〃)	제43907호(1910. 8. 15)	〃	보생단
상품청심원(〃)	제44364호(1911. 1. 23)	〃	청심원
깅장보익(〃)	제00525호(1919. 1. 22)	〃	보익수
활명액(〃)	제99526호(1919. 1. 22)	〃	활명수

*1910년 8월 29일 국권 피탈 후에는 일본 농상무성 특허국에서 주관해 상표등록번호를 부여했다.

원했고 CJ는 식초음료 '미초'를 상표 출원하면서 '아름다운 초'를 방어용으로 같이 출원하기도 했다.

활명수의 유사상표명 등장은 광복 후까지도 지속돼 1947년 동아제약의 전신인 동아약품공사에서 발매된 생명수(生命水)에까지 이어지며 그 생산은 1960년대까지도 계속됐다.

소비자의 트렌드를 따라 변신하라

브랜드 요소를 선택하는 주요 기준 중에서 간과하지 말아야 할 것이 변경 가능성이다. 소비자의 가치관과 트렌드는 시시각각 변한다. 경제 성장과 더불어 그 변화는 점점 더 가속화되고 있다. 브랜드는 그러한 소비자의 변화를 따라잡을 수 있어야 한다. 브랜드 요소도 시대적 변화에 부응할 수 있도록 변경 가능성을 열어둬야 한다. 예를 들어 세계적 기업인 IBM은 창사 이래 기업 로고를 소비자의 기호 변화에 맞춰 꾸준히 변형해왔다. 동화도 112년 동안 부채표의 디자인을 시대 흐름에 맞춰 조금씩 변형해왔다.

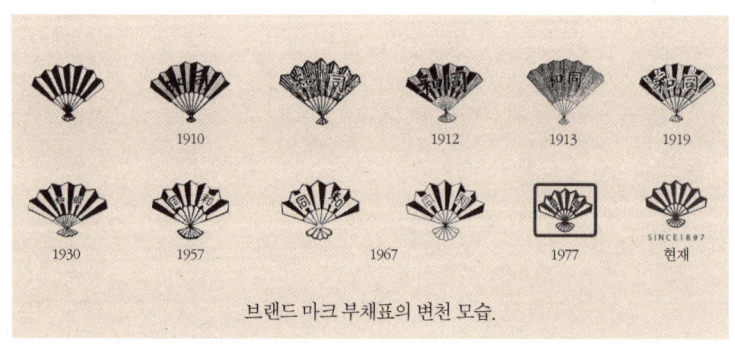

브랜드 마크 부채표의 변천 모습.

초창기부터 현재까지의 변경된 활명수 제품군 라벨.
소비자의 기호는 끊임없이 변화하므로 제품의 로고나 라벨 역시 그에 맞춰 달라져야 한다.

브랜드 전문가 케빈 켈러(Kevin Keller)는 특정 브랜드가 소비자의 기억 속에 긍정적이며 호의적인 이미지로 자리잡을 때 그 브랜드를 소유한 기업은 무려 10가지 혜택을 즐기게 된다고 밝힌 바 있다. 그가 말한 10가지 혜택은 다음과 같다.

> **소비자의 기억에 남는 브랜드가 누리는 혜택**
> 1. 높은 브랜드 로열티
> 2. 경쟁적 마케팅 활동에 대한 취약성 감소
> 3. 마케팅 위기에 대한 대응 능력 증가
> 4. 이익 증대
> 5. 가격 상승 때 비탄력적인 소비자 반응
> 6. 가격 하락 때 탄력적인 소비자 반응
> 7. 유통경로의 협력과 지원 증가
> 8. 마케팅 커뮤니케이션의 효율성 증대
> 9. 라이선스 사업 기회의 발생 가능성
> 10. 부가적인 브랜드 확장 기회

활명수는 초창기부터 강력한 브랜드 자산을 구축해 높은 브랜드 로열티는 물론 마케팅 위기에 대한 대응 능력과 이익 증대 등의 다양한 혜택을 오랫동안 향유해오고 있다.

1등이 되려면 2등, 3등도 만들어라

선전관직을 사임한 노천은 약으로 병마에 시달리는 대중을 구제하기로 결심하고 장남인 민강과 함께 효험 있는 처방이 있다면 어디라도 불원천리하고 의사들을 찾아다니며 배우고 연구했다. 그리하여 활명수 외에도 인소환, 백응고(白應膏) 등을 구비해 동화약방을 창업했던 것이다. 동화는 1908년 1월 내부 관제 개정에 따라 위생국(衛生局)에서 정식으로 관허(官許)를 받아 당시 약방 중에서 가장 많은 98종의 의약품을 생산했다. 그 후 1910년 한일병합에 따라 총독부의 헌병과 경찰을 지휘하는 경무총감부의 위생과가 모든 의약품 허가를 관장하게 되자 1911년 다시 56종에 대한 허가를 받고 계속 허가를 추가해서 1929년까지 77종에 이르는 의약품을 생산해 여전히 최다 품목 보유 회사의 명성을 유지했다. 창업자인 민병호와 초대 사장 민강이 제품 개발에 얼마나 심혈을 기울였는지 짐작하게 하는 대목이다. 그들은 제품 개발의 중요성을 이미 알고 있었던 것이다.

1910년 당시의 가격별 주요 생산 품목은 다음과 같다.

- 정가 5전: 동창고(凍瘡膏), 잡목고(眨目膏), 신묘산(神妙散)
- 정가 10전: 인소환(引蘇丸), 개안수(開眼水), 치통수(齒痛水), 치인수(治咽水)
- 정가 15전: 회충환(蛔蟲丸), 복학산(腹瘧散), 마아산(麻眼散), 영응유(靈應油), 호정고(胡精膏), 설태고(舌苔膏)
- 정가 20전: 소감산(消疳散), 치인산(治咽散), 치리산(治痢散), 토혈산(吐

血散), 해혈산(咳血散), 소아지해산(小兒止咳散), 이급환(理急丸), 소적환(消積丸), 천감고(喘疳膏), 촌충약(寸蟲藥), 혼회수(昏蛔水), 태단유(胎丹油), 절학고(絶瘧膏), 완합유(完合油)

- 정가 25전: 상한성약(傷寒聖藥)
- 정가 30전: 파적환(破積丸), 회적환(蛔積丸), 위복통환(胃腹痛丸), 절학산(絶瘧散), 해천환(咳喘丸), 풍치산(風齒散), 충치산(蟲齒散), 담결고(痰結膏), 산통고(酸痛膏), 견비통고(肩臂通膏), 팔선단(八仙丹)
- 정가 40전: 활명수(活命水), 소간액(消癎液)
- 정가 50전: 오림환(五淋丸), 개창산(疥瘡散), 치창산(痔瘡散), 요통고(腰痛膏), 소학산(消瘧散), 지광로(止狂露)
- 정가 60전: 퇴황환(退黃丸), 냉복통고(冷腹痛膏)
- 정가 80전: 보원액(補元液), 정중고(怔仲膏)
- 정가 1원: 난제고(煖臍膏), 삼백수(三白水), 익신고(益腎膏), 조경고(調經膏), 몽유고(夢遺膏), 냉통고(冷痛膏), 소간고(消癎膏), 백응고(白應膏)
- 정가 1원 50전: 지해로(止咳露)
- 정가 2원: 잡역고(眨癧膏), 발근고(拔根膏)
- 정가 3원: 낙매환(落梅丸)
- 정가 30전(각 1제): 활명산(活命散), 익장환(益壯丸)

신제품 개발의 최종 관문, 테스트 마케팅

활명수의 시장 진입 과정에서 돋보이는 것이 테스트 마케팅을 실시한 흔적이다. 테스트 마케팅은 실제 상황에서 미리 제품 사용과 마케팅 프로그램을 시험해보는 단계로 신제품 출시 전 제품 개발 과정에서 필히 거쳐야 하는 수순이다. 기업은 테스트 마케팅을 통해 제품뿐 아니라 가격, 유통, 촉진과 포지셔닝 전략 등을 시험해볼 수 있다.

노천 민병호는 활명수를 개발한 후 수시로 자신이 다니던 정동교회 신도들에게 제품을 무상으로 나눠줘 사용하게 한 뒤 그들의 반응을 살폈다고 한다. 이는 오늘날의 기준으로 본다면 유치한 수준의 테스트 마케팅이라 할 수 있겠지만 100여 년 전의 경영자, 그것도 평생을 관직에 몸담았던 인물의 경영 활동으로서는 놀라운 일이 아닐 수 없다. 당시는 마케팅이란 개념조차도 이 땅에 소개되지 않았던 때임을 생각해보면 노천은 천부적인 마케터라 하지 않을 수 없는 인물이다.

일석다조를 노린 활명수의 초기 고가 전략

가격이란 제품을 소유 또는 사용하는 대가로 지급해야 하는 화폐 또는 교환매체로 표시된 가치라고 정의할 수 있다. 일반적으로 제품에 대한 가격은 구매자와 판매자의 협상에 따라 결정된다. 즉 판매자는 받을 수 있는 것보다 높은 가격을 요구하고, 구매자는 지급할 가격보다 낮게 요구해 결국 협상을 통해 서로 인정할 수 있는 가격에 도달하는 것이다.

구매자는 제품을 제공받는 대신 대금을 지급하는데, 가격이 구매자의 측면에서는 비용이 된다. 즉 가격은 구매자에게는 제품 효용의 크기라고 할 수 있다. 판매자의 측면에서 가격은 원칙적으로 제품의 생산과 판매에 소요되는 비용과 적정 수준의 이윤을 포함해야 하고 나아가서 구매자의 효용까지도 반영해야 한다. 이처럼 가격은 기업의 이윤 극대화 욕구를 충족시킴과 동시에 구매자의 구매 욕구도 동시에 충족시켜야 하는 이중적인 특성을 지니고 있다.

가격은 결국 제품 혹은 서비스에 부과된 화폐의 양이며 구매자의 선택에 영향을 미치는 중요한 요소다. 마케팅 믹스 변수 중 비가격 변수의 중요성이 점점 커지는데도 가격은 여전히 기업의 시장점유율과 수익성을 결정짓는 가장 중요한 요소 중 하나다. 또한 마케팅 믹스 가운데 수익을 창출하는 유일한 요소이면서 전략적인 활용 가능성도 높은 변수다. 그러한 이점에도 우리 기업들은 아직 가격을 전략적으로 잘 활용하지 못하고 있으며 전통적으로 원가 지향적인 가격 결정 방식을 고집하고 있다.

신제품에 대한 가격 결정 방식에는 일반적으로 초기 고가 전략(market skimming pricing)과 초기 저가 전략(market penetration pricing) 두 가지가 있다. 초기 고가 전략은 시장 도입 초기에 상대적으로 가격을 비싸게 책정해 고급 이미지를 내세워 가격 탄력성이 낮은 혁신자 계층을 공략하는 전략이며, 초기 저가 전략은 시장 침투를 목적으로 처음부터 가격을 낮게 책정해 급속히 시장을 점유하는 전략이다.

즉 초기 고가 전략은 신제품의 출시 초기에 높은 가격을 책정해 고급 이미지로 의견 선도자 계층의 고객을 대상으로 제품을 판매하다가 시일이 경과함에 따라서 점차적으로 가격을 낮춰 저소득층 고객에게까지 제품을 확산 판매하는 전략이다. 또한 경쟁제품이 시장에 출현하기 전 신제품 개발이나 판매 촉진 등에 투입된 많은 자금을 단기간에 걸쳐 빨리 회수하기 위한 전략이기도 하다. 그래서 초기 고가 전략은 경쟁기업의 시장 진입이 어려운 특허 상품이나 수요의 가격 탄력성이 낮은 제품에 유용하게 사용할 수 있다. 이러한 전략은 그 제품의 가격이 비싸더라도 구입하겠다는 고객이 다수 존재하고, 높은 가격 때문에 경쟁기업들이 시장에 뛰어드는 것을 막을 수 있어야 하며, 비싼 제품이 성능도 좋을 것이라고 고객이 생각할 때 성공할 수 있다.

활명수는 초기 고가 전략으로 시장 진입에 성공한 사례다. 1910년 2월 4일자 〈대한민보大韓民報〉에 게재된 동화약방의 정가록 광고에 따르면 활명수의 가격은 40전이라고 기록돼 있다. 당시의 40전을 쌀 가격과 비교해 오늘날의 가치로 환산해보면 대략 1만 7,900원에 달한다. 동화약품 내부에 전해 내려오는 이야기도 활명수 발매 때 가격이 당시 설렁탕 두 그릇 값이었다고 한다. 2009년 7월 현재의 까스활명수-큐 가격 600원에 비하면 엄청난 고가가 아닐 수 없다. 활명수는 발매 초기 궁중 비방이라는 신비한 이미지와 이러한 고가 전략을 통해 신뢰할 수 있는 고급 제품으로 소비자에게 다가갔음을 짐작할 수 있다.

이러한 출시 초기의 전략은 지금의 기준에 비춰보더라도 대단히 뛰어난 시장 진입 전략이 아닐 수 없다. 그 외에도 동화약방은 정찰제를 지키려고 많은 노력을 기울였는데 정가를 지키지 않는 특약점에 대한 처벌 규정을 1910년에 제정한 규례(規例)에 이미 포함시키고 있으며 그 내용은 다음과 같다.

특약점 처벌 규정
정가를 위배해 발매하는 사람은 벌금을 징수하고 허가를 취소하며 벌칙은 각기 출입금액 물가지수에 따라 위약금을 배상하게 함.

정찰가격을 지키기 위한 이러한 노력은 동화에 대한 고객의 높은 신뢰도와 우호적인 이미지 형성에 커다란 영향을 미쳤으리라 판단된다.

영원한 동반자, 중간상인을 섬겨라

유통은 생산자가 만든 제품이 최종 소비자에게로 흘러가는 길이며 그것이 원활하게 움직일 때 그 제품의 성공을 기약할 수 있다. 좋은 유통경로는 고객이 원하는 제품을 고객이 원하는 시간에, 고객에게 편리한 장소에 가져다 놓는 기능을 충실히 해야 한다. 따라서 넓고 견고한 유통망의 구축은 신제품의 성공적인 시장 진입을 가늠하는 가장 중요한 요소라 할 수 있다.

유통의 성공은 우선 자질 있는 유통경로 구성원의 선발과 그들에게 끊임없이 동기부여를 할 수 있는 관리체제를 갖출 때 가능해진다. 활명수는 창업 초기부터 전국적인 유통경로를 확보했을 뿐 아니라 창업 10여 년 후에는 만주 북간도로 진출해 해외 유통망까지 구축하는 놀라운 저력을 보여주었다. 초기 동화약방의 특약점과 출장소 주인들은 각 지역의 신문지국장을 겸직하는 등 지역 유지들이었다는 점에서 자격 요건을 갖춘 좋은 유통경로 구성원의 선발을 위해 동화가 얼마나 노력했는지를 짐작할 수 있다.

약방들이 등장하기 시작하던 1900년대 초반에는 약품의 거래양식이 비교적 단순했으나 점점 의약품시장이 확대돼 약방과 유사품의 숫자가 많아짐에 따라 자연스럽게 유통조직이 커졌다. 1910년 2월, 우리나라 제약업계에서는 최초로 제정한 동화의 영업 규례를 보면 당시의 판매조직 규모를 짐작할 수 있다. 규례는 지점의 규모와 구분, 경비 분담 내역, 상호 원조 상여(賞與) 관계, 벌칙 사항 등을 명시하고 있다. 이를 살펴보면 각 지점에는 연간 판매고에 따라 상당한 재정적 반대급부가 제공됐고 간판이나 광고용 인쇄물 등 판촉물이 무료 증정됐음을 알 수 있다.

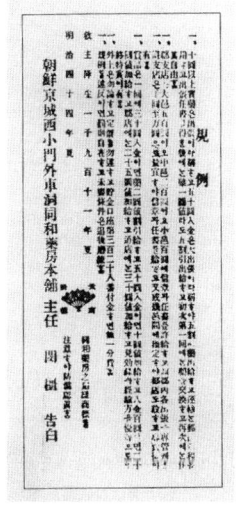

1911년 〈매일신보〉에 실렸던 전단광고 중 규례 부분.

1911년의 영업 규례 예

- 10원(圓) 매상은 5할 할인으로 출장소(出張所)라 하고, 1,000원 이상은 군지점(郡支店)이라 칭하

고, 1만 원 이상은 도지점(道支店)이라 칭하며, 지점을 설치한 지방에는 중복으로 설치치 아니하고 해당 지역의 출장소는 지점에 약품을 청구할 것.
• 운송비는 내지철도에 대해 출장소 측 매 10원에 1원씩 도와주고, 지점 측 매 100원에 5원씩 도와주고 그 외 부족액은 본포가 담당함.

동화의 유통망은 규례에 나타나 있듯이 전국적인 규모를 갖췄으며, 소읍(小邑) 이하의 지역에까지도 출장소가 진출해 있었음을 알 수 있다. 예를 들어 1910년 8월 30일자 〈매일신보每日申報〉에 게재된 광고를 보면 평안남도에만도 108개의 출장소와 군지점이 있었음을 확인할 수 있다.

그 뒤 영업은 더욱 신장해 특약판매소(特約販賣所) 제도를 도입하게 된다. 한 예로 1919년 4월 〈매일신보〉 광고에 게재된 전국 우수특약판매소 분포를 보면 경기도 36개소, 충청남북도 22개소, 경상남북도 32개소, 전라남북도 20개소, 황해도 24개소, 평안남북도 24개소, 함경남북도 14개소, 강원도 14개소로 합계 186개소에 이른다. 이 숫자가 판매 성적이 저조한 특약판매소는 제외한 것임을 감안하면 동화의 판매망이 전국적인 조직으로 대단한 규모였음을 짐작할 수 있다. 또한 동화의 영업망은 국내뿐 아니라 북간도를 비롯한 만주 일대로도 뻗어나갔다.

한편 당시 제생당대약방, 화평당대약방, 보혜약방, 천일약방 등 대다수 경쟁업체가 서울 곳곳에 직영점을 설치해 직접판매도 한 데 반해 동화는 철저하게 판매소를 통해서만 제품을 공급함으로써 특약판매소 등 중간상인의 이익을 보호했다. 예외적으로 민강 초대 사장이 독립운동에 투신했던 관계로, 1919년 3·1 만세운동 당시 연락을 위한 장소로 종로에 분매소를 개설한 적이 있으나 거사 이후 곧 폐쇄한 바 있다.

동화는 당시 경쟁업체들이 흔히 활용하던 매약행상원(賣藥行商員) 판매도 하지 않았다. 예를 들어 화평당대약방은 매약행상원을 전국적으로 1,000여 명이나 모집해 직접판매에 투입했다. 그러나 동화는 매약행상원을 통한 직접판매 제도가 중간상인의 이익에 반하고 유통질서를 문란하게 한다고 판단해 본사 차원에서 매약행상원 제도를 일절 도입하지 않았다. 오히려 각 지점이나 판매소에서 필요한 경우 매약행상원을 자체 모집해 활용하게 함으로써 거래선의 이익 보호에 앞장섰다.

이처럼 동화는 창업 초기부터 유통경로 구성원들과 동반자 관계를 설정함으로써 쌍방의 장기적인 이익을 추구하는 윈윈 전략을 구사해왔다. 이는 오늘날에도 많은 기업이 대리점이나 특약점 등 중간상인들과 오월동주의 관계에 있다는 것을 깨닫지 못하고 자신의 이익만 추구하며 이기적인 행동을 일삼다가 공멸하는 경우가 종종 있는 사실을 감안하면 선견지명 있는 경영철학이 아닐 수 없다.

시대를 앞서 가는 활명수의 다양한 촉진 전략

신규 사업의 성공은 좋은 제품을 개발하고 적절한 가격과 유통 전략만으로 보장받는 것은 아니다. 기업은 신제품의 성공을 위해서 고객과 끊임없는 의사소통을 해야 한다. 의사소통 대상에는 타깃 마켓의 잠재적 소비자는 물론 중간상인과 일반 대중도 포함돼야 한다. 기업은 그들에게 자신이 제안하는 가치가 얼마나 소중한 것인지를 알리기 위해 끊임없이 커뮤니케이션해야 하는 것이다.

촉진 수단에는 광고와 판매 촉진, 홍보, 인적판매 등이 포함된다. 한 세기 전의 열악한 경영환경에서 다양한 촉진 수단을 활용하기에는 여건이 허락하지 않았을 텐데도 동화약방은 상당히 앞서 가는 촉진 전략을 구사했다.

선택과 집중을 활용한 광고

우리나라 최초의 근대 광고는 1886년 2월 22일자 〈한성주보漢城週報〉에 게재된 독일 무역상 세창양행(世昌洋行)의 광고다. '덕상 세창양행 고백(德商 世昌洋行 告白)'이라는 문구로 시작하는 24줄의 이 광고는 호랑이 가죽과 수달피 가죽 등 각종 모피와 잡화의 구매 그리고 수입제품 판매에 대한 안내를 했다. 또한 우리나라 최초의 의약품 광고는 1896년 11월 7일자 〈독립신문〉에 게재된 고살기상회의 금계랍(金鷄蠟) 광고다.

동화가 광고를 시작한 것은 이보다 조금 늦은 1910년으로, 그해

〈대한민보〉에 근하신년 광고를 게재하면서 광고 활동을 시작했다. 이때 동화약방 광고의 특징은 활명수나 인소환, 백응고 같은 주요 제품에 대해서만 알린 것이 아니라 기업의 창업정신과 특약점의 관리 규정 등을 담은 규례를 함께 게재했다는 점이다.

1910년 9월에는 우리나라 최초의 광고대행사인 한성광고사(漢城廣告舍)가 특집 기획해 〈매일신보〉에 게재한 광고에 참여해 관허 품목이 90여 종임을 알리기도 했다. 그 후 1913년의 근하신년 광고에서도 전면광고를 통해 관허 품목이 84종임을 과시한 바 있고 그 외에 향료화장품부와 건재부, 서류부 등 특영영업부의 존재와 활동을 알리는 내용도 있었다.

이때의 광고는 사세를 자랑하고 소비자의 신뢰를 쌓는 기업광고의 역할로도 활용된 듯하다. 또한 제작 측면에서 보면 카피 위주로 광고를 제작했다는 점이 특징이다. 등록상표인 부채 이외에는 다른 비주얼 요소를 전혀 사용하지 않았다. 광고에서도 이러한 선택과 집중의 노력이 오늘날까지도 소비자에게 '부채표 활명수'로 알려지는 계기가 된 것이 아닐까.

동화는 오늘날 흔히 사용되는 신문 전단광고도 적극 이용했다. 그 외에도 특약점의 영업 실적에 따라 연말에 시상하는 제도인 연종특상(年終特賞) 결과를 광고로 알리기도 하고 경품 행사 광고도 했다. 이는 판촉 활동과 광고를 연계해 시너지 효과를 창출하는 고도의 경영기법으로 오늘날에도 많은 기업이 활용하는 전략이다.

또한 일찍부터 기업 사회공헌 활동에도 관심을 보여 1915년 8월에

1

○同和藥房 廣告
大韓京城西小門外車洞同和藥房本舖 閔橿 白

2

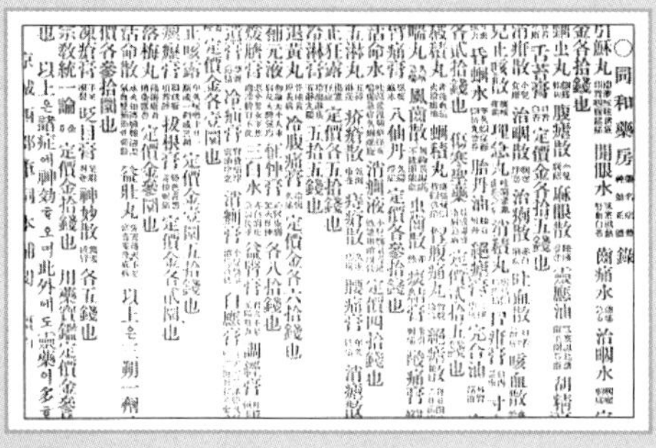

○同和藥房
開眼水
齒痛水
治咽水
金各拾錢也

3

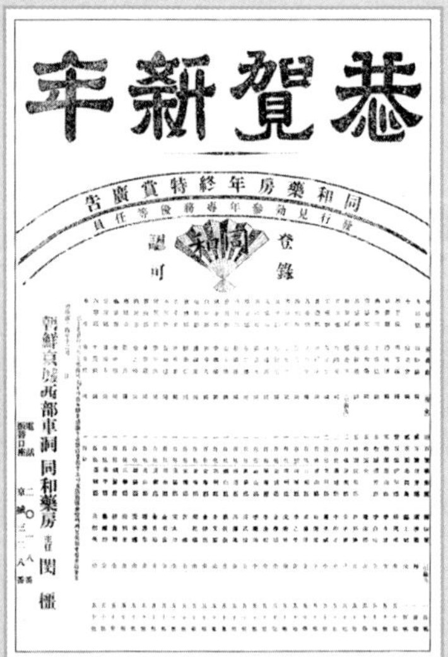

恭賀新年
同和藥房年終特賞廣告
登錄
認可
同和藥房
閔橿

1910년부터 광고 활동을 시작한 동화는 제품뿐 아니라 동화의 창업정신과 영업 규례 등을
함께 게재해 기업 이미지를 높이고 소비자의 신뢰를 얻는 데 주력했다.
1. 회사의 방침을 설명한 취지 규례 광고(1910년 1월 〈매일신보〉)
2. 약명, 증세, 정가록 광고(1910년 2월 4일자 〈대한민보〉)
3. 연종특상 광고를 겸한 공하신년 광고(1912년 1월 1일자 〈매일신보〉)
4. 익장환, 활명수, 백응고 광고(1918년 11월 17일자 신문)
5. 총지점 3개소 명의의 광고(1918년 6월 1일자 〈매일신보〉)

는 민강 초대 사장이 설립에 참여하고 교장으로 재직하기도 한 사립 소의학교(昭義學校)에 이익금 전액을 기부하겠다는 내용으로 경품 없는 경품부(景品付) 광고를 시행하기도 했다. 이는 우리나라 최초의 기업 사회공헌 활동으로 기록될 만한 일이다.

한편 동화는 1917~1919년은 이전까지 해오던 전 품목 광고를 지양하고 활명수를 비롯한 주력 제품 광고에만 치중했다. 따지고 보면 경쟁사들에 비해 상대적으로 광고를 적게 한 셈이다. 그 이유로는 여러 가지가 있겠으나 초대 사장인 민강의 경영철학이 많이 작용한 것으로 판단된다.

독립운동가이자 교육자였던 민강 사장은 기업을 영리 추구를 위한 수단보다는 자신의 이상을 추구하기 위한 도구로 여긴 측면이 있었던 것 같다. 실제로 민 사장이 동화약방을 독립운동의 자금 조달을 위한 방편으로 사용하고 연락 거점으로 활용한 흔적은 동화의 역사나 그의 행적 곳곳에서 쉽게 찾아볼 수 있다.

민족주의자이며 지사적 성격을 가진 민 사장이 미시적 경영기법인 광고에 관심을 두지 않았던 것은 충분히 이해가 가는 일이다. 또 병마에 시달리는 대중을 약으로 구제하겠다는 신념을 가진 그에게 판매를 위해 고객을 설득해야 하는 광고가 그리 내키지 않았을 것도 쉽게 짐작할 수 있다. 뒤에 다시 언급하겠지만 이러한 민 사장의 비기업가적인 성품이 후일 동화의 운명에 지대한 영향을 미치게 된다.

아무튼 동화가 광고에 크게 노력을 기울이지 않았다는 증거는 1918년 6월 1일자 〈매일신보〉에 게재된 지점 명의의 광고에 잘 나와 있다. 평안남도 평양부총지점, 황해도 사리원총지점, 경상남도 창원 총지점 3개 지점은 자비로 광고를 게재하면서 그 이유를 활명수를 비롯한 동화의 약들이 대단히 약효가 좋은데도 도무지 광고를 하지 않는 것이 유감이기 때문이라 밝히고 있다.

그나마 조금씩 하던 광고도 1919년 3·1 독립만세 사건 이후에는 민강 사장이 일경에 체포돼 복역하게 됨에 따라 사세가 위축돼 더욱 찾아보기가 힘들어졌다. 그러나 동화는 1936년 민강 사장이 사망한 후 회사 사정이 극도로 어려웠을 때지만 베를린올림픽에 참가한 손기정(孫基禎) 선수가 마라톤에서 세계 신기록으로 우승하고 남승룡(南昇龍) 선수가 3위를 했을 때 대대적인 축하광고를 게재해 회사의 성격을 극명하게 드러내기도 했다. 당시 〈조선일보〉에 게재했던 축하광고의 카피는 다음과 같다.

반도남아의 의기충천
손기정, 남승룡 양 선수 우승 축하

건강한 체력, 견인불발하는 내구력의 근원은 오직 건전한 위장에서 배태된다. 건강한 조선을 목표하고 다 같이 위장을 건전케 하기 위해 활명수를 복용합시다

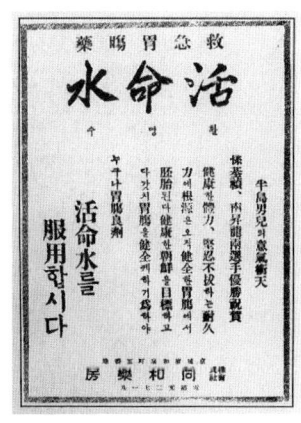

1936년 8월 11일자 〈조선일보〉에 게재된 축하광고.

소비자를 위한 판촉 행사

판매 촉진은 기업이 단기간에 매출 증대를 이루기 위해 사용할 수 있는 대단히 효과적인 수단이다. 판매 촉진에는 다양한 기법이 있는데 동화는 창업 초기부터 이러한 기법을 아주 효율적으로 도입했다. 특히 판촉 활동을 소비자와 중간상인에 대해 각각 나눠서 벌인 것은 지금의 기준으로 봐도 훌륭하다. 그러나 광고의 경우와 마찬가지로 소비자에 대한 판촉 활동이 소극적이었던 점은 아쉬움으로 남는다.

약품사업이 본격적으로 시작된 1910년대 초반 약방들이 가장 많이 활용한 판촉 수단은 경품이었다. 우리나라에서 행해진 최초의 경품 행사는 일본의 인단(仁丹)이 실시한 것으로, 먹고 난 인단 포장지 20장을 모아서 갖다 주면 요강을 하나씩 사은품으로 주는 형식이었다.

동화가 최초로 실시한 경품부 판매는 1912년 약품취체령에 따라 최초로 획득한 허가를 자축하는 '관허 24종 기념경품' 판매였다. 행사 규모는 경품 인원 2만 명과 상금 1,000여 원이었으며 1등부터 5등까지 선발했다. 1등은 20명을 뽑았으며 2등 40명, 3등 60명, 4등 100명, 5등은 거의 2만 명을 뽑아서 시상했다. 경품 내역은 1등의 고급 당목 1필과 고급 흰모시 1필에서 5등의 성냥 10갑들이 1통에 이르기까지 다양했다. 이 행사는 규모 면에서 경쟁 약방들의 경품 규모 두 배에 이르는 압도적인 것이었다. 그러나 이후로는 동화에서 판매 촉진을 위한 경품부 판매를 더는 본포 주관으로 시행하지 않았다.

그 뒤 1915년에 경품 행사이긴 하지만 개인에게 돌아가는 경품은 없는 공익경품(公益景品) 행사를 마지막으로 실시한 바 있다. 이는 당

※ 응모방법 : 인소환 5포(50전) 구매시 경품권 1매
※ 발 행 수 : 20,008매
※ 응 모 처 : 각 지점 및 출장소

구 분	인 원	총 금 액	경 품 (개인별)
1등	20	200원	고급 당목 1필, 고급 흰모시 1필
2등	40	200원	고급 흰모시 1필, 양산 1개
3등	60	100원	쾌종시계 1대
4등	100	50원	우산 1개, 지갑 1개
5등	19,788	494원 50전	성냥 10갑들이 1통
계	20,008	1,044원 50전	

※ 경품추첨 : • 일시 – 1912년 9월 26일 오후 1시 30분~5시
　　　　　　 • 장소 – 종로 상업회의소
※ 추첨경과　抽籤時一般團體社會와 新聞記者와 警官이 列席後無慾童子로 裸衣登臺하와 彩卷을 混合하야 號數을 呼唱後 警官이 更히 調査呼唱하야 衆心을 確信케 하야 如此히 一, 二, 三, 四等을 抽籤後에 掛榜하고 來賓中 劉世煥氏가 答辭後에 茶果를 行하고 下午五時에 閉會함.

1912년 7월 2일자 〈매일신보〉(위)와 9월 28일자 〈매일신보〉(아래)에 게재된 경품 광고

시 민강 사장이 3대 교장으로 재직하며 학교 운영을 맡고 있던 소의학교의 재정이 어려워지자 경품 행사로 생긴 모든 이익금을 학교 발전을 위해 기부하고자 추진한 것이다. 동화는 그 이후 본포가 직접 경품부 판매를 주관하지는 않았으나 특약점들이 자체적으로 경품 행사를 시행하는 것은 지원해줬다.

중간상인을 위한 판촉 행사

중간상인 판촉은 경로 구성원들의 판매에 대한 동기를 유발하는 방법으로 아주 유용한 것인데 동화는 소비자 판촉보다 이것에 더 심혈을 기울였다. 대표적 중간상인 판촉 행사로는 연말이 되면 실적에 따라 지점들을 시상하는 제도인 연종특상이 있었다. 1911년의 경우 동화는 북간도를 비롯해 전국 69개 지점을 선발하고 그 명단을 〈매일신보〉에 공하신년(恭賀新年) 광고와 함께 공개하고 시상했다.

참고로 그 내용을 들여다보면 부상으로 현금이나 약품이 주어졌는데 현금 400원 시상은 평양군지점 송상유(宋尙兪) 점장, 현금 200원은 대구군지점 명시혁(明時赫)과 한동준(韓東俊) 등 2명, 현금 100원은 사리원지점 명도혁(明導赫), 현금 50원은 함흥군지점 변치겸(邊致謙)과 흥해군지점 문봉의(文鳳儀), 밀양군지점 김치영(金致榮), 창성군지점 송관주(宋觀周) 등 4명이었다. 인소환 200포 시상으로는 은율군지점 정재욱(鄭在煜)과 선천군지점 박학채(朴鶴釆), 정주군지점 명성세(明星世) 등 3명, 100포 시상으로는 밀양군지점 김응삼(金應三)과 북간도지점 정토성(鄭土城) 등 27명, 50포 시상으로는 부안군지점 허방환(許邦換)과

울산군지점 이만우(李晩雨) 등 31명으로 지점망이 남해안부터 북간도에 이르기까지 전국에 골고루 분포돼 있음을 알 수 있다. 동화는 각 지점의 실적에 대해 지급하는 보너스도 규례에 구체적으로 명문화했는데 그 내용은 다음과 같다.

• 상여품(賞與品)은 매 100원 매상에 대해 할리금(割利金), 10원어치 약으로 권장하고 1,000원 매상에는 150원어치 약으로, 1만 원 매상에는 2,000원어치 약으로 특별 시상하되 외상은 없음.

또한 동화는 특약점과 출장소 등 경로 구성원들의 판매 활동을 간접 지원하기 위해 오늘날의 제품설명서에 해당하는 견효록(見效錄)을 만들어 배포하기도 했다. 견효록은 위생국의 허가를 얻어 만들었는데 활명수 같은 동화 제품의 복용 체험과 효능, 용법, 용량을 상세하게 수록한 것이었다.

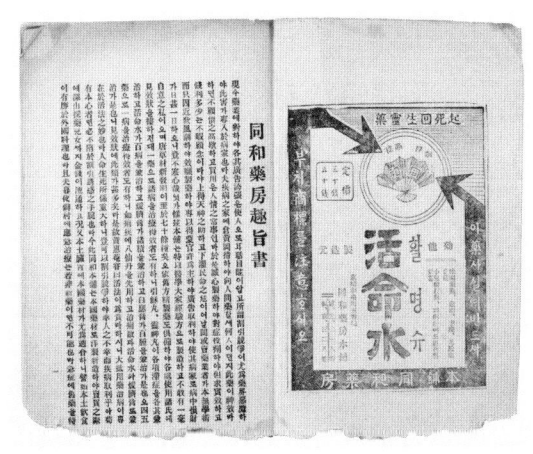

견효록은 동화 제품의 복용 체험, 효능, 용법, 용량을 망라한 것으로 위생국의 허가를 얻어 만들었다. 사진은 1920년대에 사용하던 견효록 첫 페이지.

시대 특수성을 고려한 사업의 다각화

동화약방은 활명수를 성공적으로 출시하고 그 외에 다른 약품들도 연이어 출시하면서 제약업계의 선두주자로 자리를 잡아나갔다. 활발하게 영업 활동을 해나가다 보니 자연스럽게 전국 각 지역은 물론 북간도에까지 유통망을 구축하게 됐다. 동화의 특약점과 출장소 주인들은 각 지역의 명망 있는 유지들로 구성됐다. 전국적인 규모의 독자적 유통망을 갖게 되면 어떠한 제품도 그 유통경로를 이용해 영업이 가능해지므로 저절로 다각화의 기회가 생기게 마련이다. 동화는 그런 기회를 놓치지 않았다. 게다가 당시는 물자도 귀할 뿐 아니라 소매업이 발달하지 못해 지방에서는 돈을 갖고도 원하는 물건을 구할 수가 없던 시절이었다.

이즈음 동화는 자연스럽게 새로운 사업영역으로 진출하게 된다. 동화의 전국 영업망에는 약품 주문 때 심심치 않게 각종 혼수용품과 문방구, 가정잡화, 시계, 축음기 등을 서울에서 구해달라는 주문이 들어왔다. 이러한 주문이 많아지자 동화약방은 아예 1913년 1월 1일 사내에 부속영업부를 신설하고 영업을 시작했다. 《동화약품 100년사》에 따르면 당시의 부속영업부가 취급한 상품 목록은 다음과 같다.

- 삼용당초재(蔘茸唐草材), 건재품(乾材品)
- 구미 양약, 각종 건재품
- 혼수용 주단, 포목, 흰 모시, 명주, 모직

- 혼수용 금은 세공품, 가죽 신발
- 가정용 문방구, 종이, 각종 접시
- 학교용 서적, 중국책, 필묵, 모자, 구두
- 구미 잡화, 화장품, 향료, 명함
- 도장, 인주, 도장 재료, 잉크, 펜
- 구미제 축음기, 일본제 축음기
- 구미 회중시계, 괘종시계
- 각 약방의 유명 관허 매약

이러한 제품은 고객이 주문하면 물품 가격의 4분의 1 이상을 선납하게 한 뒤 한성상회(漢城商會) 등 서울의 수입상에서 물건을 구해 싼 가격으로 성실하게 공급했다. 말하자면 기존의 영업망을 이용해 잡화 유통업에 진출한 것으로 수요는 많으나 공급이 턱없이 부족했던 당시의 상황을 감안하면 큰 투자 없이 상당히 매력적인 사업에 진출한 셈이다.

이즈음 동화는 화장품사업에도 진출하게 된다. 동화약방의 화장품사업에 대한 기록은 많이 남아 있지 않으나 1912년 일제가 시행한 약품과 약품 영업 취체령에 따라 동화가 관허를 획득한 84품목 중 동화백분(同和白粉)과 옥용수(玉容水), 위생유(衛生油)가 포함돼 있다. 백분은 대표적인 여성 화장품이며 옥용수는 주근깨나 마른버짐, 개기름, 잡티 제거에 좋고 위생유는 비듬을 제거해주고 향기를 풍기는 약유(藥油)로 알려진 제품이다.

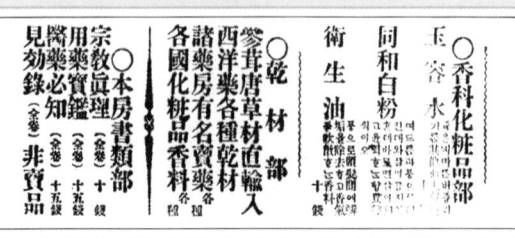

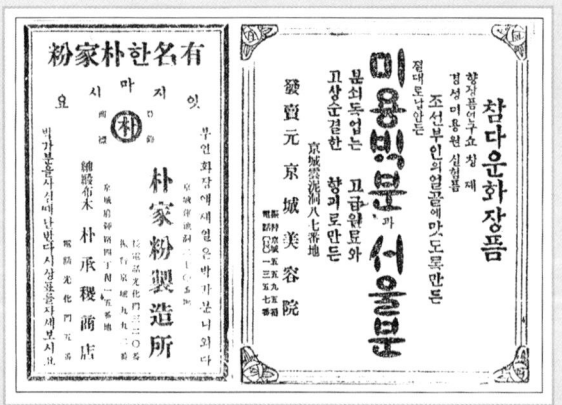

제약업계의 선두주자로 자리잡은 동화는 화장품사업에도 진출해
1917년에는 본격 화장품 브랜드인 이화분과 도화분을 광고하기도 했다.
위부터 1912년 9월 20일자 〈매일신보〉에 게재된 화장품 광고 문안,
1917년에 게재된 이화분·도화분의 신문광고,
1922년에 게재된 박가분·미용백분·서울분의 신문광고.

또한 1912년 9월 20일자 〈매일신보〉에 게재된 광고에는 동화백분과 옥용수, 위생유의 소개와 함께 '각국 화장품, 향료'라는 문안이 들어 있는 것으로 보아 그 무렵에 수입 화장품도 함께 판매한 것을 알 수 있다. 1917년에는 본격 화장품 브랜드인 이화분(梨花粉)과 도화분(挑花粉)을 '조선일품(朝鮮一品)'으로 광고했다. 동화는 이 무렵 벌써 약품 제조와 판매를 넘어 다양한 사업에 진출한 것이다. 그러나 1919년 이후는 화장품 광고를 하지 않았는데 동화가 화장품사업을 중단한 시기는 분명치 않다. 1920년대에 일제의 압박으로 생산 허가 품목 수가 줄어들면서 화장품사업을 중단한 것으로 유추된다.

100년 전부터 시작한 사회공헌 활동

동화약방은 놀랍게도 우리나라 기업들이 요즘에 와서야 관심을 보이기 시작한 사회공헌 활동을 한 세기 전인 창업 초기부터 해왔다. 앞에서도 언급했지만 1915년 8월 동화는 경품부 발매이지만 개인에게 돌아가는 경품은 없는 공익경품부 발매를 실시한 바 있다. 이는 민강 사장이 설립에 참여한 사립 소의학교의 재정이 어려워지자 경품부 발매를 해서 그 이익금 전부를 학교에 기부하기 위한 것이었다.

소의학교는 1907년 9월 인재 양성을 통한 국권 회복을 목적으로 서울 서소문 밖 조개골에 있던 전 외부대신 이하영의 별장에 설립한 근대식 초등교육기관이다. 공동 설립자는 민강, 박태윤, 박승완, 장

경관, 손상태, 전경현, 지송욱, 송종웅, 나지학 등이었으며 이하영이 초대 교장으로 취임했다. 민강 사장은 3대 교장을 역임했다. 1920년 소의학교는 봉래동(현 만리동)으로 신축 이전하면서 3년제 소의상업학교로 바뀌었고 1922년에는 5년제 남대문상업학교가 됐다가 광복 후에 동성중고등학교가 됐다.

민강 사장은 이 학교를 돕기 위해 1912년 이후 본사 차원에서는 전혀 하지 않던 경품 행사를 자청해서 한 것이다. 한일병합 직후 사회 여건이 극도로 어려웠던 시절에 동화가 앞장서 행한 적극적인 사회공헌 활동은 오늘날의 기업도 본받아야 할 모범적인 사례가 아닐 수 없다.

이상에서 살펴본 바와 같이 동화약방은 활명수 출시 때부터 제품이 시장에서 자리잡을 때까지 제품·가격·유통·촉진 전략은 물론 다각화와 사회공헌 활동에 이르기까지 지금의 기준으로 보더라도 뛰어난 경영전략을 구사했음을 알 수 있다. 창업자인 노천 민병호와 초대 사장 민강은 경영자로서 상당히 훌륭한 자질을 타고난 인물들이었음이 틀림없다. 그러나 민족주의자인 민강 사장이 독립운동에 투신해 옥고를 치르고 해외로 망명함에 따라 기업 경영과 멀어지면서 순항하던 동화의 앞날에 서서히 어두운 그림자가 드리우기 시작한다.

······· **활명수** 경영 레슨 1 ·······

1. 신제품이 성공하려면 화젯거리가 되는 이야기가 있어야 한다.
   활명수에는 궁중 비방이라는 확실한 스토리가 있었다. 이러한 이야깃거리는 구전 효과를 증폭시켜 제품 인지도를 높이고 약품의 생명인 신뢰성 구축에도 크게 이바지했다.

2. 성공하는 신제품은 소비자에게 돌아가는 이익이 있어야 한다.
   활명수는 한약처럼 달여 먹지 않아도 되고 휴대하기 쉽다는 편리함과 신속한 효력이라는 소비자 지향적인 특성을 갖추고 있었다.

3. 히트 제품에는 좋은 브랜드 네임과 브랜드 마크가 필요하다.
   '생명을 살리는 물'이라는 뜻의 활명수는 약품으로서는 최고의 브랜드 네임일 뿐 아니라 부채표라는 확실하게 차별화되는 브랜드 마크(회사 로고이기도 하다)도 가졌다.

4. 신제품은 가격도 전략적으로 책정하라.
   활명수는 초기 고가 전략으로 소비자에게 고급 제품이라는 이미지를 심었다.

5. 신제품은 확실한 유통경로를 확보해야 한다.
   활명수는 출시 초기부터 각 지역의 유지들로 구성된 전국 규모의 튼튼한 유통망을 구축해 소비자 곁에 항상 제품을 비치할 수 있도록 했다.

6. 경로 구성원들과는 장기적 동반자 관계를 맺어야 원원할 수 있다.
동화는 철저하게 지점과 특약점을 통해서만 제품을 공급하는 등 중간상인의 이익을 보호하고 공존하는 영업 전략을 펼쳤다.

7. 광고는 소구 포인트를 확실히 해야 한다.
활명수 광고는 초창기부터 등록상표인 부채표를 부각함으로써 브랜드 로열티를 강화해나갔다.

8. 판촉 활동은 과감하고 시너지 효과를 창출하는 것이라야 한다.
동화는 경품부 판매와 연종특상 등 판촉 행사를 할 때 경쟁사를 압도하는 규모로 실시해 소비자와 중간상인에게 확실한 동기부여를 했고 이를 광고와 연계시켜 시너지 효과를 얻었다.

9. 다각화는 관련 다각화라야 성공 확률이 높다.
동화는 다각화 과정에서 기존 유통경로를 이용할 수 있는 제품이나 화장품 같은 관련 제품을 선택해 시장 진출을 쉽게 했다.

10. 기업 이미지를 제고하는 데는 사회공헌 활동만 한 것이 없다.
동화는 일찍부터 소의학교 후원을 위한 공익성 경품 행사 등 사회공헌 활동을 통해 기업 이미지를 강화해나갔다.

2장

현명한 경영자가 기업의 '활명수'다

활命水

후계자는 평소에 양성해놓아야 위기 대처는 물론 경영권 승계를 무리 없이 진행할 수 있다. 그러자면 평소 종업원 교육에 투자해야 하며 과감한 권한 이양도 할 줄 알아야 한다. 후계자 육성은 경영자의 중요한 능력 중 하나다.

1919년 3·1 만세 사건을 전후해서 동화약방은 어려운 시기를 맞이하게 된다. 민강 사장이 본격적으로 독립운동에 투신했기 때문이다. 민 사장은 1909년 청년들을 중심으로 조직된 항일 단체인 대동청년당(大同靑年黨)의 결성에 참여해 적극적으로 독립운동에 나섰다. 그는 동화약방을 경영하면서도 민족적인 자긍심을 지키려고 항상 노력했다.

예를 들어 1909년 1월, 일본인 약제사들을 중심으로 한 한국약제사회(韓國藥劑師會)가 조직됐고 이듬해인 1910년에 이 모임이 조선약제사회로 발족하게 된다. 이 조선약제사회에 많은 한국 제약업자가 찬조 회원으로 참여했으나 민 사장은 끝까지 동참하지 않았다. 당시의 사회 분위기로 볼 때 참여를 권유하는 압력이 상당했을 것으로 짐작되나 그는 의연하게 일본인들이 주도하는 단체에 입회를 거부한 것이다. 하긴 그 무렵 항일 단체를 결성하는 데 주도적으로 참여할 정도의 열혈 청년이었던 민 사장이 일본인들과 협력하는 일에 동참했을 리 만무하다. 이미 그 무렵 소의학교의 설립에도 관여했던 그는 20대 중반의 젊은 나이임에도 민족의식이 충만하고 애국심 투철한 인물이었던 것이다.

대동청년당은 신민회(新民會) 소속의 청년들이었던 안희제(安熙濟),

항일 단체를 결성하는 등 동화약방을 경영하면서도 민족적인 자긍심을 지키려고 애쓴 민강 사장(맨 오른쪽).

서상일(徐相日), 윤세복(尹世復), 남백우(南百祐), 김동삼(金東三), 김사용(金思容), 김규환(金奎煥), 신백우(申伯雨), 신팔균(申八均) 등이 신민회 이념을 계승해 국권 회복을 목적으로 조직한 비밀 단체였다.

독립운동사 관련 자료에 따르면 1910년 한일병합이 되자 남형우와 김동삼, 윤세복, 배천택(裵天澤) 등 많은 회원이 국내 계몽운동의 한계성을 인식해 만주 등 해외로 망명해 무장독립운동을 전개했으나, 국내에 남아 있던 회원들은 1911년 105인 사건으로 제대로 활동하지 못했다. 그러나 1919년 3·1 운동을 전후해 신백우, 백광흠(白光欽), 이수영(李秀英), 김명식(金明植), 고순흠(高順欽), 김사용 등은 1917년 일어난 러시아혁명의 영향으로 사회주의 사상과 노동 문제에 깊은 관심을 보이고, 1920년 4월 한국 최초의 전국적 노동자 조직인 조선노동공제회(朝鮮勞動共濟會)를 창립한다. 그 후 대동청년당의 회원들은 국내외에서 항일운동에 종사했다고 전해진다.

동화약방을 연통부의 거점으로 활용하다

민강 사장은 1919년 3·1 운동이 일어나자 만세 시위 운동에 적극 참여하는 한편 홍면희(洪冕憙), 안상덕(安商德), 이규갑(李奎甲) 등과 함께 이승만(李承晩)을 집정관(執政官) 총재로 하는 한성 임시정부의 수립과 국민대회 개최를 추진했다. 그는 주로 연락과 준비 임무를 맡았으며 홍면희, 이규갑 등과 함께 국민대회 취지서와 임시정부의 약법(約法) 등을 작성했다. 그리고 동화약방을 연락 거점으로 삼아 자금 조달 활동을 폈다.

민 사장은 이 일로 일경에 체포돼 옥고를 치르다가 보석으로 출옥했다. 출옥 후 전협(全協), 최익환(崔益煥) 등이 결성한 독립운동 단체인 대동단(大同團)에 가입해 동화약방을 대동단과 상해 임시정부가 국내와 국외를 연결하는 비밀 행정부서로 설치한 서울 연통부(聯通府)의 거점으로 제공했다. 연통부는 국내 각 시·도·군·면까지 조직을 갖추고 각종 정보와 군자금을 임시정부에 전달하는 역할을 했다. 연통부 활동은 1922년 전국의 여러 조직이 일제에 적발돼 중단될 때까지 계속됐다.

경영난의 타개책, 주식회사 전환

그 후에도 민 사장은 대동단이 일제의 천장절(天長節, 일왕의 생일)이던

10월 31일을 기해 거행하려 한 독립 만세 시위에 강매(姜邁)와 함께 서울의 7개 학생청년단체의 동원 책임을 맡고 이를 앞장서서 추진했다. 이때 민강 사장 등이 통솔한 학생청년단체는 연통단(聯通團)과 중앙단(中央團), 중앙청년단(中央靑年團), 독립청년단(獨立靑年團), 불교중앙학림(佛敎中央學林) 등이었다.

그런데 만세 시위가 예정보다 연기되고 동시에 추진하던 의친왕 이강(李堈)의 상해 망명이 도중에 일경에게 탐지돼 만주 안동까지 탈출했던 의친왕 일행이 체포됨으로써 제2의 독립 만세 시위는 계획대로 실행될 수 없었고 대동단 조직도 파괴되고 말았다. 이 사건으로 많은 대동단 단원이 투옥됐다. 민강 사장도 공범으로 체포돼 1921년 3월 23일 경성복심법원에서 징역 3년형을 선고받고 옥고를 치렀다. 출옥 후 그는 중국으로 망명해 상해 임시정부의 교민단의사회(僑民團議事會) 학무위원으로 임명돼 한인사회 계몽과 민족교육사업에 종사했다. 그리고 1925년 귀국해 동화약방을 계속 경영하면서 상해 임시정부의 자금조달책으로 활약했다.

그러나 민 사장이 독립운동에 깊이 관여하면 할수록 동화약방의 경영은 점점 어려움을 겪었다. 경영자가 영어의 몸이 돼 있지 않으면 해외에서 망명생활을 하느라 회사를 제대로 돌보지 못하니 경영 상태가 신통할 수 없었던 것이다. 동화가 보유했던 약품 허가 품목 수만 하더라도 전성기의 87종에서 24종으로 줄어들 정도로 사세가 위축됐다. 이러한 경영상의 어려움을 타개하고자 민강 사장은 동화약방을 주식회사로 전환하게 된다. 1931년 1월 동화는 액면가 50원의 보통주 2,000주를 발행하고 주식회사 동화약방으로 경성지방법원에 등기를 완료했다. 당시 주주 명단과 주식 분포는 다음과 같다.

- 민병호 650주
- 이사헌 45주
- 민강 1,000주
- 김대영 40주
- 민영덕 150주
- 한명식 35주
- 남기준 50주
- 오영환 30주

선장의 순국으로 휘청거리는 동화약방

경영진으로는 대표취체역에 민강, 취체역에 민영덕(閔泳德)과 남기준(南基準), 감사에 이사헌(李思憲)과 오영환(吳榮桓)이 선임됐다. 그러나 동화는 주식회사로 기업의 면모를 일신하고 경영을 개선하기 위한 노력을 채 해보기도 전에 최고경영자인 민 사장이 세상을 떠나는 불행을 겪게 된다. 1931년 11월 4일 민강 사장은 48세를 일기로 세상을 하직했다. 일본이 중일전쟁의 실마리가 되는 만주사변을 일으키던 무렵이었다.

당시 민 사장의 부친이자 동화의 창업자였던 노천 민병호가 74세의 고령에도 건재하고 있었음을 감안하면 좀 더 오래 살 수도 있었을 텐데, 일제 탓에 겪은 모진 고초와 힘든 감옥생활이 한창 일할 나이의 그를 저승길로 보냈을 것이라 짐작된다. 짧은 생애를 살았으나 그는 이 나라 제약산업의 개척자이자 독립운동가와 교육가로 우리 근세사에 큰 족적을 남겼다. 정부는 그러한 민강 사장의 공적을 기려 1963년 건국훈장 독립장을 추서했고 1966년에는 그의 유해를 국립서울현충원 애국지사 묘역에 안장했다.

침몰하는 동화약방의 절체절명의 위기

민강 사장의 갑작스러운 죽음은 안 그래도 경영이 어렵던 동화약방을 혼란에 빠뜨렸다. 민 사장이 독립운동에 본격적으로 투신한 이래 경영 상태가 계속 나빠졌지만 후계자를 키워놓지 않아 그의 사망은 동화의 위기 상황을 더욱 증폭시켰다. 동화약방의 창업자인 그의 아버지 노천 민병호는 이미 74세의 고령이고 민 사장의 장남 민인복(閔仁復)은 17세의 고등학생에 불과했다. 최고경영자로서 민강 사장의 뒤를 이을 적절한 인물이 없었다. 하는 수 없이 민 사장의 인척이자 그동안 명목상의 취체역이었던 민영덕이 2대 사장에 취임했다. 하지만 경영의 실제 권한은 민강 사장의 부인인 이효민(李孝敏)에게 있었으며 그녀는 자신의 친정 조카인 이인영(李寅永)을 지배인으로 임명해 실질적인 회사 경영을 전담하게 했다.

그러나 민영덕 사장이나 이효민, 이인영 지배인 모두 경영에는 문외한들이어서 날이 갈수록 동화의 경영 상태는 점점 더 어려워졌다. 그렇게 1년여의 세월을 허비한 후 1933년 3월에는 아예 이효민이 3대 사장으로 직접 경영의 전면에 나서게 된다. 그래도 실질적인 경영은 여전히 지배인인 이인영이 맡아 했으며 경영 실적 또한 조금도 개선되지 않았다. 그들의 역량으로는 도저히 무너져 내리는 동화를 회생시킬 수 없었다. 그로부터 2년 뒤인 1935년 2월 중앙고보를 갓 졸업한 민강 사장의 아들 민인복이 4대 사장으로 취임했으나 결과는 마찬가지일 수밖에 없었다.

그동안 동화의 영업 실적은 눈에 띄게 줄었고 부채는 눈덩이처럼 불어났다. 1936년의 총매출액은 4만 3,000원에 불과했으며 부채는 식산은행에만 8만 원을 넘기고 있었다. 활명수 판매는 30만 병을 채우기도 어려울 정도였다. 그야말로 선장도 없이 침몰하는 배에서 어떻게든 살아보려고 허우적거리는 남은 승객의 모습이었다. 어떻게 집안 살림만 하던 가정주부와 아무 경험도 없는 20대 초반의 젊은이가 준비 없이 경영을 맡아 위기에 처한 기업을 살려낼 수 있었겠는가. 창업 40년 만에 동화약방은 절체절명의 위기를 맞이하고 있었다.

장고 끝에 체결된 조선 최초의 M&A

곧 파산 국면을 맞이할 것을 감지한 민인복 사장은 앉아서 불행을 당하기 전에 동화를 회생하고 키워나갈 수 있는 인물에게 회사를 넘길 결심을 한다. 회사의 간부 및 집안 어른들과 회사를 맡아줄 적절한 인물을 상의하고 물색한 끝에 민 사장은 인품이 뛰어난 데다 풍부한 재력의 소유자이며 원만한 대인관계와 경영 능력까지 고루 갖춘 보당(保堂) 윤창식(尹昶植)을 동화를 새롭게 이끌어갈 인물로 택하게 된다.

민인복 사장과 민씨 문중의 어른들이 그들의 마지막 소망이던 동화의 회생을 위해 선택한 인물인 보당은 민족주의 사상이 투철한 민족 기업인으로 당시 많은 사람에게 존경받던 인물이었다. 그는 기업을 경영하면서도 당대의 큰 인물들이었던 육당(六堂) 최남선(崔南善)이나 인촌(仁村) 김성수(金性洙) 등과 교류하며 사회사업과 독립운동에 투신했다.

보당은 1890년 서울 마포구 공덕동(당시에는 경기도 고양군)에서 부친 태진공(泰鎭公)과 모친 나주 임씨(羅州 林氏) 사이의 3남 1녀 중 장남으로 태어났다. 그는 보성고보를 거쳐 1914년 보성전문학교(普成專門學校, 지금의 고려대학교) 상과를 졸업했다. 보당은 학교를 졸업한 직후인 1915년 조선산직장려계(朝鮮産織獎勵契) 결성에 참여해 경제독립운동의 전개를 꿈꿀 정도로 애국심에 불타는 열혈 청년이었다.

조선산직장려계는 서울의 지식 청년들이 중심이 돼 경제 자립을 통한 국권회복운동을 목적으로 설립한 조직으로 그 산파역은 경성고등교원양성소(京城高等敎員養成所)에 재학 중인 이우용(李雨用)이 맡았다. 그는 1914년 9월 동지 6명과 논의한 끝에 "현하(現下)의 상태는 일본의 물산이

보성전문학교 시절의
보당 윤창식.

조선 내에 충일해 한인은 경제상 패퇴자가 돼 국권 회복과 같은 것은 몽상에 지나지 않게 될 뿐 아니라 우리가 훗날 교원이 돼 각지에 흩어지면 자연히 오늘날의 정신을 찾아볼 수 없게 될 것이니 생도들에게 이러한 정신을 고취해 장래의 기맥을 통하게 할 사업을 만들지 않으면 안 된다."는 결론에 도달했다. 그는 또 경제적 자립 없는 자주 독립은 존재할 수가 없다며 "일본인에게 탈취당한 경제권을 탈환하기 위해 각종 사업을 전개해 민족의 실력을 양성해야 한다."고 주장하면서 조선산직장려계의 결성에 박차를 가했다.

이우용과 동지들이 조직한 조선산직장려계의 임원진은 다음과 같이 구성됐다. 계장(契長)은 중앙학교 교사였던 최규익(崔奎翼)이 맡았으며 총무는 윤창식, 회계는 최남선과 민용호(閔溶鎬), 서기는 이진석(李鎭石)과 엄주동(嚴柱東)이 임명됐다. 협의원(協議員)으로는 유근(柳瑾), 남형우(南亨祐), 김창덕(金昌德), 오상현(吳相鉉), 김두봉(金枓奉), 백남운(白南雲), 안종건(安鍾健), 이강현(李康賢), 김일(金馹), 박중화(朴重華) 등이 참여했다. 일반 회원은 각지의 학생과 교사 등 사회지도층 지식인들로 전체 숫자는 130여 명이었다.

계(契)의 총무로서 조직의 살림살이를 맡은 윤창식은 자금난에 쪼들리는 다른 독립운동 단체의 전철을 밟지 않기 위해 주식제(株式制)를 주장해 재정적 자립을 도모했다. 1주의 가격은 20원이고 주식 수를 한정했으며 계원은 한 사람당 10명의 주주를 모집하도록 했다. 일찍이 독립운동 단체 운영에도 경영 마인드를 도입한 보당의 기업가적 자질을 엿볼 수 있는 대목이다.

그러나 일제의 무단독재 밑에서 이러한 청년들의 독립운동이 오래 갈 리 없었다. 조선산직장려계의 활동을 본격화하려던 1917년, 조직이 일본 경찰에 발각돼 중단하지 않을 수 없었다. 보당을 비롯한 계의 간부들이 모두 구속 수감됐으나 다행히 얼마 후 전원 석방됐다. 유사시에 대비해 조직이 출범하던 초기부터 철저하게 산업진흥단체로 위장한 덕분이었다. 이렇게 청년들이 주도한 일제 강점 초창기의 경제독립운동은 무위로 돌아갔으나 그들의 민족자립경제를 향한 굳은 의지는 이후 1920년대 물산장려운동으로 재현되고, 경성방직이나 평양의 메리야스공업과 고무공업 등 민족자본의 형성에 정신적 바탕이 됐다.

윤창식, 민중의 활명수를 살리다

조선산직장려계 사건 이후 보당 윤창식은 경제인으로 활동해 재력을 키우면서 다른 한편으로는 음지에서 꾸준히 독립운동을 지원하고 빈민구휼사업을 해나갔다. 보당이 처음 손댄 사업은 정미업이었는데 근면 성실하게 일하고 철저하게 근검절약해 사업을 키워나갔다. 정미업에 종사하면서도 쌀밥을 먹지 않고 값이 싼 싸라기나 핍쌀로 밥을 해먹을 정도였다고 한다. 이렇듯 철저하게 내핍생활을 하는 그였지만 남을 돕는 일에는 조금도 재산을 아끼지 않았다. 한 예로 보당은 1920년대부터 사회사업가 김주용(金周容)과 철종의 부마였던 박영효(朴泳孝), 김일선(金一善) 목사, 홍병선(洪秉璇) 목사 등이 주도한 보린회(保隣會) 사업에 깊이 참여해 빈민구휼사업을 적극 지원했다.

보린회는 1919년 3·1 운동 이후 극심한 생활고에 시달리는 빈곤계층을 돕기 위해 시작했으며 구호주택을 건설해 무주택 영세민들을 무상입주하게 하고, 극빈자들에 대한 무료진료사업과 교육사업 등 종합복지사업을 앞장서 이끌었다. 보당은 보린회 사업을 1920년대부터 1959년까지 지속적으로 지원했는데, 회사 경영이 극도로 어려웠던 6·25 직후에도 보린회에 대한 후원만큼은 중단하지 않고 계속했다. 이 밖에도 보당은 1927년 이상재, 조만식, 한용운, 이승훈 등이 주축이 돼 좌우합작으로 결성한 민족운동 단체 신간회(新幹會)에도 많은 자금을 지원했다.

보당은 "강개분사이 종용취의난(慷慨憤死易 從容就義難, 분을 참지 못해 나아가 죽기는 쉬우나 조용히 뜻을 이루기는 어렵다)"이라는 그의 좌우명처럼 음지에서 조용히 나라의 독립과 어려운 이웃을 위해 헌신했던 것이다. 이러한 그의 성품은 후일의 기업 경영과 사회 활동에서도 그대로 이어진다.

민씨 문중에게 동화약방의 인수를 제의받은 보당 윤창식은 신중한 그의 평소 성격대로 심사숙고에 들어갔다. 당시 보당은 여러 사업의 연이은 성공으로 동화약방을 인수할 만한 재력은 충분히 갖췄으나 제약업에 대해 잘 모른다는 것이 그를 망설이게 한 큰 이유였다. 그러나 그는 동화약방이 민족 기업으로서 국민 건강에 크게 이바지하고 소의학교에도 기부하는 등 사회에 기여한다는 사실을 잘 알고 있었고 민강 사장의 독립운동에 대해서도 익히 들어왔기 때문에 동화를 회생시켜야 한다는 사실에 대해서는 기본적으로 공감했다.

당시 보당은 제약업에는 문외한이었으나 한약에 대해서는 상당한 지식을 갖추고 있었다. 한학에 조예가 있어 많은 의서를 읽었던 것이다. 조선시대 유학자 중에는 유문사친(儒門事親)의 의무 중 하나로 의학을 배우는 이가 많았다. 유학자로서 의술에 정통한 사람을 유의(儒醫)라고 했는데 그들은 의술로 전문적인 영업 행위를 하지는 않았으나 주위에 환자가 생기면 필요한 시술을 했다.

역사상 유명한 유의로는 광해군이 병들었을 때 여러 차례에 걸쳐 의약(議藥) 시무에 참여했던 전유형(全有亨)과 《동의보감》 편찬에 참여해 많은 영향을 끼친 정작(鄭碏), 그리고 현종과 숙종 양조를 통해 왕실에 병자가 있을 때마다 의약 시무에 참석한 우의정 김석주(金錫胄) 등을 꼽을 수 있다. 보당도 가족이 아플 때 웬만한 처방은 할 수 있을 정도로 약에 대해 상당한 지식을 갖추고 있었다.

이러한 배경을 가진 보당이 어려움에 처해 있는 동화를 인수한 일은 어찌 보면 당연한 귀결이라 할 수 있을 것이다. 장고 끝에 그는 생명을 살리는 좋은 약을 만들어 민중에 봉사하겠다는 일념으로 동화약방의 인수를 결심하게 된다. 보당은 동화약방의 회생에 뜻을 같이 하는 최병하(崔炳夏)와 합작으로 후한 가격에 회사를 인수한 뒤 1937년 2월 26일 제5대 사장으로 취임했다.

······· **활명수 경영 레슨 2** ·······

1. 경영자로 성공하려면 한 우물을 파야 한다.

따지고 보면 민강 사장은 독립투사이자 교육자로서 훌륭한 업적을 남긴, 존경받아 마땅한 선각자였지만 경영자로서는 실패한 인물이다. 민 사장이 몸을 바친 독립운동이 애국적이며 대의명분이 있는 일이고 택한 길도 당시 상황으로서는 피할 수 없는 선택임이 분명하지만 동화약방의 경영자라는 제한적인 관점으로만 평가한다면 그는 기업을 궁지로 몰아넣어 결과적으로 주주와 종업원들에게 고통을 안겨준 사람이 됐다.

민강 사장의 사례는 지금의 경영자들에게도 교훈이 되는 측면이 있다. 요즘 경영자들도 독립운동은 아니지만 회사 밖의 일에 한눈을 파는 경우가 많다. 조금 성공한 경영자들은 업계를 대변하는 일이나 명예직의 유혹을 받는 경우가 허다한 것이 우리 현실이다. 그러나 진정으로 기업을 사랑하는 경영자라면 경영에 도움이 되지 않는 일에 한눈을 팔아서는 결코 안 된다. 경영자는 결국 경영 업적으로 평가받는 것이다.

2. 경영자는 항상 건강을 지켜야 한다.

누구라도 건강을 잃어서 좋을 일은 없지만 특히 경영자는 건강을 지키는 일에 신경 써야 한다. 경영자는 자신뿐 아니라 기업 구성원 전체의 운명을 책임지는 사람이기 때문이다. 일제에 의한 투옥생활의 후유증 때문이라고 하지만 민강 사장의 이른 죽음은 결과적으로 기업의 운명을 위태롭게 해 많은 사람에게 손실을 끼쳤다. 현명한 경영자라면 자신뿐 아니라 주위를 위해서라도 평소 최고의 컨디션을 유지하려고 노력해야 한다.

3. 후계자를 양성해 유사시에 대비하라.

경영자는 유사시에 대비해 후계자를 육성해두어야 한다. 민강 사장의 경우 투옥생활 등으로 회사를 비우는 경우가 많았는데도 후계 구도를 확실히 해놓지 않았기 때문에 아무 경험 없는 부인과 어린 아들이 경영에 뛰어들면서 회사의 위기 상황을 더욱 빠른 속도로 악화시키고 말았다. 후계자는 평소에 양성해놓아야 위기 대처는 물론 경영권 승계를 무리 없이 진행할 수 있다. 그러자면 평소 종업원 교육에 투자해야 하며 과감한 권한 이양도 할 줄 알아야 한다. 후계자 육성은 경영자의 중요한 능력 중 하나다.

4. 자금은 항상 위기 상황에 대비해서 운용해야 한다.

기업의 어려움은 결국 자금난에서 비롯되며 그런 상황은 대개 예측할 수 있다. 기업의 웬만한 위기는 자금이 풍부하면 일단 위급한 국면은 피해나갈 수 있다. 그러나 동화는 민강 사장의 투옥으로 경영의 부실화가 충분히 예견됐음에도 자금 문제를 미리 대처해두지 않았기에 위기 상황이 더욱 가속화됐다. 자금은 항상 보수적으로 운용해야 한다.

3장

시대를 앞서는 경영은 파격과 함께 온다

活命水

동화는 경영 여건의 악화로 국내시장의 성장이 한계에 달하자 발 빠르게 만주시장으로 눈을 돌렸다. 동화의 만주 진출은 현지 공장까지 건설해 동북 3성의 상권을 본격적으로 공략했다는 점에서 우리 기업의 모범적인 초창기 해외 진출 사례로 기록될 만하다.

애국 기업인 동화를 살려야겠다는 일념으로 윤창식 사장이 인수는 했으나 당시 회사의 경영 상태는 최악의 상황을 맞이하고 있었다. 민강 사장의 사망 이후 능력이 부족한 경영진이 빈번하게 교체되면서 영업 활동은 침체됐고 재무구조는 악화일로를 걸었던 것이다. 설상가상 격으로 그 무렵 일본이 중국 본토를 정복하려는 의도로 일으킨 중일전쟁 탓에 국내시장도 물자 통제를

제5대 사장으로 취임한 보당 윤창식.

받는 등 경제 여건마저 좋지 않아 주력 제품인 활명수의 판매는 연 30만 병을 밑도는 형편이었다.

이런 상태로는 활로가 없다고 생각한 윤 사장은 대대적인 구조조정에 나선다. 윤 사장이 인수할 무렵 동화는 종업원이 60여 명이나 되는, 그때의 형편으로는 작지 않은 규모의 회사였지만 기업이라고 하기엔 경영 측면에서 부족한 점이 많았다. 민강 사장이 1931년 1월 주식회사로 체제를 바꿔놓기는 했으나 경영 방식은 여전히 전근대적이었으며 체계도 잡혀 있지 않았다.

윤창식 사장은 우선 우수한 인력을 영입해 전문경영인 체제를 갖추고 대대적인 조직 정비에 착수하는 등 본격적으로 현대적인 경영

기법을 도입하기 시작했다. 일찍이 보성전문 상과를 졸업한 윤 사장은 기업 경영에서 인재와 조직의 중요성을 일찌감치 깨닫고 있었다.

적확한 인재 영입이 중요한 이유

우선 윤창식 사장은 외부에서 김교영(金敎英)과 남상갑(南相甲), 한기엽(韓基燁) 등 유능한 인물을 영입했다. 김교영은 윤 사장과 보성전문 상과 동기 동창생으로 조선일보에서 사업부장과 교정부장을 역임한 인물이었다. 그는 윤 사장과 마찬가지로 일제에 요시찰인물로 지목받는 애국지사였다. 윤 사장은 김교영을 실질적인 경영 권한을 행사하는 지배인에 임명했다. 지배인은 일반 사무 처리와 집행을 관장하며 사장과 전무취체역의 유고 때는 그 직무를 대행하는 막중한 자리였다. 요즘 식으로 표현하자면 전문경영인이라고 할 수 있는 역할이었다.

남상갑은 김교영과 함께 조선일보 사업부에 근무했던 사람으로 윤 사장은 그를 경리 책임자로 임명했다. 또한 한기엽은 경성약전 4회 졸업생으로 허가와 대관 업무를 담당하는 관리약사에 임명됐다. 그는 후일 서울대 약학대학 동창회장을 역임했으며 이화여대 약대에서 강의를 맡기도 했다.

생산 책임자로는 1913년부터 동화에서 근무해 약품 제조에 일가견이 있는 남기준이 임명됐고 영업 책임자로는 역시 오래전부터 동화의 판매부서에서 일해온 박용선(朴勇善)이 임명됐다. 회사의 지휘부인 중역진으로는 전무취체역에 최병하(崔炳夏), 취체역에는 김교성(金敎聲), 감사역에는 이홍종(李弘鍾)과 김태훈(金泰勳)이 임명됐다.

조직을 재정비하려면 먼저 사규를 갖춰라

이렇게 외부에서 영입한 새로운 인물과 내부의 기존 인물로 회사의 면모를 일신한 윤창식 사장은 조직을 전면 재정비하고 업무를 세분화해 전문성을 강화했으며 부서간의 협조와 인력관리의 효율성을 제고했다. 윤 사장은 사원들의 복지에도 관심을 보여 상여와 승급, 퇴직금, 출장비 등을 제도화했다. 1939년 1월에는 이러한 규정을 집대성한 사규를 제정해 시행토록 했다. 이로써 동화약방이 현대적인 기업의 모습을 갖추게 된 것이다.

  일반적으로 기업 사규는 사용자가 근로자의 복무규율과 임금 등 근로조건에 관한 준칙을 규정한 것으로서 사용자가 작성하는 사업장의 내규를 뜻한다. 즉 한 회사의 사규는 그 기업에 종사하는 종업원의 근로조건을 형성하는 기준이 되는 것으로, 사규를 보면 그 회사의 사풍과 경영자의 면모를 엿볼 수 있다. 동화의 사규는 사무 분장이나 근무시간, 출장비, 상벌 규정 등 업무와 직접 관련된 사항부터 휴일이나 급여, 퇴직금 등 사원 복지와 관련된 규정까지 비교적 소상하게 밝히고 있다. 그 예로 상벌 규정을 두어 상여는 연말상여, 특별

상여, 유공상여로, 처벌은 계고, 유책, 감봉, 해직으로 구분해 시행했다. 급여 및 수당에서도 직무수당과 야근 또는 휴일근무 시의 특근수당을 따로 두었고, 출장비 역시 직급에 따라 실비와 일당을 정해 지급하도록 했다. 복무에서도 1년에 7일간의 휴가를 청할 수 있도록 했다. 이는 당시 기업으로서는 첨단적인 사규로 그 내용에서 윤창식 사장의 종업원 처우에 관한 관심과 인간적 면모를 느낄 수 있다.

척박할수록 블루오션을 개척하라

회사 내부를 정비한 윤창식 사장은 영업과 생산에 박차를 가하기 시작했다. 그는 회사가 발전하려면 우선 내부를 효율적으로 일할 수 있는 조직으로 개편해 종업원들을 결속하고 사기를 진작한 다음, 안팎으로 뛰게 해야 한다는 사실을 잘 알고 있었다. 그는 오늘날의 기준으로 보더라도 기업을 새로 인수한 CEO가 해야 할 일을 누구보다도 잘 파악하고 있었던 것이다.

그러나 당시의 여건은 그리 간단치 않았다. 윤 사장의 취임 직후 발발한 중일전쟁으로 일제는 전시체제령을 내려 쌀도 배급제가 실시되는 상태였고, 이듬해 5월에는 국가총동원법을 발동해 우리 민족은 엄청난 경제적 착취와 노동력 수탈을 당해야 했던 암울한 시기였다. 모든 생필품에 대한 가격통제령이 실시돼 경기가 실종된 상태였던 것이다.

연도별 대차대조표 (단위: 천 원)

기별	결산기일	유동자산	고정자산	자산 총계	부채	자본	부채+자본
8	1938.1.1~12월말	122	34	156	56	100	156
9	1939.1.1~12월말	124	35	159	59	100	159
10	1939.3.1~1940.2월말	141	35	176	76	100	176
11	1940.3.1~1941.2월말	137	40	177	77	100	177

　그러한 상황은 동화에도 예외가 아니어서 안 그래도 어려운 회사 형편은 더욱 어려워졌다. 경제 여건이 그렇다 보니 그동안 동화의 특장점이었던 특약점 영업망마저 붕괴되고 있었다. 그런 상황에서 대안은 도매상을 통한 영업밖에 없었다. 당시 도매 상권은 한반도를 남북으로 나눠 남쪽은 주로 일본인 업자들이 장악하고 북쪽은 한국인 도매상들이 주도권을 쥐고 있었다.

　동화약방은 창업자가 열렬한 독립투사인 데다 회사를 인수한 윤창식 사장도 민족주의자이다 보니 자연스럽게 북쪽의 한국인 도매상들과 활발하게 거래했다. 그 어려운 환경 속에서도 윤 사장이 회사 재건에 열과 성을 다하다 보니 동화는 비약적인 성장을 하기 시작했다. 윤 사장이 취임한 후 3년 만에 매출은 200퍼센트, 이익은 1,000퍼센트가 넘게 신장했다. 활명수 판매는 곧 1일 평균 1만 병에 이르게 됐으며 많이 팔릴 때는 연 500만 병을 상회하기에 이르렀다.

　당시 동화가 거래하던 지방의 주요 한국인 경영 도매상 명단은 다음과 같다.

- 개성의 고려약방(高麗藥房), 순안당약방(順安堂藥房・孔聖集), 활명당약방(活命堂藥房)
- 사리원의 유린약방(有隣藥房・李孔澤)
- 연안의 김흥권상점(金興權商店)
- 재령의 익수당약방(益壽堂藥房・張益壽)
- 은율의 제세당약방(濟世堂藥房・朴鍵濟)
- 안악의 천광약방(天光藥房)
- 신천의 대학당약국(大學堂藥局), 광세당약방(廣世堂藥房・李鉉湖)
- 해주의 동화약국(同和藥局), 오세영상점(吳世映商店)
- 장연의 신흥약방(新興藥房・金鳳龜)
- 송화의 영생약방(永生藥房・金要輪)
- 인천의 영생약방(永生藥房)
- 수원의 동아약방(東亞藥房)
- 강릉의 익수당약방(益壽堂藥房・朴基昇)
- 고성의 고성약방(高城藥房・李在浩)
- 평양의 일신당약방(日新堂藥房・金正商), 영생당약방(永生堂藥房・崔永煥), 동화약방(同和藥房・成正玉), 삼정약방(三正藥房・崔正錫)
- 선천의 선천약방(宣川藥房・桂仁培)
- 안주의 일선약방(日鮮藥房)
- 진남포의 청광약방(清光藥房)
- 강계의 지성당약방(至誠堂藥房)
- 신의주의 구세약방(求世藥房・文奎成)

- 장전의 원산약국(元山藥局 · 李鳳德)
- 함흥의 함흥약업사(咸興藥業社 · 張昌南)
- 성진의 수영당약방(壽永堂藥房 · 李鳳康)
- 어대진의 동화백화점(東華百貨店 · 鄭白龍)
- 나남의 영춘당약방(永春堂藥房 · 金東秀)
- 청진의 삼화약방(三和藥房 · 池鳳橫), 김춘경상점(金春景商店)
- 회령의 세일당약방(世一堂藥房 · 崔鑲淑), 인득당약방(仁得堂藥房 · 趙仁得)
- 웅기의 인수당약방(仁壽堂藥房 · 鄭鳳仁)
- 대구의 동아당약방(東亞堂藥房 · 金成泰)
- 마산의 오행당약방(五行堂藥房 · 金永正)
- 부산의 광제호약방(廣濟號藥房 · 崔錫鳳)
- 진주의 쓰바데약국(周右洪)
- 합천의 고려약방(高麗藥房 · 宋性根)
- 군산의 심약방(沈藥房), 옥산당약방(玉山堂藥房 · 陸在昆)
- 제주도 성산포의 김성은상점(金成殷商店)

국내 브랜드의 첫번째 해외 진출

사장 취임 후 회사의 구조조정을 마치고 국내 영업망을 재정비해 새로운 도약을 도모하던 윤 사장은 서서히 만주로 눈을 돌리기 시작했다. 당시 국내 상황에서는 회사의 발전에 한계가 있다고 느꼈던 것이다. 중일전쟁으로 전시체제령이 내려지고 조선 땅에도 국가총동원법이 적용되는 판국에 더 이상의 매출 신장을 기대하기 어렵고 통제경제가 날로 강화돼 국내 경제 사정은 더욱 어려워질 것이 명약관화했기 때문이다.

만주 지방은 동화약방의 창업 초창기부터 인연이 있는 곳이었다. 동화는 일찍이 1910년대부터 북간도를 비롯한 만주 일대에 지점망을 두고 있었다. 따라서 만주 일대에서는 활명수를 비롯해 인소환과 지해로 등 동화의 주력 제품이 상당한 지명도를 얻고 있었다. 그러나 1930년대 들어 사세가 위축되고 특약점 망이 무너지면서 만주의 지점도 유명무실해진 형편이었다.

이러한 상황에 윤 사장은 동화의 새로운 활로로 다시 한 번 만주 시장의 개척을 꿈꾸게 된 것이다. 그것은 동화의 발전을 위해서도 필요한 일이지만 민족주의자이자 박애주의자인 윤 사장에게는 만주에 흩어져 살아가는 많은 우리 동포에게 좋은 약을 공급하기 위해서라도 절실한 사업이었다. 윤 사장은 만주 진출의 전초 작업으로 1937년 7월 27일 '부채표 활명수'를 만주국 봉천 중앙특허사무소에 특허 출원했다. 상표등록원 제1650번, 상품류 구분 제1류(화학품·약제·의료기)였다. 활명수가 처음으로 해외에 상표 등록을 한 것이다. 이는 우리나라 브랜드가 해외에 공식 진출한 선구적 사례로 기록될 것이다.

필요하다면 파격 인사도 불사하라

윤창식 사장이 만주 진출의 교두보로 지목한 곳은 안동이었다. 1938년 12월 동화약방은 안동시(安東市) 금탕구(金湯區) 하천단정(下川端町) 25호에 지점을 개설했다. 안동지점의 지점장은 여성인 장금산(張金山) 약사가 관리약사를 겸해 맡았다. 장금산 지점장은 조선약학교 본과 7회 졸업생으로 일찍이 이화여전 영문과에 다니다 중퇴하고 약사의 길을 택할 정도로 매우 진취적인 신여성이었다.

국내 여성 약사 1호인 장금산.

당시 사회 분위기로 미뤄볼 때 여성을 지점장, 그것도 처음으로 진출하는 해외의 지점장으로 임명한다는 것은 대단히 파격적인 인사였다. 장금산 지점장은 지점장직을 성공적으로 수행해 동화의 만주 진출에 큰 공을 남겼으며 그 후 현지 공장이 건립된 뒤에도 책임관리약사로서 1945년 종전으로 모든 인력이 철수할 때까지 그곳에서 근무했다. 또한 광복 후에는 국내 여성 약사 1호로서 여약사회 발전에 커다란 공로를 남기기도 했다.

안동지점은 만주 정부에서 약품 수입허가를 받아 활명수를 비롯한 27종의 약을 서울에서 수입했다. 당시 안동지점이 수입해 판매한 제품과 용량, 판매 가격은 다음과 같다.

- 활명수(活命水): 30ml(30전), 60ml(60전), 140ml(1원), 500ml(3원)

- 본방영신환(本方靈神丸): 10환(10전), 22환(20전), 60환(50전), 120환(1원)
- 보아산(保兒散): 3포(10전), 6포(20전)
- 복방옥도정기(複方沃度丁幾): 5ml(10전), 15ml(20전), 40ml(50전)
- 통이액(通耳液): 5ml(10전), 10ml(20전)
- 우황포룡환(牛黃抱龍丸): 2환(20전), 6환(50전)
- 상원(常元): 1환(30전), 2환(50전)
- 당사향소합원(唐麝香蘇合元): 1환(60전), 2환(1원 10전)
- 개안수(開眼水): 4ml(10전), 8ml(20전), 30ml(30전)
- 묘고(妙膏): 3g(10전), 6g(20전), 10g(30전)
- 백응고(百應膏): 2g(10전), 5g(20전), 15g(50전)
- 구설환(久泄丸): 75환(20전)
- 청해산(淸解散): 6포(20전), 10포(30전)
- 회충산(回蟲散): 3포(20전), 5포(30전)
- 제촌충약(除寸蟲藥): 6개(30전), 12개(60전)
- 치개수(治疥水): 30ml(30전), 60ml(50전)
- 금계랍(金鷄蠟): 6개(20전)
- 치리산(治痢散): 30포(20전)
- 소감산(逍疳散): 6포(20전)
- 팔선단(八仙丹): 25환(10전), 80환(30전)
- 특방상한성약(特方傷寒聖藥): 3포(10전), 6포(20전)
- 동화발한산(同和發汗散): 3포(10전), 6포(20전), 10포(30전)
- 동화수은고(同和水銀膏): 6g(10전), 15g(20전)

- 동화지해로(同和止咳露): 30ml(50전), 75ml(1원), 120ml(1원 50전)
- 강장보익수(强壯補益水): 30ml(20전)
- 우황청심원(牛黃淸心元): 1환(3원)

안동지점에서는 현지 직원 30여 명을 고용해 병을 세척하고 라벨 부착 등 포장 작업을 주로 했다. 당시는 병을 세척하고 고무호스로 약을 주입한 다음 코르크 마개로 막고 라벨을 붙인 뒤 1병씩 유산지로 싸서 박스에 담는 공정을 일일이 손으로 작업했다.

윤창식 사장의 만주 진출은 당시의 전후 사정을 살펴보면 대단히

1942년 9월 25일 창립기념일을 맞아 한자리에 모인 동화 가족. 맨 뒷줄 오른쪽에서 세번째가 윤창식 사장.

선견지명 있는 결정이었음을 알 수 있다. 1940년대 초반에서 1945년 8·15 광복에 이르는 기간은 조선의 제약업계에 최악의 시기였다. 1940년부터 일제는 조선의약품통제주식회사를 발족해 전국 각 지역에 배급소 14개를 두고 의약품 배급을 실시하기 시작했다. 그리고 한약도 조선생약통제주식회사를 발족해 집하와 배급을 도맡아 했다. 의약품의 통제 배급 시대가 온 것이다. 곧이어 실시된 물자동원계획에 따라 모든 의약품의 생산과 배급은 일일이 일제의 간섭과 지시를 받아야만 하는 시기였다. 게다가 가격통제령으로 설상가상의 어려움을 당해야 했다. 의약품에 대한 통제가 극에 달했던 그 시기는 조선 제약업계의 암흑기라 할 수 있을 것이다.

 1942년에는 기업정비령까지 내려져서 기업들의 숨통을 죄었다. 기업정비령의 대외적인 명분은 실적 없는 기업을 정리한다는 것이었으나 속셈은 조선 사람들을 강제 징용하는 데 있었다. 이때 조선인들이 경영하던 상당수의 소규모 제조업과 약방들이 폐업하게 된다. 당시 상당한 규모의 제약회사들도 원부자재가 부족해 가동하지 못하는 형편이었으므로 기업 정비를 당하기 전에 아예 자진해서 통폐합하는 경향마저 나타나고 있었다. 만주의 형편도 그리 좋은 것만은 아니었지만 동화의 처지에서는 그래도 그곳으로 진출하는 길이 하나의 탈출구였던 셈이다.

해외 진출의 성공 열쇠는 현지화 전략

1940년 들어 만주국의 수출입 업무에 대한 규제가 점점 까다로워지고 국내에서는 약품 원료 조달도 어려워지기 시작하자 동화는 아예 현지 생산을 계획했다. 현지 생산을 위해서는 당연히 만주국의 제약 허가를 얻어야 했다. 당시 만주에는 일본의 다케다(武田)약품공업, 시오노기(鹽野義)제약, 우에무라(植村)제약 등이 현지 공장을 가동하고 있었다. 그러나 만주국을 실제로 움직이던 일본 관리들은 조선의 제약회사에는 공장 허가를 내주지 않는다는 방침을 고수했다. 동화약방의 간부들이 수차례에 걸쳐 허가를 얻으려고 노력했으나 번번이 수포로 돌아갔다.

윤창식 사장과 김교영 지배인이 일제 당국의 요시찰인물로 지목된 사실도 허가를 얻는 데 큰 장애 중 하나였다. 그러나 윤 사장과 간부들은 그에 굴하지 않고 꾸준히 노력한 결과 마침내 1942년 7월 활명수를 비롯해 29개 제품에 대한 제조 허가를 취득하게 된다. 오랜 고생 끝에 드디어 만주 땅에 자체 공장을 갖게 된 것이다.

현지 생산시설은 안동지점이 있던 안동시 금탕구 하천단정 25호에 건설하기로 결정했다. 건설 책임자로는 본사의 생산책임을 맡고 있던 남기준이 임명됐으며, 책임관리약사는 여전히 장금산이었다. 그러나 문제는 당시의 전쟁 상황으로 말미암아 공장 건설에 필요한 자재를 구하는 게 극히 어렵다는 사실이었다. 1941년 7월 일제의 진주만 공격으로 발발한 태평양전쟁이 한창이던 때라 시멘트와 철근 등이 참으로 귀할 때였기 때문이다. 공사를 맡은 건설업자들은 주요 자재를 건축주가 제공해줘야 공사를 시작하겠다고 나왔다. 다행스럽게도 자재난을 예측하고 동화 측이 미리 준비해놓은 자재가 있어서 가까스로 공사를 시작할 수 있었다.

당시의 현지 공장 건설에 관한 자료가 유실돼 정확한 크기는 알 수 없으나 구전으로 전해지는 바에 따르면 안동 공장은 사택, 식당 등 부대 건물까지 딸려 있는 상당히 큰 규모였다고 한다. 안동 공장에서의 생산은 공장이 완공된 1943년부터 시작됐으나 전시 통제 탓에 독자적인 제품 개발과 판로 개척은 불가능했고 주로 배급받은 원료로 허가받은 약품만을 만들 수밖에 없었다. 안동 공장에서의 생산은 제2차 세계대전이 끝나던 1945년까지 계속됐다. 동화의 만주 진출은 현지 공장까지 건설해 동북3성의 상권을 본격적으로 공략했다는 점에서 우리 기업의 모범적인 초창기 해외 진출 사례로 기록될 만하다.

········ **활명수** 경영 레슨 3 ········

1. 기업 인수 후에는 철저한 직무 분석과 구조조정이 필요하다.
   윤창식 사장은 동화를 인수하자마자 회사의 업무 전반을 철저하게 분석해 조직을 개편하고 지배인에게 실질적인 경영 권한을 주는 전문경영인 제도를 도입했다.

2. 다음은 인재의 영입과 권한 이양이다.
   조직을 개편한 다음 윤창식 사장은 김교영, 남상갑, 한기엽 같은 지식인이자 애국지사로서 존경받을 만한 인재를 영입해 실질적인 권한을 갖는 지배인과 경리 책임자 등 주요 보직에 임명했다. 흔히 외부에서 인재를 영입하면 내부 사람들과 갈등을 빚게 마련이나 윤 사장은 내부 인사들도 인정할 만한 능력과 인격을 갖춘 인물을 영입해 조직의 인화를 이뤘다.

3. 종업원 사기 진작을 통해 내부 결속을 다져라.
   조직을 개편하고 인재를 영입한 다음 윤 사장은 사규를 제정해 업무는 물론 급여, 상여금, 퇴직금, 출장비, 휴일, 휴가 등 사원복지제도를 명문화했다. 이러한 조치는 당시로서는 획기적인 것일 뿐 아니라 경영난에 봉착해 위축돼 있던 종업원들의 사기를 드높여 애사심을 느끼게 하는 계기가 됐다.

4. 시장세분화 전략으로 블루오션을 개척하라.
   회사를 정비한 후 윤 사장은 한반도의 북쪽을 중심으로 영업 활동을 전개해나갔다. 물론 남쪽은 일본인 도매상들이 장악하고 북쪽은 한국인 도매상들이 대세를 이루고 있기 때문이기도 했지만 결과적으로 경쟁우위를 가질 수 있는 지리적 세분시장에 회사의 역량을 집중한 셈이다. 그러한 타깃 마켓의 선정은 북쪽과 인접한 만주시장에 진출하는 계기도 됐다.

5. 브랜드는 해외에도 등록해야 한다.

동화는 만주시장에 진출하기 전 미리 '부채표 활명수'를 만주국에 상표 등록했다. 이는 해외시장 진출 후에 일어날 수 있는 유사상표의 범람을 막으려는 매우 적절한 사전 조치였다.

6. 새로운 기회를 잡으려면 해외로 눈을 돌려라.

동화는 경영 여건의 악화로 국내시장의 성장이 한계에 달하자 발 빠르게 만주시장으로 눈을 돌렸다. 이는 우리 기업의 초창기 해외시장 진출 사례로, 경영전략 측면에서도 매우 성공적인 신규시장 개척의 본보기다.

7. 해외 진출은 현지화 전략을 활용하라.

동화는 만주지점 설치 후 국내외 여건의 악화로 수출입 업무에 어려움을 겪자 현지 공장을 건설해 현지화를 꾀했다. 이러한 단계적 해외시장 공략은 오늘날의 시각으로 보더라도 매우 적절한 수순이라 할 수 있다.

8. 파격 인사도 때로는 필요하다.

윤창식 사장은 만주지점장에 파격적으로 여성인 장금산 약사를 임명했다. 파격 인사는 경영자의 개혁 의지를 과시하고 변화를 예고하는 효과가 있다. 윤 사장은 그러한 인사의 묘를 살려 많은 위험이 예상되는 해외시장 진출을 성공적으로 마무리 지었다. 장 지점장은 여성 특유의 섬세함으로 조직의 인화를 이끌어냈고 당시 생산직 근로자의 대다수를 차지했던 여성들에게 출중한 리더십을 발휘했다.

4장

숱한 담금질이 강력한 브랜드를 만든다

活命水

동화가 어려움을 겪을 때마다 탁월한 경영 능력으로 위기를 헤쳐나갈 수 있었던 것도 활명수라는 커다란 브랜드 자산가치가 있었기에 가능했다. 뛰어난 경영 능력을 강한 브랜드가 뒷받침하면 더욱 위력을 발휘하는 법이다.

1945년 8월 15일 일본의 패망과 함께 한반도에도 광복이 찾아왔다. 그러나 광복의 기쁨을 채 만끽하기도 전에 38선을 경계로 남쪽은 미군이, 북쪽은 소련군이 진주해 남과 북의 정치적 분단이 고착되기 시작했다. 조국은 광복을 맞이했으나 동화는 그로 말미암아 오히려 암흑기를 맞이하게 된다. 종전이 되자마자 북쪽을 장악한 소련군은 남북을 오가던 기차의 운행을 중단시킨다. 만주의 안동에서도 기차는 움직이지 않았다.

위기가 닥쳐왔음을 직감한 윤창식 사장은 안동 분공장을 책임지고 있던 장금산 약사에게 종업원들과 함께 서울로 피신할 것을 명한다. 사태가 긴박함을 인지한 윤 사장은 그들에게 공장의 설비와 재고를 포기하고 한시라도 빨리 떠나오라고 재촉한 것이다. 기차를 탈 수 없었던 그들은 천신만고 끝에 걸어서 서울로 무사히 귀환했다.

혼란한 시국에도 망하지 않는 방법

종업원들은 무사히 돌아왔으나 그 이후 동화약방은 만주와 북한 땅에 그동안 이뤄놓은 모든 것을 잃게 된다. 남북의 분단으로 말미암아 만주 동북3성의 시장과 안동의 현지 공장, 북한 쪽의 거래처는 물론 외상 매출금까지도 회수할 길이 없게 된 것이다. 동화의 매출에서 북쪽 시장의 비중이 훨씬 컸던 사실을 감안하면 엄청난 타격이 아닐 수 없었다. 동화는 또 한 번의 위기를 맞이한 것이다.

윤창식 사장의 근심은 깊어갈 수밖에 없었다. 동화뿐 아니라 온 나라가 어려운 때였다. 38선 이남은 1945년 9월부터 미군이 군정을 펼치기 시작했다. 그러나 신탁통치 문제를 둘러싼 국론 분열로 혼란해진 사회질서와 심각한 물자 부족, 일제 강점기 말부터 누적된 인플레이션의 압박 등으로 국내 경제는 매우 힘든 국면을 맞이하고 있었다. 특히 남한은 당시 농업 위주의 경제구조를 갖고 있어 공업 위주의 북한에 비해 경제 여건이 더욱 어려웠다. 그런 여건에서 기업 활동은

광복의 기쁨을 채 만끽하기도 전에 남과 북이 38선으로 나뉘자 북쪽 시장의 매출 비중이 훨씬 컸던 동화는 또 한 번의 위기를 맞는다.

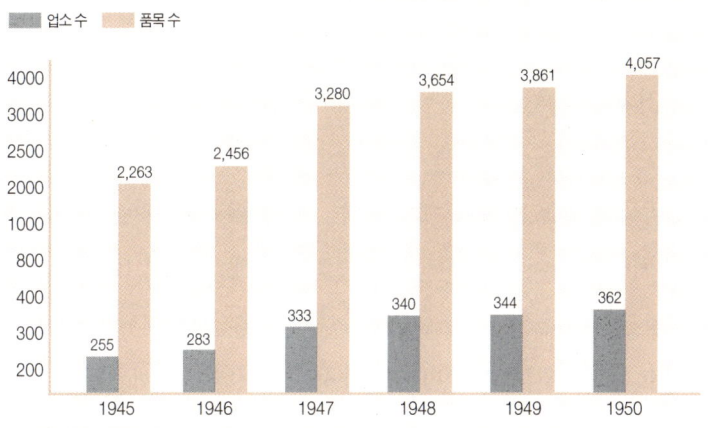

광복 후 의약품 제조 허가 현황

출처: 한국제약협회 60년사

위축될 수밖에 없었다.

당시 자료에 따르면 군정 기간의 사업장과 근로자 숫자는 광복 직전에 비해 50퍼센트 이상 감소한 것으로 나타난다. 제약업계 역시 어렵기는 마찬가지여서 극심한 원료난과 미군에서 흘러나온 잉여 약품의 범람에 시달려야 했다. 자료에는 제약회사 숫자가 255개로 집계돼 있으나 이러한 사정 때문에 실제로 공장을 가동하는 회사는 동화와 유한양행을 비롯한 30여 곳에 불과했다. 당시의 주요 제약업체는 다음과 같다.

유한양행(柳明韓) 금강제약(全用淳) 삼성제약(金種健) 천일제약(趙寅燮) 신흥제약(車相喆) 후생약품공업(朴容均) 자선당제약(金一泳) 중앙약품공업(申浩均) 경성신약(朱世煥) 삼양공사(尹溶求) 삼룡제약(吳龍出) 전신양행(全恒燮) 국제신연(黃虎淵) 동양제약(李德徽) 청산제약(咸承英) 조선매약(李東善) 동화약방(尹昶植) 동아제약사(姜重熙) 일화제약소(崔永函) 제생당약방(李庚鳳)

초비상 사태를 맞이한 제약업계는 그 와중에도 어려운 상황에 공동 대처하고 업체 간의 친목을 도모하기 위해 1945년 10월 26일 조선약품공업협회(朝鮮藥品工業協會)를 출범시킨다. 그러나 일본인들이 남기고 간 적산기업의 관리권을 차지하기 위한 다툼이 곳곳에서 일어나고 정상배들이 설쳐대며 악덕상인들은 생필품에 대한 매점매석 행위로 폭리를 취하는 등 사회의 혼란상은 점점 더해만 갔다.

나라가 살아야 기업이 산다

그런 시국을 바라보는 윤창식 사장의 심경은 착잡했다. 일제 강점기 때보다도 더 어려운 상황이었다. 동화는 만주와 북한의 생산설비와 시장을 잃었다고는 하나 본사 공장은 건재했고 원료도 2년 치는 확보하고 있어 다른 제약업체들에 비해서는 사정이 나은 편이었다. 그러나 민족주의자인 윤 사장으로서는 나라의 형편이 백척간두에 서 있는 어려운 상황에서 개인적인 사업에 매달려 있는 것이 내키지 않았다. 그는 정국이 안정되고 광복된 조국이 나라의 모습을 제대로 갖출 때까지 당분간 동화를 개점휴업 상태로 유지할 것을 결심한다.

사업은 휴면 상태로 들어갔으나 윤 사장은 종업원들에게 보수를 꼬박꼬박 지급했다. 항상 "동화는 동화 식구 전체의 것"임을 강조하고 "다 같이 잘살 수 있는 기업"을 만들겠다는 이상을 품고 있던 그로서는 회사가 휴면 상태에 있다 하더라도 종업원들을 외면할 수 없었던 것이다. 기업 활동을 일시적으로 멈춘 윤 사장은 대한민국 정부 수립을 위한 활동에 들어간다. 과거 일제 강점기에서 조선산직장려계를 조직해 경제독립운동에 앞장서고 보린회와 신간회에 대한 지원을 통해 독립운동과 어려운 동포들을 위한 복지사업에 헌신해왔던 그였기에 정부 수립을 위한 활동은 어쩌면 당연한 수순이었는지도 모른다.

윤창식 사장은 대한민국 정부 수립에 큰 역할을 하게 되는 국민운동 단체인 대한독립촉성국민회(大韓獨立促成國民會) 조직에 참여하게 된다. 대한독립촉성국민회는 이승만 계열인 독립촉성중앙협의회와 김구 계열의 신탁통치반대국민총동원중앙위원회가 신탁통치 반대운동이라는 공통분모를 바탕으로 통합해 1946년 2월 결성된 정치단체였다. 총재로는 이승만 박사, 부총재로는 김구 선생이 추대됐다. 윤 사장은 62명으로 구성된 중앙상무위 위원으로 선임됐다. 중앙상무위는 윤 사장 외에도 오세창(吳世昌), 김법린(金法麟), 방응모(方應謨), 윤보선(尹潽善), 김동원(金東元), 전진한(錢鎭漢), 박종화(朴鍾和), 허정(許政), 장덕수(張德秀) 등 당시 우리 사회를 대표할 만한 각계각층의 저명 인사들이 고루 참여했다.

대한독립촉성국민회는 광복 이후 제헌국회가 제헌헌법을 제정하고 이승만을 대통령으로 선출해 단독 정부를 수립하는 과정에서 커다란 역할을 했으며 1948년 5월 10일 실시된 총선에서 전체 의석의 27.5퍼센트인 55석을 확보함으로써 무소속 다음으로 많은 당선자를 냈다. 윤 사장도 이때 주위에서 강력한 출마 권유를 받았으나 기업인으로서 정부 수립에 일조했으면 됐지 직접 정치에 나서는 것은 바람직하지 않다며 끝내 거절하고 만다. 그러나 후일 지역사회의 발전을 위해 헌신해달라는 주위의 간곡한 요청을 뿌리치지 못하고 서울 시의회 의원으로 당선돼 한동안 봉사하기도 했다.

3년의 공백을 딛고 다시 활명수에 도전하다

광복과 함께 윤창식 사장에게 찾아온 반가운 소식이 있었으니 그것은 일제에 학도병으로 징용당했던 셋째 아들 윤광열(尹光烈)의 무사 귀환이었다. 보성전문에 다니던 윤광열은 1944년 마지막 발악을 하던 일제에 의해 만주로 끌려갔다. 윤 사장은 살아서 돌아올 수 있을는지 모르는 길을 떠나는 아들에게 만주로 가거든 일본군에서 탈주해 상해 임시정부의 김구 선생을 찾아갈 것을 당부했다. 일찍이 김구 선생을 따라 상해에 가서 독립운동에 투신하려 했으나 많은 식솔을 거느려야 하는 큰 집안의 장남이라는 책임감 때문에 뜻을 이루지 못하고 그 후 상해 임시정부에 꾸준히 재정 지원을 해오던 윤 사장으로서는 그것이 사지로 떠나는 아들에게 해줄 수 있는 유일한 배려였다.

청년 윤광열은 만주 땅에서 호시탐탐 탈출의 기회를 노렸으나 일본군의 철저한 감시 탓에 그 뜻을 이루지 못하고 낙심천만한 상태에서 8·15 광복을 맞이하게 된다. 광복이 됐다는 소식을 듣자마자 그 길로 상해 임시정부를 찾아간 윤광열은 바로 광복군으로 편입됐고 그 후 중대장에 보임된 뒤 1946년 3월 광복군 1차 귀국부대의 일원으로 돌아온 것이다.

서울로 돌아오자마자 윤광열은 보성전문에 복학해 학업에 몰두하는 한편 아버지를 도와 태릉의 과수원을 경영하게 된다. 말이 경영이지 그는 과수원의 힘든 허드렛일을 도맡아 했다. 학도병으로 끌려가서 겪은 갖은 고초가 그를 뭐라도 해낼 수 있는 강인한 인물로 성장시켜놓았던 것이다. 2년여 동안 과수원 일과 학업을 병행하며 1948년 보성전문 법과를 졸업한 윤광열은 아버지 윤창식 사장의 요청으로 동화의 재건에 참여하게 된다. 건국 과정의 소용돌이 속에서 동화를 상당 기간 방치 상태에 두었던 윤 사장이 드디어 회사를 정상화해야겠다는 결심을 한 것이다. 그러나 회사를 다시 일으켜 세워야겠다고 마음은 굳게 먹었지만 현실적인 여건은 그리 만만치가 않았다.

가장 먼저 생산부터 정상화하라

기업 경영에서 3년의 공백은 긴 세월이었다. 만주 분공장의 새로운 생산설비는 물론 북녘 땅과 중국의 막대한 영업 기반도 잃어버린 상태였다. 그동안 회사 문을 아주 닫지는 않았지만 생산과 영업 활동이 제대로 이뤄지지 않고 있다 보니 조직의 분위기가 활기를 잃고 있었다. 윤 사장은 우선 사람을 끌어모으는 일에 착수했다. 그는 언제라도 경영에서 인재를 가장 중시했다. 가장 필요한 것은 회사 재건에 구심점 역할을 할 실무 책임자였다. 지리멸렬한 회사 분위기를 반전시킬 수 있는 사람이 필요했던 것이다.

윤 사장은 고심 끝에 과거 일제 강점기에 동화의 경리 책임자로 근무하면서 탁월한 경영 역량을 보여줬던 남상갑을 다시 영입하기로 했다. 그때 남상갑은 회사를 떠나 자신의 사업체를 운영하고 있었지만 윤 사장은 그를 찾아가 동화에 돌아와 줄 것을 간청했다. 이미 독립해 개인사업을 안정적으로 꾸려나가고 있던 사람이 자신의 사업을 포기하고 돌아온다는 것이 쉬운 일은 아니었다. 그러나 윤 사장은 포기하지 않고 수차례 그를 방문해 힘을 합쳐 동화를 다시 일으켜 세우자고 설득하고 또 설득했다. 인재를 중시하고 인재에 대한 집착이 유난히 강했던 윤창식 사장이었다. 결국 남상갑은 윤

광복의 소용돌이 속에서 동화는 생산설비와 영업 기반을 잃었지만 윤창식 사장의 인재 중시 철학에 따라 우선 인재를 영입하고 생산과 영업 활동을 정상화해 재기의 발판을 마련한다.

사장의 집념에 감동해 동화에 합류하기로 결정을 내린다. 윤 사장은 그에게 회사 전반의 경영 실무를 총괄하는 지배인직을 맡겼다.

능력이 탁월한 데다 덕망까지 갖춘 남상갑을 지배인으로 영입하자 회사의 분위기는 반전되기 시작했다. 과거 동화에 몸담았던 다른 사원들도 회사 재건 소식을 듣고 속속 합류하기 시작했다. 윤 사장은 전무에 최병하, 공장장으로 남기준, 관리약사 겸 상무에 한기엽 등을 임명해 경영진을 보강했다. 윤 사장의 장남으로 일본 메이지대학을 졸업한 윤화열(尹和烈)도 이때부터 취체역으로 회사 일에 참여하고 삼남 윤광열도 실무를 맡아 동화의 재건에 일익을 담당한다.

만주 분공장의 첨단 시설은 잃었지만 일제 강점기 때부터 사용해온 서울의 생산시설은 그대로 남아 있었다. 생산 품목은 활명수를 필두로 해서 지해로와 우황청심원, 상한성약, 치통수, 옥도정기 등 예전에 생산하던 품목을 대부분 다시 만들기 시작했다. 그동안 쌓아온 신용 때문이었는지 지방 유통업자들의 반응도 매우 호의적이었다. 다행스럽게도 창고에는 윤 사장이 틈틈이 비축해둔 약재가 가득 쌓여 있어 원료 걱정을 덜어줬다. 동화의 생산은 순조롭게 재개되고 영업 활동도 활발하게 시작됐다. 광복의 소용돌이 속에서 전체 매출의 3분의 2를 차지하던 만주와 북한의 시장은 비록 잃었지만 동화는 재건의 기틀을 잡아가기 시작했다.

광복 직후 일본인들이 남기고 간 적산기업을 서로 차지하려는 갈등으로 어지럽던 제약업계도 대부분 해당 기업에 연고가 있던 사람들이 임대계약 형식으로 경영권을 인수해 서서히 자리를 잡아가고 있었다. 그러나 남한에 진주한 미군은 제약업계에 새로운 변화와 시련을 안겨줬다. 우선 군정 당국은 집권하자마자 일제 강점기에서는 감시의 편의를 위해 경찰행정이 담당하게 했던 보건과 위생 분야를 보건후생부(保健厚生部) 소관으로 돌려놓았다. 그리고 그동안 우리 의약계가 전혀 접해보지 못했던 새로운 의약품을 군용으로 대량 반입해 그중 상당수를 구호용으로 시중에 유통했다. 페니실린과 스트랩토마이신, DDT, 다이아진 등이 당시에 보급된 약품인데 최신 의약품을 처음 사용해본 시민 사이에서는 이 약들이 만병통치약으로 알려질 정도로 인기가 있었다.

미군에서 흘러나온 잉여 의약품이 민간에 구호용으로 배급되는 것이 일제 강점기 때 약품 부족 현상에 시달렸던 시민에게는 매우 다행스러운 일이었지만 이제 막 기지개를 켜려고 하던 국내 제약업계의 성장에는 큰 장애물이 아닐 수 없었다. 당시 우리 제약업계의 가장 큰 애로는 의약품 원료의 부족 현상이었다. 원료난을 타개하기 위해 조선약품공업협회는 군정청과 협상을 벌여 구호 의약품이나 원조물자 가운데 약품 제조에 쓸 수 있는 원료를 취급하는 조선약품진흥주식회사(朝鮮藥品振興株式會社)를 별도로 설립할 정도였다.

1948년 대한민국 정부가 수립되자 광복 당시의 무질서는 어느 정도 진정되기 시작했다. 이 무렵 동화약방도 재기를 위한 노력을 전개했다. 대한독립촉성국민회에서 활동하며 정부 수립에 일조하던 윤창식 사장이 정부 수립으로 사회가 안정되기 시작하자 비로소 기업활동 재개를 결심한 것이다.

'역전의 명수' 활명수, 아류 제품을 제압하다

동화가 휴면에 들어가 있는 동안 의약품시장에는 많은 변화가 있었다. 특히 활명수가 오랫동안 석권하고 있던 액제 소화제 시장에 그사이 새로운 경쟁자가 등장했다. 그것은 동아제약사의 생명수였다. 상표명도 활명수와 흡사한 생명수가 동화가 어지러운 세상을 관망하며 칩거하고 있던 틈을 타 그 자리를 차지했던 것이다.

동화로서는 절체절명의 위기가 아닐 수 없었다. 반세기 이상을 쌓아온 명성이 도전에 흔들리고 있었다. 하지만 동화는 거기서 주저앉지 않았다. 윤창식 사장의 지휘 아래 전 사원이 일치단결해 생산 활동을 정상화하고 영업에서 활기를 찾으면서 서서히 고토를 회복하기 시작하더니 얼마 지나지 않아 옛 아성을 되찾는 데 성공했다. 활명수의 브랜드 파워는 역시 막강했다.

동화의 안정과 함께 국내 제약업계도 광복 직후의 혼란에서 조금씩 벗어나서 자리를 잡기 시작했다. 1948년 정부가 수립되면서 군정 때 보건후생부 업무는 사회부에 속했다가 이듬해 정부 조직이 개편되면서 보건부로 승격해 독립했다. 1949년에는 정식으로 의약품을 수출과 수입할 수 있는 통로가 열리면서 제약산업은 점점 활기를 띠기 시작한다. 그 결과 1949년 말에는 제약업체도 344개로 늘어나고 의약품 생산 종수는 3,861종에 이르며 처음으로 73만 달러 상당의 수출을 기록하기도 한다.

수요가 있다면 어떤 상황에서도 멈추지 않는다

그러나 오랜만에 맞이한 안정도 1950년 6월 25일 발발한 6·25 전쟁으로 순식간에 물거품이 되고 만다. 전쟁은 항상 참혹한 것이지만 6·25는 우리 사회에서 많은 것을 앗아갔고 제약업계나 동화 또한 예외 없이 많은 슬픔과 고통을 감수해야 했다. 6·25가 터지자 동화의 식구들은 모두 연고지를 찾아 뿔뿔이 흩어졌고 윤창식 사장 일가는 일단 부산으로 피난을 갔다. 부산에서 석 달여를 지낸 뒤 9·28 수복 후 서울로 돌아왔으나 중공군의 참전으로 전세가 역전되자 1·4 후퇴의 피난 행렬에 끼어 이번에는 마산으로 다시 피신하게 된다.

　마산의 피난살이도 몇 달이면 끝날 것으로 예상했으나 전쟁이 장기화되는 기미를 보이자 마산에서 임시로 활명수를 생산하기로 한

윤창식 사장 일가는 1·4 후퇴의 피난 행렬에 끼어 마산으로 피신하지만, 지인의 집을 빌려 임시 공장을 세우고 활명수 생산을 멈추지 않았다.

다. 마침 1·4 후퇴 당시 철도국에 윤 사장의 아는 이가 있어 생산시설과 약품 원료 일부를 이미 기차 편으로 마산에 옮겨놓은 터였다. 공장 또한 마산에 살던 지인이 큰 집을 빌려줘 임시로 사용할 수 있었다. 윤 사장의 인덕은 피난살이에서도 어김없이 그 빛을 발했던 것이다. 생산은 공장장 남기준이 마산으로 합류해 계속 책임을 맡았고 윤광열이 그를 도왔다. 판매는 용인으로 피난을 갔다가 뒤늦게 마산으로 내려온 지배인 남상갑이 주축이 돼 수복된 서울과 부산을 오르내리며 도매상들과 거래를 터나갔다.

그러나 임시 공장이 마산에 있었기 때문에 아무래도 지리적으로 근접한 경상남북도와 전라남도의 도매상들과 주로 거래했다. 당시의 큰 거래선으로는 마산의 오행당약방(五行堂藥房), 대구의 동아당약방(東亞堂藥房), 부산의 광제호약방(廣濟號藥房)과 활명당(活命堂), 광주의 대성약국(大成藥局)과 광주약방(光州藥房) 등이 있었다. 6·25 전쟁이 발발한 후 잠시나마 공산 치하에서 시련을 겪었던 제약업계 인사들은 1·4 후퇴 때 주로 부산과 대구로 피난을 갔다. 당시 제약업자들은 상당수가 대구에 몰려 있었는데 그 이유는 대구 사수를 위해 육군본부가 그곳에 있었던 관계로 군납을 하는 데 입지조건이 편리했기 때문이다.

그때 제약회사들이 군납했던 물품은 주로 위장약, 구충제, 해열진통제, 지혈제 등의 약품과 붕대, 거즈 등의 위생용품이었다. 전쟁 통에 고사위기에 몰렸던 제약업계로서는 군납 기회가 가뭄 끝의 단비와도 같은 존재였다. 그런데 전쟁으로 의약품에 대한 수요는 엄청나게 늘어났으나 제약회사들은 피난을 가 있는 형편이다 보니 생산시설도 부족하고 원료도 구하기 어려운 상황이라 순조로운 공급이 어려운 상태였다. 그러다 보니 자연스럽게 의약품 수입이 활기를 띠기 시작했다. 의약품 수입은 제약회사들보다는 일찍부터 해외무역에 경험이 있던 무역회사들이 앞장을 섰다. 의약품 수입을 최초로 시도한 업체는 삼성물산이었으며 개풍상사와 천우사 등이 그 뒤를 이었다.

전시 중 의약품 무역업체

柳韓양행(柳一韓), 東洋약품(金鉉哲), 開豊상사(李廷林), 元亨공사(沈仲燮), 三興社(吳恩錫), 和信산업(朴興植), 三華실업(金基擇), 恒昌무역(李壽海), 大陸양행(蔡夢仁), 共盛염료(許鳳翊), 廣德상회(黃泰汝/汶), 朝鮮양농(郭仁榮), 三興실업(徐善夏), 建設실업(柳榮國), 源泉무역(張明源), 泰豊실업(劉達浩), 大韓돈모(劉鍾範), 南昌실업(金生薰), 東亞상사(李漢恒), 永豊기업(朱耀翰), 世昌상행(朴世榮), 五洲공사(孫雲五), 天一무역(趙寅燮), 天友社(全澤珆), 朝鮮한약(申基澈), 新洋社(許銓), 汎亞무역(權潤五), 三星물산(李秉喆), 協和무역(丁奎成), 東南기업(李基範), 唯一상사(崔載照), 永和물산(申永均)

출처: 한국 약업 100년

이들 의약품 무역업자들은 1951년 12월 대한무역약종상협회(大韓貿易藥種商協會)를 결성해 완제 의약품 수입의 활성화와 업계의 발전을 도모하기도 했다. 피난 시절 의약품 유통의 중심지는 부산이었다.

당시 부산의 국제시장에는 서울은 물론 이북과 전국 각지에서 피난 내려온 약업인들이 몰려 있었다. 초창기에는 그들 대부분이 미군에서 흘러나온 군용 의약품과 밀수품을 소규모 노점상 형태로 취급했으나 의약품 수입이 활성화된 후에는 사업 규모가 커지기 시작해 부산은 전국 최대 의약품 집산지로 발전하게 된다.

당시 국제시장을 중심으로 활약했던 대표적 약업인으로는 이세전(李世銓·홍일약품 사장 역임), 조성호(趙成鎬·백광약품 사장 역임), 김신권(金信權·한독약품 회장 역임), 이동규(李東珪·국제약품 부사장 역임), 최성철(崔成喆·평양약국), 김성률(金成律·부광약품 회장 역임), 김정록(金正綠·구세약품 사장 역임), 박승민(朴勝珉·서울판협 회장 역임), 연기식(延基植·한일약품 사장 역임), 이규용(李圭鎔·삼영화학 사장 역임) 등으로 훗날 한국 제약업계의 중심인물이 되는 이들이다.

시간이 가면서 피난지의 질서도 서서히 잡히기 시작하고 피난 정부의 기능도 조금씩 회복됐으나 제약업체들은 원료 부족과 수입 의

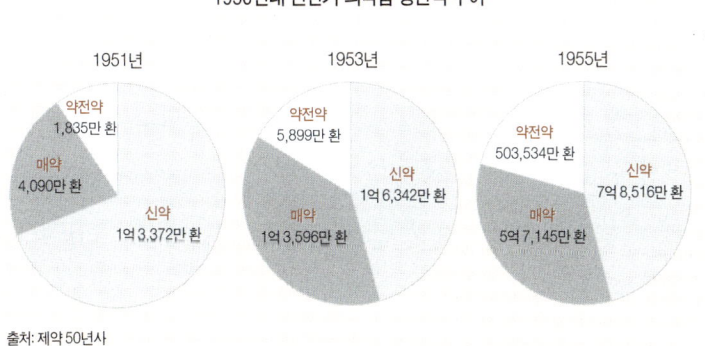

1950년대 전반기 의약품 생산액 추이

출처: 제약 50년사

약품 범람 현상 때문에 아직 적극적으로 생산을 재개할 엄두를 내지 못하고 있었다. 그런데도 일부 업체들은 우선 가능한 제품부터 생산을 시작해 점점 품목 수를 늘려나갔다. 열악한 여건 속에서도 우리 업체들의 생산액은 조금씩 증가하기 시작하더니 1953년에 들어서자 폭발적으로 늘어나기 시작했다.

1951년 피난지 마산에서 생산을 재개하기 시작한 활명수는 마산은 물론 당시 의약품 유통의 중심지였던 부산국제시장에서도 곧 명성을 되찾아 순조롭게 판매고를 올리기 시작한다. 활명수의 판매가 활기를 띠자 시장에는 다시 유사제품이 범람하기 시작했다. 그러나 그러한 현상은 활명수의 성가를 확인해주는 증거라 할 수 있었다. 소비자들은 그 와중에도 부채표 활명수만을 찾았다. 활명수의 브랜드 자산가치는 전쟁 중에도 빛을 발했던 것이다.

1953년 7월 27일 드디어 3년여를 끌었던 전쟁이 끝나고 고대하던 휴전협정이 체결됐다. 8월에는 정부도 서울로 이전하고 피난 왔던 기업들도 서울로 하나둘씩 돌아가기 시작했다. 제약업체들도 상경을 서두르고 있었다. 동화도 당연히 서울로 돌아가야 했다. 그러나 휴전이 됐다 해도 서울은 아직 폐허 상태였다. 순화동 공장 역시 파괴돼 아무것도 남지 않았다. 당장 서울로 돌아간다고 해서 생산을 재개할 수 있는 형편이 아니었다. 신중한 성격의 윤 사장은 일단 마산에 좀 더 머무르면서 상경 준비를 완벽히 마친 다음 돌아가기로 결심했다.

마산에서 생산 활동을 계속하며 기회를 엿보던 윤 사장은 1954년

9월에야 남기준 공장장을 서울로 올려 보내 순화동 공장의 복구공사를 시작하게 했다. 그때부터 1년 가까이를 준비한 끝에야 윤창식 사장은 회사의 서울 이전을 결심했다. 1955년 7월, 드디어 동화는 마산 공장 시대를 청산하고 서울로 귀환했다. 몇 달을 기약하고 떠났던 피난길이 어느새 5년을 넘어가고 있었다. 전쟁 중에도 꾸준히 성장한 활명수의 매출에 힘입어 동화는 1954년 매출액 202만 8,000환과 당기순이익 88만 4,000환의 실적을 기록했다. 1955년에는 회사의 서울 이전으로 영업 활동에 상당한 지장을 받았음에도 매출 857만 환과 당기순이익 190만 환이라는 경이적인 성장을 이뤄냈다.

······· **활명수** 경영 레슨 4 ·······

1. 항상 종업원의 안전을 최우선으로 하라.

    윤창식 사장은 항상 종업원의 안녕을 중시했다. 광복 직후 북한에 진주한 소련군이 남북한 간의 기차 운행을 중단시키자 위기 상황임을 직감한 윤 사장은 안동 분공장의 직원들을 즉시 서울로 피신하게 한다. 공장 설비와 재고도 포기하고 빨리 돌아올 것을 재촉해 그들을 무사히 귀환시킨다. 그렇게 돌아온 직원들은 그 은혜를 잊지 않고 훗날 동화의 재건에 헌신적으로 이바지한다.

2. 시야가 불투명할 때는 쉬어갈 줄도 알아야 한다.

    윤 사장은 광복 직후 정국이 혼란스럽고 경제 여건이 어려워지자 심사숙고 끝에 당분간 회사를 개점휴업 상태로 유지한 채 건국운동에 투신한다. 그러한 결단은 자신의 공선사후(公先私後)라는 인생관을 따르는 것이기도 하지만 시장이 어지러울 때는 관망할 줄도 알아야 한다는 경영철학이기도 하다. 그는 3년여 동안의 휴면기를 거친 뒤 성공적으로 회사를 재건한다.

3. 회사는 휴면하더라도 종업원은 배려한다.

    회사는 휴면 상태에 들어갔지만 윤 사장은 종업원을 한 명도 해고하지 않고 그대로 유지한 채 꼬박꼬박 급여를 지급했다. '다 같이 잘살 수 있는 기업'을 만들겠다는 비전을 실천한 것이다. 그 종업원들이 훗날 동화의 재건에 일익을 담당했음은 말할 것도 없다. 경제 여건이 조금만 어려워지면 구조조정이라는 미명 아래 종업원부터 해고하고, 그 결과 남은 종업원들의 조직에 대한 충성심은 물론 근로 의욕마저 꺾는 요즘 기업들이 한 번쯤 생각해봐야 할 경영철학일 것이다.

4. 인재를 중시하고 필요한 사람을 꼭 영입하라.

윤창식 사장은 기업 경영에서 항상 인재를 중시했다. 인재의 중요성을 피부로 느끼고 있었기 때문이다. 그는 동화약방을 인수할 때도 우선 인재를 영입했지만 광복 후 회사를 재건할 때도 이미 회사를 떠났던 남상갑을 다시 불러오기 위해 삼고초려의 노력을 했고 다른 인재들도 그런 식으로 불러모았다. 인재 제일주의의 경영철학을 일찍이 실천하고 있었던 것이다.

5. 평소에 쌓은 인덕은 위기 때 힘이 된다.

윤 사장은 마음이 따뜻한 인물이었다. 그는 일찍이 자선단체인 보린회를 창립해 자선사업에 매진하기도 했지만 평소에도 주위에 덕을 많이 베풀었다. 각계각층의 많은 사람과 교분을 맺었으며 한번 맺은 인연은 끝까지 소중히 지키고 신의와 신용을 목숨처럼 여겼다. 그래서 그의 사랑방에는 손님이 끊이지 않았다고 한다. 그렇게 맺어진 좋은 인간관계는 위기 때마다 그를 도왔다. 피난길에도 주위에서 많은 도움을 받는데 철도국의 지인 덕분에 생산설비와 원료를 마산으로 미리 옮길 수 있었던 일이나 마산의 지인이 현지에서 공장으로 쓸 집을 빌려준 일 등은 동화의 회생에 결정적인 영향을 미친 사건이 아닐 수 없다.

6. 위기 때는 초심으로 돌아가서 기본부터 챙겨라.

위기를 만날 때마다 윤 사장은 평상심을 잃지 않고 침착하게 기본부터 챙겼다. 광복 직후 회사를 재건할 때나 3년의 공백기 후 생명수의 도전에 직면했을 때, 그리고 피난지인 마산에서 동화를 다시 일으켜 세울 때도 그는 항상 먼저 생산부터 정상화하고 다음에 영업을 활성화하는 원칙적인 방법으로 어려움을 극복해나갔다.

7. 강력한 브랜드는 어려울 때 더욱 힘을 발한다.

동화가 어려움을 겪을 때마다 윤 사장은 탁월한 경영 능력으로 위기를 헤쳐나가지만 활명수의 커다란 브랜드 자산가치 또한 위기 극복에 일조했음을 부인할 수 없다. 뛰어난 경영 능력을 강한 브랜드가 뒷받침하면 더욱 큰 위력을 발휘하는 법이다. 평소 브랜드 자산가치를 키워두는 것도 경영자의 중요한 경영 역량이다.

8. 준비가 완벽하지 않으면 움직이지 않는다.

휴전협정이 체결되고 모든 기업이 서울로 올라갈 때도 윤 사장은 서두르지 않았다. 순화동 본사가 아직 폐허 상태로 있었고 시장도 안정을 찾지 못했기 때문이다. 그는 마산에 2년을 더 머무르면서 영업 활동을 해나갔고 그사이 사람을 올려 보내 공장을 완전히 복구한 뒤 서울의 경제 여건이 안정을 되찾은 다음에야 회사를 이전했다. 이 같은 윤 사장의 신중한 행보 덕분에 동화는 생산이나 영업 활동에서 잠깐의 공백도 없이 회사를 이전할 수 있었다.

5장

변화를 두려워하지 않는 꼿꼿한 소신 경영

活命水

휴전 직후 많은 제약회사가 외국 원조자금을 배분받으려고 백방으로 애쓸 때 동화는 순수 민족자본으로 민족 기업의 긍지를 지키고자 결심하고 이윤을 완전히 재투자하는 방식으로 회사를 재건해나갔다.

1955년 7월, 동화는 5년 동안의 마산 공장 시대를 마감하고 서울로 돌아온다. 남들보다 늦게 돌아왔지만 그동안 순화동 공장을 완벽하게 복구해놓았기 때문에 생산은 바로 정상화됐다. 그러나 당시 경제 상황은 전쟁의 후유증으로 엉망이었다. 전쟁 기간 국토의 대부분이 전장화돼 많은 산업시설이 파괴됐다. 그나마 일제에 넘겨받은 산업설비들이 한국 공업의 생산 기반으로서 제 역할 한번 수행해보지

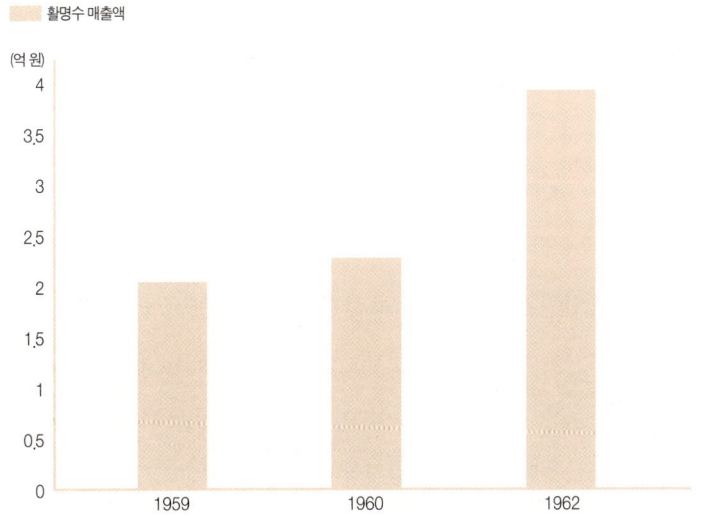

전쟁 복구 후 다시 늘어나는 활명수 매출액

도 못하고 모두 잿더미가 돼버린 것이다. 전쟁 기간 엄청나게 늘어난 국방 예산을 조달하기 위해 통화량은 늘어났으나 세원은 급격하게 줄어들어 재정적자가 눈덩이처럼 불어나고 있는 형편이었다. 정부는 모든 경제정책의 초점을 전쟁으로 파괴된 시설 복구와 악성 인플레이션의 수습, 통화 가치의 안정에 집중하고 있었다.

제약업계도 어려움을 겪고 있기는 다른 모든 산업과 마찬가지였다. 대다수 제약업체의 생산시설은 전쟁의 피해로 황폐화돼 있었다. 무엇보다도 복구가 시급한 시점이었다. 각 제약회사는 생산시설을 재건하고자 필사의 노력을 기울였다. 3년여 동안 전쟁에 시달려온 국민의 의약품에 대한 수요는 엄청나게 늘어났으나 제약회사들의 공급 능력은 턱없이 모자라서 그 수요를 적기에 채워주지 못하고 있었다. 따라서 외국산 의약품을 수입할 수밖에 없던 시절이었다.

당시 의약품 공급이 부족하자 미국을 위시한 서방 진영 정부와 민간단체로 이뤄진 원조 기관인 CRIK(Civilian Relief in Korea, 한국민간구호계획), 미국 국무성의 대외 원조 기관인 FOA(Foreign Operation Administration, 대외활동본부)와 그 후신인 ICA((International Cooperation Administration, 국제협력단), 그 외 해외 종교단체 등에서 구호 의약품을 보내와 구호병원과 도립병원, 보건진료소 등에 무료로 공급하는 실정이었다. 이들 원조기관이 보내온 구호 의약품의 규모는 1954년 CRIK 86만 달러, 1955년 FOA 18만 달러, 1956년 FOA 19만 달러에 달했다. 이와는 별도로 수입업자들은 ICA 자금으로 458만 달러에 달하는 의약품을 수입하기도 했다. 제약업계의 생산설비 재건에도

ICA 원조자금은 크게 이바지를 했다. 전쟁으로 폐허가 된 한국 경제의 재건을 지원하기 위해 마련된 미국의 원조계획은 휴전협정이 체결된 후에 매년 2~3억 달러의 자금을 제공했다. 대한약품공업협회는 이 자금 중 일부를 제약업계에 유치하려고 노력한 결과 1955년 1차로 46만 5,000달러를 배정받게 됐다.

제약업체들은 이 자금을 배당받으려고 매우 치열하게 경쟁하기 시작했다. 당시는 환율이 하루가 다르게 뛰어오르던 시절이라 외자를 배당받으면 환율차익만도 적지 않게 챙길 수 있었다. 게다가 ICA 자금을 배당받으면 산업은행의 내자도 외자 배당 비율에 따라 융자를 받을 수 있었으므로 여러 가지로 유리한 기회였다. 이러한 형편이었기 때문에 배정을 받기 위한 과당 경쟁이 심화되고 배정 방식의 공정성에 관한 논란과 갈등이 그치지 않았다. 첫번째 자금은 유한양행과 동아제약, 동양제약, 근화항생 등에 배정됐다. 다음 해인 1956년에는

정부의 시설자금 등 융자 현황

연도	재원	융자액	배정 대상 업체
1955	ICA	46만 5,000달러	동아제약, 유한양행, 동양제약, 근화항생
1956	ICA	26만 2,341달러	대한비타민, 태평양화학, 신동아제약, 서울약품
1957	ICA	42만 달러	유한양행, 동아제약
	정부융자	6,000만 환	유유산업, 합동화학, 기타
1958	ICA	5만 달러	건일약품
	정부융자	1,800만 환	여러 개 사

출처: 한국 약업 100년

ICA 자금으로 26만여 달러가 배정됐으며, 1957년도에는 42만 달러가 배정됐다. 그해부터는 우리 정부에서도 조금씩 융자가 나오기 시작해 시설자금 6,000만 환과 운영자금 1억 2,500만 환이 지원됐다.

ICA 자금을 둘러싸고 완제품 수입을 위해 자금 배정을 받으려는 수입업체와 의약품 생산에 필요한 원료 구입을 위해 자금을 배정받으려는 제약업체 간의 힘겨루기도 상당했다. 결국 그러한 갈등이 원인이 돼 수입업자들을 중심으로 한 대한의약품수출협회가 결성되기도 했다. ICA 자금의 배정 문제는 대한약품공업협회 내부에서도 대 메이커와 중소 메이커 간의 이해가 상반돼 결국 유한양행, 동아제약, 동양제약 등이 주축이 된 한국항생물질협회가 별도로 결성되는 계기가 됐다. 아무튼 ICA 자금을 비롯한 원조자금이 환도 후의 제약업계 재건에 큰 도움이 됐음은 말할 것도 없다. 제약업체들이 생산설비를 다시 갖추고 의약품 원료 도입에 크게 이바지했기 때문이다. 자금을 지원받은 업체들은 미국과 서독 등지에서 최신 설비를 들여와 생산시설을 신축하거나 증축해 제약업계의 판도를 바꿔나갔다. 결과적으로 보면 원조자금이 업체들의 재건은 물론 항생물질의 생산에도 기여하는 등 근대화에 공헌했음은 부인할 수 없다.

이윤 재투자로 외국 자본을 거부하다

그러나 이 대목에서 윤창식 사장의 생각은 달랐다. 그는 원조자금의 분배 과정에서 갈등과 반목이 생기는 것을 보고 못마땅하기도 했지만 근본적으로 외국 자본에 의존해 기업을 재건하는 것은 민족 기업인 동화가 나아갈 길이 아니라고 생각했다. 그는 동화의 몇몇 간부 사원들이 역사와 전통을 자랑하는 동화야말로 ICA 자금을 받을 자격이 있다고 주장하자 "민족 기업의 긍지는 순수 민족자본으로 재건될 때만 지킬 수 있다."고 역설하며 가로막았다. 일제의 혹독한 탄압을 받으면서도 꿋꿋이 버텨온 동화인데 이제 와서 외국 자본에 기댈 수 없다는 생각을 한 것이다. 윤 사장은 그때부터 이윤을 완전히 재투자하는 방식으로 회사를 재건해나갔다.

서울로 돌아온 뒤 여러 가지로 여건이 어려웠음에도 동화의 성장은 순조로웠다. 1955년 7월 상경해 순화동 공장에서 생산을 재개한 첫해는 그간 생산해온 활명수, 지해로, 팔선단, 순경환, 설태고, 치통수, 옥도정기 외에 피부 소독제인 '마기소루', 귀고름 치료약 '통이액', 뇌졸중에 특효가 있는 '우황청심원'과 '곽란', 소아경풍에 효험 있는 '상사향소합원'을 새로이 발매했다. 1957년 들어서는 유행성 감기약인 '상한성약', 기침 천식 치료제 '에페드린정', 기침 가래약 '코후나민시럽', 위산과다 치료제 '대황중조합제', 해열 진통제 '에이피씨정'과 '아스피린정', 두통·치통약 '아페톤정', 경풍·신열 치료제 '우황포룡환'과 '고장환', '아가산', '지해산' 등 11개 품목을 발매해 제품 계열을 더욱 다양화했다. 이후 1958년에는 정장제 '크레오소도환', 1959년에는 '건위정', 기침 가래약 '코데핀정', 항균제 '뉴구아진정', 항결핵제 '이소니짇정'과 '노바진정', 1961년에는 '쌍화탕', 1962년에는 '아가시럽'을 새롭게 발매했다.

이렇게 다양한 제품을 발매해 달성한 실적은 1955년의 매출액이 857만 3,000환으로 전년 대비 매출성장률 323퍼센트의 획기적인 신장을 기록했다. 당기순이익도 190만 환으로 순이익성장률 115퍼센트를 달성했다. 이후에도 매출은 꾸준히 성장해 제2차 통화개혁이 이뤄져 화폐 가치가 10대 1로 평가절하된 1962년에는 매출액 2,890만 4,720원(2억 8,904만 환), 당기순이익 353만 원(3,530만 환)이었다. 이는 상경 후 7년 동안 매출 성장 약 32.7배, 당기순이익은 약 18.6배에 이르는 경이적인 발전이었다.

전쟁이 끝난 뒤 정부는 경제 복구에 박차를 가함과 동시에 사회 전

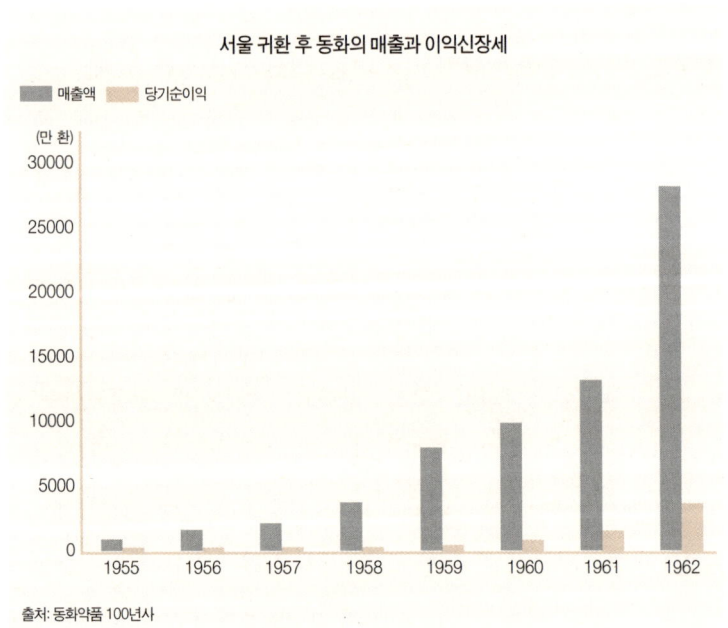

서울 귀환 후 동화의 매출과 이익신장세

출처: 동화약품 100년사

반의 제도적인 측면에서도 자리를 잡고자 노력했다. 휴전협정이 체결되던 해인 1953년 12월 약사법이 제정됨에 따라 우리나라 약사제도도 기틀을 잡아가기 시작했다. 약사법의 제정에 따라 무허가 업자와 제품에 대한 단속이 강화되고, 허가 업체에 대한 지도 감독 또는 감시 업무도 체계를 갖췄다. 1955년 1,396건에 불과하던 무허가 제조업자와 제품의 적발 건수가 1959년에는 3,279건으로 급증했고, 고발 건수도 1955년의 26건에서 1959년 214건으로 크게 늘어난 것은 이러한 사실을 뒷받침하는 증거라 할 수 있다.

정부는 약제사 면허증도 약사법 제정에 따라 약사 면허증으로 갱신 교부했다. 약사법 제정 이전의 약제사 수는 1951년 1,194명, 1952년 1,343명, 1953년 1,499명으로 2년 사이에 약 300명이 늘어났으며 이어 1954년에는 1,958명으로 더욱 큰 폭의 증가세를 보였다. 약사법 제정으로 의약품 제조업도 새로운 규제를 받게 됐다. 의약품을 제조하려면 필히 관리약사를 두고 의약품의 제조 등록(대한약전 또는 국정 처방서 수재 품목에 한함) 또는 제조 허가(대한약전 또는 국정 처방서 수재 품목 이외 의약품에 한함)를 취득하도록 했다. 다만 기존 업자는 경과 조치에 명시해 허가 갱신을 하게 했다.

의약품 제조 허가 세부 기준인 보사부 예규 '의약품, 위생재료, 화장품의 등록 및 허가 기준'은 1955년 4월 25일 공표됐다. 이에 따라 신규업자는 적격한 시설 면적과 내용(제제별 기계명)을 갖춰야 허가가 나오게 됐다. 시행 초기에는 시설 조건이 지나치게 까다롭다는 여론도 일부 있었으나 결과적으로는 우리나라 제약업이 가내공업 수준에서 산업 수준으로 발전하는 결정적인 계기가 됐다. 약국이나 기타 의약품 판매업소(양약종상, 한약종상, 매약청매상과 의약품 도매상)도 약사법 공포에 따라 새로운 규제를 받게 됐다. 즉 약국은 약사가 시·도지사에게 약국 등록을 해야 하고, 기타 의약품 판매업소는 보사부령 제22호 양약종상, 한약종상, 매약청매상 허가 규정에 따라 시·도지사의 허가를 받아야만 영업을 할 수 있게 됐던 것이다. 물론 기존의 약국이나 의약품 판매업자도 등록 또는 허가의 갱신을 받아야 했다. 1955년 기준으로 약국 696개소와 양약종상 1,121개소, 한약종상 4,082개소, 매약청매상 1,162개소로 전국의 의약품 판매업소는 총 7,061개소에 이르렀다.

1950년대 들어와 의약품 제조업소와 품목 수는 해마다 큰 폭으로 증가했다. 의약품 제조업소가 1953년에는 559곳이었으나 1954년은

1950년대 의약품 판매업자 현황

연도	약국	무역(약종상)	양약종상	한약종상	매약청매상
1953	723	205	1,135	4,725	1,171
1954	647	67	1,105	7,259	1,076
1955	696	164	1,121	4,082	1,162
1956	960	169	1,257	4,049	1,566
1957	1,177	263	1,212	3,834	1,831
1958	1,632	138	1,243	3,663	2,235
1959	1,694	111	880	2,335	1,606

출처: 한국 약업 100년

595개소, 1955년은 629개소로 증가했다. 그러나 1953년 약사법이 제정됨에 따라 신규 등록 준비 관계로 1956년에는 196개소로 대폭 줄었다가 1957년부터 다시 늘어나기 시작해 그해 342개소, 1958년 505개소, 1959년에는 581개소로 다시 늘어났다.

품목 수도 1953년에는 4,640개 품목에 불과했으나 1954년 4,706품목, 1955년 4,877품목으로 늘어나다가 약사법에 따른 품목 허가 갱신으로 1956년에는 1,190품목으로 줄어들었다가 1957년 2,815품목, 1958년 4,106품목, 1959년 5,317품목으로 다시 늘어났다. 1956년 이후 해마다 1,000품목 이상씩 늘어나며 제약산업 재건의 기틀을 확고하게 다져나갔던 것이다.

1950년대 의약품 제조업소와 품목 허가 추이

연도	제조업소 수	품목 수
1951	485	4,189
1952	529	4,447
1953	559	4,640
1954	595	4,706
1955	629	4,877
1956	196	1,190
1957	342	2,815
1958	505	4,106
1959	581	5,317

*1953년 약사법 제정으로 1956년부터 업소와 품목 허가 갱신 / 출처: 한국 약업 100년

질적 경쟁을 위한 노력, 대한약사회 창립

휴전 직후에는 약학대학의 신설도 붐을 이뤘다. 전국의 대학들이 앞서거니 뒤서거니 하며 약대를 설립해 약사를 배출하기 시작했다. 1953년 대구 효성여대에 약학과가 신설된 데 이어 1954년에는 영남대 약학대학이 설립됐고 같은 해 서울에서는 동덕여대와 덕성여대 약학과가 출범했다. 호남에서는 조선대 약학대학이 1954년 최초로 설립됐고 충북에서는 충북대 약학과가 1956년 설립됐다. 1954년 전국의 면허등록 약사 수는 1,499명에 불과했으나 약대가 늘어남에 따라 약사 숫자도 빠른 속도로 증가하기 시작했다.

1954년 11월에는 대한약사회가 창립됐다. 대한약사회의 초대 회장에는 삼성제약 사장이던 김종건(金鍾健)이 선임됐고 동화의 관리약

1950년대 약사면허와 약국 수

연도	약사 수	증감률(%)	남약사	여약사	약국 수	증감률(%)
1953	1,446	7.6	1,085	361	723	43.4
1954	1,499	3.6	1,095	404	647	▽10.5
1955	1,985	32.4	1,289	696	696	7.5
1956	2,232	12.4	1,401	831	960	37.9
1957	2,738	22.6	1,626	1,112	1,177	22.6
1958	3,273	19.5	1,866	1,407	1,632	38.6
1959	3,856	17.8	2,199	1,657	1,694	3.8

출처: 한국 약업 100년

사 겸 상무였던 한기엽과 광복 전 만주 안동 분공장의 책임자로 활약했던 여약사 장금산도 이사로 선출됐다. 한기엽은 1차 이사회에서 상임이사 겸 총무부장으로 선출되기도 했다. 1955년에 열린 제2회 정기총회에서는 장금산이 감사, 한기엽은 이사로 다시 선임됐다.

비전을 담아 '동화약품공업주식회사'로 거듭나다

1962년 동화는 사명을 주식회사동화약방에서 동화약품공업주식회사로 변경했다. 1931년 이래로 사용해온 주식회사동화약방이라는 이름은 새 시대에 어울리지 않는다는 것이 윤창식 사장의 생각이었다. 사실 동화약방이라는 사명은 도매약방이나 군소 제약회사의 느낌이 들게 했다.

　동화는 1961년 들어 처음으로 매출액이 1억 환을 초과한 1억 3,000만 환을 달성하며 탄탄한 성장가도를 걸었다. 1961년에는 큰 사회적 변혁도 있었다. 5·16 군사정변이 발발한 것이다. 5·16으로 제2공화국이 무너지고 제3공화국의 출범을 목전에 둔 때였다. 사명 변경은 세상의 변화를 예견한 윤 사장의 마지막 작품이었다. 사명을 한글로도 병행 표기하기로 결심한 윤 사장은 직접 붓글씨로 새 사명을 써서 로고를 만들게 했다. 바야흐로 세상이 바뀌고 고도성장의 시대가 열리고 있었다.

철학과 소신의 CEO 윤창식이 남긴 것

1962년 사명을 바꾸는 작업을 마친 보당 윤창식 사장은 그해 말 신병을 얻어 병석에 누워 있다 1963년 3월 3일 74세를 일기로 세상을 떠났다. 쓰러져가던 동화를 인수해 제2의 창업을 한 그는 갖은 역경 속에서도 동화를 재건해 반석 위에 올려놓고 세상을 하직한 것이다. 동화에서 그의 그늘은 매우 컸다. 그가 없었다면 오늘날 활명수는 존재하지 않았을 것이다. "좋은 약이 아니면 만들지 마라. 동화는 동화 식구 전체의 것이요, 또 이 겨레의 것이니 온 식구가 정성을 다해서 다 같이 잘살 수 있는 기업으로 이끌어라."라는 경영철학을 실천해 온 그는 활명수에 제2의 생명을 불어넣은 은인이었다. 그의 생애 후반은 활명수와 같이한 것이라 해도 과언이 아니다.

윤창식 사장은 반평생을 활명수와 동고동락했다. 동화를 인수한 뒤 각고의 노력 끝에 경영을 정상화하고 발전시켜 만주까지 진출했으나 8·15 광복으로 분루를 삼키면서 그때까지 쌓은 동북3성의 상권과 안동 분공장을 포기해야 했고 그 후에는 6·25 전쟁으로 거의 모든 것을 잃다시피 하기도 한 그였다. 그리고 피난지 마산에서 재기해 5년간의 피난공장 시대를 거쳐 민족자본으로 동화를 회생시킨 것도 바로 그였다.

윤 사장은 동화에서뿐 아니라 우리 사회에도 큰 족적을 남긴 인물이었다. 그는 일찍이 1915년 일제 강점기에 육당 최남선, 엄주동, 유근, 백남운 등과 함께 조선산직장려계를 조직해 경제독립운동에 투신한 선각자였다. 1922년에는 자선단체 보린회를 홍병선 목사 등과 함께 창설, 빈민구제사업에 투신해 1959년까지 지속적으로 어려운 이웃을 돕는 일에 앞장섰다.

그 후 1927년에는 항일민족주의 조직인 신간회에서 이상재, 조만식, 안재홍 등과 함께 활동했으며 광복 후에는 이승만, 김구, 김규식 등이 조직한 대한독립촉성국민회에서 중앙상무위원으로 활동하면서 정부 수립 과정에 일조하기도 했다. 정치를 멀리했으나 지역 주민의 요청에 못 이겨 서울시 의원으로 잠시 활약하기도 하고 숙명여자고등학교의 후원회 이사장으로 교육사업을 뒷받침하기도 했다.

윤 사장은 공사 구분이 분명하고 도량이 컸으며 신의 있는 인물이었다. 어떠한 경우에도 개인적인 일에 회사 공금을 쓰는 법이 없었고, 회사에 자동차가 있었지만 공무 외의 개인적 용도로는 절대 사용하는 법이 없었다. 대한독립촉성국민회 일을 볼 때도 개인 돈을 썼지 국민회의 돈을 쓰지 않았다. 그처럼 고매한 성품과 인격으로 주변에는 항상 사람이 많았고 그의 사랑에는 손님이 끊이지 않았다. 또한 예의 바르고 몸가짐이 단정한 인물이었다. 그는 항상 의관을 정제해 흐트러짐이 없었고 아랫사람에게도 공대를 했다. 영업사원들이 출장을 갈 때 인사하면 언제라도 앉아서 절을 받는 법이 없이 꼭 문까지 나가서 배웅했다.

직원들에 대한 애정이 각별하던 윤 사장은 겨울이면 월동 준비를 못하는 직원들을 위해 장에 나가 땔감용 나무를 직접 골라 나눠줄 정도로 자상한 인품의 소유자이기도 했다. 그는 명절에 답지하는 선물도 결코 개인적으로 갖는 법이 없었고 회사에 모아뒀다가 전 직원들에게 골고루 나눠주었다. 회사에 들어온 선물을 나눠 갖는 관습은 이때부터 동화의 전통이 돼 지금까지 이어져 오고 있다. 요즘은 회사에 들어오는 모든 선물을 총무부에서 모아두었다가 회장 이하 전 임직원이 추첨으로 나눠 갖는 제도로 정착됐다.

인재에 대한 애정이 각별했던 윤 사장은 사람과 한번 인연을 맺으면 중도에 헤어지는 법이 없었다. 동화 중흥의 초창기에 그와 인연을 맺었던 대부분의 인사가 백발이 성성할 때까지 동화와 운명을 같이 했다는 사실이 그것을 증명해준다. 남기준 공장장 같은 이는 동화에서 무려 54년을 근속했으며 공장장으로만 30년을 근무했다. 그 외에도 광복 후 경영 실무를 총괄하는 지배인으로 활약했던 남상갑이나 관리약사였으며 훗날 감사를 역임한 한기엽 같은 이들을 비롯해서 30~40년을 근속한 사람들이 부지기수다. 인재 제일주의는 항상 그의 경영철학 중심에 자리잡고 있었다. 그런 자취를 남긴 보당 윤창식 사장이 동화 전 가족의 애도 속에 세상을 떠난 것이다.

······· **활명수** 경영 레슨 5 ·······

1. 시대의 흐름과 타협하지 않는다.

　윤창식 사장은 휴전 직후 모든 제약회사가 ICA 원조자금을 배분받기 위해 백방으로 애쓸 때 그 대열에 참여하지 않고 과감하게 자기자본으로 회사를 재건할 것을 천명하고 각고의 노력으로 그 일을 달성해냈다. 이러한 결단은 단기적으로는 손해를 볼 수 있겠으나 모든 회사가 원조자금을 좇는 당시 상황에서 종업원들의 위기의식을 고취시킬 뿐 아니라 그들을 결속하도록 하고 회사와 최고경영자에 대한 자긍심을 느끼게 하는 이점도 있었다.

2. 어려운 시기는 신제품으로 극복하라.

　동화는 휴전 후의 어려운 시기에 주력 제품인 활명수 등의 영업에 힘을 쏟는 한편 과감하게 다양한 신제품을 꾸준히 발매해 제품 계열을 늘리고 매출도 증대시키는 계기를 만든다. 위기가 닥쳤을 때 소극적인 대처로 보신에만 급급해할 것이 아니라 신제품 발매라는 적극적인 대처로 성공한 사례는 오늘날의 경영에도 많은 시사점을 준다.

3. 세상의 변화에 맞춰 회사의 면모를 바꿔라.

　1962년 동화는 사명을 주식회사동화약방에서 동화약품공업주식회사로 변경했다. 동시에 사명을 한글로도 표기하고 로고도 만들었다. 동화약방이라는 이름이 변화하는 새 시대에 어울리지 않는다는 것이 윤창식 사장의 소신이었다. 우리나라 기업들이 1990년대에 와서야 비로소 CI(Corporate Identity)에 관심을 두기 시작한 걸 보면 윤 사장은 시대를 앞서 가는 경영자였다.

4. CEO는 철학과 소신이 있어야 한다.

윤창식 사장은 "좋은 약이 아니면 만들지 마라. 동화는 동화 식구 전체의 것"이라는 확고한 소신과 '인재 제일주의'라는 뚜렷한 경영철학을 갖고 있었으며 그것을 몸소 실천했다. 항상 정도를 걷고 이익보다 종업원의 복지와 처우 개선을 먼저 생각하는 그의 신념과 행동은 종업원들의 감동을 불러일으켜 업무에 몰두하게 했다.

5. CEO는 종업원에게 존경받아야 한다.

윤창식 사장은 고매한 인격과 원리원칙에 입각한 경영 방식으로 종업원들의 존경을 한몸에 받았다. 그것은 바로 그의 리더십의 요체였으며 나아가서 회사 발전의 원동력이 됐다.

6장 새로운 싸움에서는 지난 판을 잊어라

活命水

까스명수의 도전으로 큰 위기를 겪게 된 동화는 까스활명수를 개발해 싸움의 판을 새로 짠다. 탄산 대 비탄산의 경쟁에서 탄산 소화제끼리의 경쟁으로 구도를 바꾸자 결국 브랜드 자산가치가 높은 까스활명수의 압도적인 승리로 끝을 맺었다.

보당 윤창식 사장이 세상을 떠나자 동화는 바야흐로 2세 경영 시대를 맞이하게 된다. 1963년 4월 30일에 보당의 장남인 윤화열이 제6대 사장으로 취임한 것이다. 윤화열 사장은 윤창식 사장의 장남으로 일본 메이지대학을 졸업하고 광복 후 혼란기에 동화가 개점휴업 상태로 있다가 재건에 나설 때부터 취체역으로 일했다. 과묵하고 덕망이 높았던 그는 중후한 인품으로 사내에서 신망을 얻고 있었으

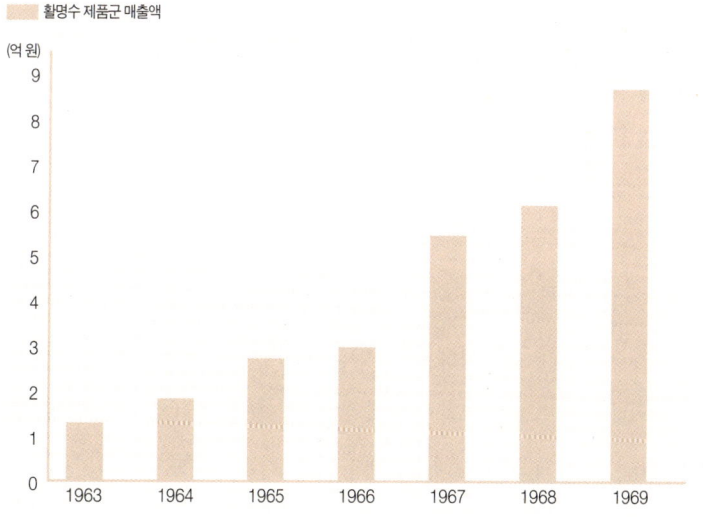

고도성장 시대에 발맞춰 급격히 늘어난 활명수 매출액

며 아버지 윤창식 사장을 성실하게 보좌해왔다. 윤화열 사장은 보당의 경영철학을 받들어 "양약만을 만들고, 동화의 모든 식구가 정성을 다해 다 같이 잘살 수 있는 기업을 만들겠다."고 다짐했다. 같은 시기에 셋째 아들 윤광열도 총무와 구매, 생산 등 실무를 책임지는 상무이사로 승진해 경영에 가세했다.

진취적인 2세 경영 시대가 열리다

1960년대는 우리나라 제약산업 역사의 도약기라고 평가할 수 있다. 제약산업은 그 10년 동안 연평균 35.5퍼센트의 고도성장률을 기록했다. 당시 우리나라 경제가 발전의 초기 단계였다는 점을 감안하면 가히 기하급수적 성장 속도라 할 수 있다. 이 기간에 제약산업의 생산 규모가 무려 20배나 늘었다는 사실만으로도 그 급격한 성장 추세를 가늠할 수 있다.

   1960년대 초반은 정치적으로나 사회적으로나 격변기였다. 4·19 혁명 후 출범한 민주당 정권이 채 자리를 잡지 못하고 어수선한 틈을 타서 5·16 군사정변이 일어났고 그 연장선상에서 제3공화국이 출범했다. 제3공화국을 이끌었던 박정희 대통령은 한국 경제를 발전시키기 위해 1962년부터 자립경제 기반 구축을 목표로 제1차 경제개발 5개년 계획에 착수했다. 경제정책의 기본 방향도 종래의 안정과 균형 우선 정책에서 성장 우선 정책으로 바뀌었다. 이러한 정책 기조에서 제약산업은 고도성장의 초석을 다져놓고 있었다. 이미 1950년대부터 ICA 원조자금 등을 기초로 한 생산 기술의 국산화가 기틀을 잡아가고 있었기 때문이다.

제약업계의 1960년대는 1950년대에 이뤄진 제제화(製劑化) 기술의 발전을 바탕으로 비약적인 성장을 구가한 시기다. 장용정(腸溶錠)·연질 캡슐, 지속성 제제, 과립 코팅 등의 기술이 도입돼 제제 기술상의 진전과 함께 고도성장에 필요한 기술적 기반을 마련했다. 또한 이 시기는 외제 밀수 의약품이 시장에서 활개를 치고 있을 때인데 국내 제약업계는 수입대체산업의 선봉을 자임하며 완제 의약품 수입을 억

1960년대 의약품 생산 실적

연도	생산총액(천 원)	증감률(%)
1960	1,281,881	46.4
1961	1,890,468	47.5
1962	2,880,662	55.4
1963	6,246,728	116.9
1964	6,972,570	11.6
1965	7,325,841	5.1
1966	9,095,038	24.2
1967	13,698,116	50.6
1968	20,186,298	49.6
1969	26,763,279	30.6

출처: 한국 약업 100년

제하고 밀수 의약품의 유통을 막는 데도 앞장서 나갔다.

그 결과 상당히 빠른 속도로 외제 약품이 시장에서 도태되고 국산 약품으로 대체되는 성과를 가져왔다. 항생제를 중심으로 원료 의약품의 국산화가 실현됐고 본격적으로 완제 의약품과 원료 의약품의 국내 생산이 시작됐다.

이 무렵 제약회사들은 외국의 선진 제약기업들과의 기술제휴를 통해 기술적인 기반을 구축하기 시작했다. 1960년 1월 1일 정부가 '외자도입촉진법'을 제정 공포해 합작투자와 기술제휴에 대한 제도적인 뒷받침을 해주자 제약업계는 국내 여타 산업계보다 가장 먼저 외국 제약회사와 기술제휴를 했고 앞다투어 합작회사들을 설립하기 시작했다.

1955년 7월 마산 피난공장 시대를 청산하고 서울로 돌아온 동화는 1963년 윤창식 사장이 세상을 떠날 때까지 외부의 도움 없이 자력으로 회사 내실을 다지는 데 전력 추구했다. 경쟁회사들이 ICA 원조자금으로 회사를 재건하고 생산설비를 확충할 동안 동화는 이익을 재투자하는 방식으로 어렵게 회사를 키워나가고 있었던 것이다. 그것은 윤 사장이 오랜 세월 동안 기업을 경영해오면서 지켜온 원칙이자 신념이었다. 그가 겪은 시대상과 어려운 여건이 그렇게 만들었겠지만 윤 사장은 돌다리도 두들겨보고서야 건너는 보수적인 경영자였다. 그러나 윤화열 사장과 윤광열 상무 같은 신식교육을 받은 2세들이 경영일선에 등장하자 동화는 진취적인 경영 방식을 택하기 시작한다.

나를 알고 적을 아는 기술제휴

1955년 7월 마산 피난공장을 정리하고 상경해 순화동 공장에서 생산을 본격화할 때 종업원은 50여 명에 불과했다. 그 후 1962년 회사명을 동화약품공업주식회사로 변경하고 이듬해 매출액이 1억 원을 돌파할 무렵 종업원 수는 100여 명으로 늘어났다. 이 당시 생산 제품은 활명수 외에 쌍화탕, 지해로시럽, 코후나민시럽, 아가시럽, 통이액 등 액제류와 에페드린정, 에이피씨정, 아스피린정, 아페톤정, 건위정, 코데핀정, 뉴구아진정, 이소니짇정, 노바진정 등이었다. 그 외에 팔선단, 상사향소합원, 상한성약, 우황청심원, 순경환, 설태고, 옥도정기, 마기소루 등도 생산했다.

회사의 규모가 커지자 생산시설과 사무실 공간이 부족해졌다. 그동안 필요에 따라 부분적으로 증축해 공간을 확보해왔으나 이제는 한계에 다다른 느낌을 주었다. 더욱이 1964년부터는 소화효소(消化酵素)의 원료 생산을 기획하게 돼 새로운 생산설비를 설치할 공간도 필요했고, 이에 따라 공장 신축을 추진하게 됐다. 당시의 원료공업 육성책은 국내에서 원료를 생산하면 비슷한 모든 원료를 수입 금지하는 조치를 취해주었다. 그것은 해당 기업에 대단한 특혜가 아닐 수 없었다.

이러한 정부 시책에 부응해 활명수를 70여 년간 생산해온 동화도 소화효소의 원료 생산을 구상하게 된 것이다. 동화는 일본의 효소제 전문 메이커인 모리모토산업(森本産業)과 원료 및 기술제휴를 맺고 효소 공장 신축을 추진하기에 이르렀다. 초대 민강 사장이 항일운동에 목숨을 바친 열렬한 독립투사였고, 망해가던 동화를 고심 끝에 인수해서 회생시킨 5대 윤창식 사장 또한 조선산직장려계를 조직해 경제독립운동을 펼쳤으며, 상해 임시정부에 독립운동 자금을 조달한 애국지사였다는 점을 감안한다면 그러한 결정은 참으로 획기적인 것이 아닐 수 없었다.

동화의 2세 경영자들이 선대의 행적을 모르는 것은 아니었으나 바야흐로 세상은 바뀌고 있었고 기술력을 확보하는 것은 절체절명의 과제였다. 제휴를 주도한 윤광열 상무 자신도 일제에 학병으로 끌려가 만주에서 갖은 고생을 겪은 경험이 있었기에 일본 회사와의 기술 제휴는 쉽지 않은 결정이었으나 회사의 미래를 위해 결단을 내린 것이다. 그러나 따지고 보면 그러한 결정은 항상 회사를 우선으로 여겼던 보당 윤창식 사장의 뜻과도 일맥상통하는 측면이 있었다.

1차 신축 공장은 1964년 9월에 공사를 시작해 1965년 3월 현재 본사 건너편 위치에 준공됐다. 신축 공장은 현대식 철근 콘크리트 건물로 지하 1층, 지상 3층으로서 연건평 약 890제곱미터의 규모였다. 일본 모리모토산업의 기술진도 내한해 시설 설치와 기술 지도를 했다. 동화는 효소 원료 생산에 필요한 여러 가지 기술을 습득하고 1965년 3월, 공장이 완공되자 바로 국내 최초로 최고단위(最高單位) 효소의 추출과 정제 작업을 시작했다.

신축 공장이 완공되자마자 이어서 제2공장 신축을 시작해 1966년 7월에는 현재 본사가 자리잡은 터에 지하 1층, 지상 3층으로 약

2,500제곱미터 규모의 제2공장을 완공했다. 신축 공장에는 활명수 조제탱크, 활명수 혼합기와 초고속도원심분리기(超高速度遠心分離機)를 국내 최초로 설치했다. 원심탈수기(遠心脫水機), 진공농축기(眞空濃縮機), 효소교반기(酵素攪拌機), 효소침출기(酵素浸機出) 등도 설치했다. 이 밖에도 최신형 단발정제기와 16발 로타리정제기, 분쇄기, 건조기, 멸균기, 당의기, 연고충진기 등 최신 생산시설을 설치해 대량생산체제를 갖췄다.

생산설비를 현대화하면서 판매도 급격히 신장해 제2공장 완공 이듬해인 1967년 생산액은 3억 3,100만 원, 1968년은 7억 300만 원, 1969년은 12억 3,400만 원, 1970년은 17억 900만 원으로 5배 이상 늘어났다. 종업원 숫자도 1962년에는 100여 명에 불과했으나 1969년에는 400여 명으로 증가했다. 성장이 이렇게 급격하게 이뤄지다 보니 신축한 공장 설비도 곧 부족하게 돼 1971년에는 안양 공장의 건설에 착수하게 된다.

트렌드의 산물 '까스활명수' 탄생

1965년 동화가 공장을 신축하고 일본 회사와 기술제휴를 맺는 등 성장 시대를 구가하고 있을 때 의외의 복병이 등장한다. 경쟁제품 까스명수가 등장한 것이다. 삼성제약이 활명수와 유사한 액제 소화제에 탄산가스를 주입해 청량감을 높인 신제품이었다. 활명수는 1897년 출시 이래 수많은 유사상품의 도전을 받아왔다. 1960년대에는 활명회생수, 활명액, 생명수 등 60여 종이 난립할 정도였고 그 이후에도 유사상품은 끊이지 않고 꾸준히 등장했다. 그러나 활명수는 그때마다 막강한 브랜드 파워로 도전을 물리쳐왔다.

하지만 이번만큼은 사정이 달랐다. 당시는 사이다와 미군 부대에서 흘러나온 콜라 같은 탄산음료가 크게 유행하던 시절이었다. 탄산음료를 선호하는 소비자의 기호 변화에 착안해 액제 소화제에 탄산가스를 넣은 제품이 까스명수였다. 탄산가스를 넣으면 청량감도 높아지지만 발포성 때문에 효과가 신속하다는 느낌을 주는 이점도 있었다. 발포성 소화제의 효시는 1963년 출시된 성보제약의 까스마인이었다. 하지만 까스마인은 자금력과 판매력의 열세로 시장에서 두각을 나타내지 못했다.

그러나 까스명수는 브랜드명부터 활명수와 유사하고 대대적인 광고와 판촉까지 하는 데다 저가 정책으로 시장을 파고들어 순식간에 위협적인 존재로 부상했다. 까스명수를 활명수의 신제품으로 착각하는 소비자도 많았다. 하지만 동화는 그때까지도 사태의 심각성을 눈치채지 못하고 수수방관하고 있었다. 과거의 경험에 비춰볼 때 까스명수의 약진도 그리 오래가지 못하리라고 평가했던 것이다. 그러나 발포성 소화제를 선호하는 소비자의 기호 변화는 일시적인 것이 아니었다. 까스명수는 하루가 다르게 성장을 거듭하며 70년 된 활명수의 아성을 위협하고 있었다.

뒤늦게 이런 상황을 파악하게 된 동화는 대응 방안을 마련하려고 고심했으나 쉽게 해결책을 찾지 못했다. 발포성 소화제가 대세라는 사실은 간파했으나 문제는 활명수에 탄산가스를 넣은 신제품을 생산했을 때 소비자에게 기존 활명수와의 관계를 어떻게 설명할 것인가 하는 점이었다. 후발 제품을 모방한다는 것은 그 제품의 우수성을 인정하는 셈이 되고, 또 기존 제품을 놔두고 신제품을 우수한 제품이라고 광고한다면 70년 동안 판매해온 자사 제품을 스스로 깎아내리는 우를 범하는 것이기 때문이었다.

남상갑 지배인 같은 이는 "활명수에 탄산가스를 주입한 신제품을 만들었을 때 우리 동화의 얼굴인 활명수를 제쳐두고 소비자에게 신제품이 더 좋은 새로운 약이라고 어떻게 말할 수 있겠는가."라며 회의적인 견해를 밝히기도 했다.

그것은 동화 가족에게는 자존심의 문제이기도 했다. 그래서 회사 일각에서는 탄산가스를 넣은 신제품을 만들더라도 활명수라는 이름을 붙이지 말고 다른 이름을 쓰자는 주장도 나왔다. 그러나 영업 쪽에서는 판매를 생각한다면 활명수라는 이름이 꼭 들어가야 한다고 정반대의 주장을 펼쳤다.

그래서 장고 끝에 신제품의 이름은 '까스활명수'로 잠정 결정됐지만 그 생산 여부는 여전히 결정하지 못하고 있었다. 동화의 역사이며 상징인 활명수를 놔두고 까스활명수를 더 좋은 제품이라고 소개한다는 것은 참으로 딜레마가 아닐 수 없었다. 그렇게 망설이는 사이에 대대적인 광고 물량 공세를 펼치던 까스명수의 시장점유율은 날로 높아만 갔다.

그런데 동화의 경영진이 고민에 고민을 거듭하던 어느 날 윤광열 상무가 명쾌한 논리로 해결책을 제시했다. 윤 상무의 주장은 "옛날 약은 입에 썼으나 요즘 약은 먹기 좋게 당의를 입힌 것이 많다. 그렇다고 약효가 변하는 것은 아니다. 그러므로 활명수에 탄산가스를 주입해 까스활명수를 만들어도 본래 제품에 청량감만 더한 것일 뿐 약효에 변화가 있는 것은 아니지 않은가." 하는 것이었다. 연구진에게 자신의 견해에 대한 과학적 근거를 확인한 윤 상무는 즉각 경영진에 그 사실을 보고했다. 그리고 탄산가스를 넣은 신제품은 소비자에게 청량감을 느끼게 해줄 뿐 약효는 기존의 활명수와 차이가 없으므로 소비자가 기호에 따라 선택하도록 하면 된다며 까스활명수의 생산을 진언한다. 갖은 우여곡절 끝에 까스활명수의 생산을 결정한 동화는 즉시 시험 생산에 착수했다.

그러나 이번에는 다른 문제가 발생했다. 재래식으로 생산되는 병의 일정치 않은 품질이 문제를 불러온 것이다. 품질이 고르지 못한 재래식 병에 탄산가스를 충전하자 가스 압력으로 제품의 반 이상이 파손되고 말았다. 당시 한국의 초자공업 수준으로는 균일한 품질의 병을 생산한다는 것이 용이하지 않았고 그런 제품을 공급할 수 있는 업체도 몇 군데 되지 않았다. 이에 윤

발포성 소화제라는 새로운 트렌드에 맞춰 개발·출시한 까스활명수.

광열 상무는 당시로서는 드물게 자동설비로 병을 생산하던 대한초자를 수차례 방문해 동화의 까스활명수 생산에 차질이 없도록 우수한 품질의 병을 공급받기 위한 계약을 체결했다. 차근차근 제반 문제를 해결한 동화는 1966년 12월 드디어 까스활명수를 출시한다.

까스활명수 발매로 시장의 경쟁 구도는 활명수와 까스명수의 싸움에서 순식간에 까스활명수와 까스명수의 대결로 바뀌었다. 말하자면 탄산 대 비탄산이 아니라 같은 탄산 소화제끼리의 경쟁 구도로 바꿔놓은 것이다. 같은 탄산끼리의 대결이라면 이제 싸움은 제품 종류 간의 싸움이 아니라 브랜드의 싸움으로 전환되고, 그렇게 되면 브랜드 자산가치가 높은 까스활명수가 유리할 수밖에 없었다. 이러한 전략이 주효해 까스활명수는 곧 승기를 굳혀 까스명수에 잠식당했던 시장을 회복하게 된다.

활명수가 그때 막 유행하기 시작한 발포성 소화제의 트렌드에 편승한 것은 참으로 현명한 결정이었다. 까스활명수의 발매는 소화제 시장 확대에 기여해 동화에는 전화위복의 계기가 됐다. 까스활명수와 까스명수가 경쟁하면서 대대적인 광고 판촉전을 펼친 결과 발포성 액제 소화제 시장은 날로 신장했다. 급기야는 병의 공급이 달려서 제품을 생산할 수 없는 상황에까지 이르렀다. 병의 확보가 곧 판매와 직결되는 상황이었다. 고급 병의 생산 물량이 제한적인 상황이라 병 확보는 또 다른 전쟁이나 다름없었다.

동화약품과 삼성제약 양사는 병 확보를 위해 총력을 기울여야 했다. 경쟁이 날로 치열해지면서 병을 구하기가 어려워지자 양사는 삼성제약 측의 제안으로 한동안 비율을 정해서 병 공급을 받기도 했다. 이처럼 치열한 경쟁이 계속되자 광고와 판촉 비용이 날로 늘어나 이익은 점점 박해졌다. 관리비를 제외한 제조원가가 병당 14원꼴인 이 제품의 생산자 가격이 한때는 병당 9원까지 내려간 적이 있을 정도로 경쟁은 극심했다. 가격 경쟁이 날로 심해지자 동화와 삼성제약은 한때 재정난까지 겪기도 할 정도였다.

그러나 이 무리한 경쟁을 점차 원만하게 해결해나가면서 오히려 시장에서는 발포성 소화제가 붐을 이루게 돼 판매가 급격하게 성장했다. 드디어 1969년에는 까스활명수가 시장점유율에서 까스명수를 압도적으로 누르는 역전 드라마를 펼치게 된다. 발포성 소화제로는 후발이지만 불과 2년 사이에 다시 시장의 리더 자리를 되찾은 것이다. 까스활명수의 선전으로 동화는 액제 소화제 시장에서의 고토 회복뿐 아니라 1968년 업계 10위였던 총생산액 순위가 1년 만인 1969년에는 6위로 4단계 도약하는 획기적인 신장세를 기록했다.

까스활명수로 까스명수의 강력한 도전을 물리친 동화는 1968년 10월 기존의 활명수에 염산메토클로프라미드를 가미해 소화기능 약화에서 오는 소화기 장애를 치유하는 '알파활명수'를 개발·출시했다. 이로써 동화는 활명수, 까스활명수, 알파활명수로 이뤄지는 제품 계열을 갖추고 액제 소화제 시장을 석권하게 된다.

까스활명수에 이어 알파활명수 출시로 동화는 액제 소화제 시장을 석권한다.

젊은 패기로 독자적 판매망 시대를 열다

까스명수와의 대결을 통해 동화는 액제 소화제 시장의 파이를 키우고 급격한 매출 신장을 이룬 데다 유통에서도 획기적인 변화를 통한 성과를 얻는다. 그것은 지방 출장소 설립을 통한 직판 체제의 구축이었다. 1960년대에는 제약산업에서 도매상들의 힘이 막강해 제약회사보다 더 큰 영향력을 발휘하고 있었다. 제약회사들은 유통망을 장악하고 있는 강력한 도매상들에 유리한 판매 조건을 제시해야만 총판대리점 계약을 맺을 수 있을 정도였다. 이처럼 도매상들이 판매의 주도권을 잡고 있는 상황이었으므로 제약회사들은 그들의 눈치를 살피며 높은 할증과 할인율 요구에 응해야 하는 형편이었다.

게다가 그즈음 제약업체들의 난립으로 유사품들이 시장에 쏟아져 나오자 도매상들의 입김은 더욱 커졌다. 상당수 도매상은 제3공화국이 출범하면서 본격적인 경제개발계획을 추진하고 제약산업의 발전 전망이 밝아지자 아예 제약업에 진출하기도 했다. 상황이 그렇게 변하자 제약업체들은 약품 유통을 도매업자에게만 의존하지 않고 다른 유통경로를 찾아 중간도매상이나 소매약국, 대형약국과 거래하는가 하면 병원과도 직거래를 했다. 그 결과 의약품 유통에서 대형도매상에 대한 의존도는 줄어들고 새로 등장한 중간도매상이나 대형약국이 차지하는 비중이 늘어났다. 약국의 숫자도 1955년에는 696개에 불과하던 것이 1969년에는 7,937개로 증가해 유통 구조의 변화를 부채질했다. 약국 숫자가 늘어남에 따라 대도시에만 집중돼 있던 약국들이 중소도시는 물론 지방 읍·면 단위에까지 퍼져나갔다.

동화는 전통적으로 도매상들과 좋은 관계를 유지해왔다. 가장 역사가 오래된 회사면서 소비자에게 사랑받는 활명수를 보유했다는 사실도 좋은 유대관계를 유지하는 데 크게 기여했다. 그러나 까스명수와의 전쟁으로 경쟁이 치열해지자 그렇게 공고하던 관계도 서서히 금이 가기 시작했다. 까스활명수가 발매되고 출하량이 급증하자 일선 약국에서 마진도 적고 배달도 제대로 되지 않는다는 불만과 항의가 터져 나오기 시작했다. 그 원인을 조사한 결과 도매상에서 제대로 공급이 이뤄지지 않고 지역에 따라 약국의 마진이 일정하지 않은 등 여러 가지 문제점이 발견됐다. 그러한 상황이 지속되면 소매약국의 불만이 쌓여 제품 판매가 원활하지 못할 것은 강 건너 불 보듯 뻔한 상황이었다.

제품의 판매신장률도 서서히 정체돼갔다. 까스활명수를 본격 발매하기 시작한 1967년은 1,617만 병을 판매했지만 1968년에 이르러서는 일부 지역에서 정체 기미를 보이기 시작했다. 이런 상황이 지속된다면 까스활명수는 까스명수와의 경쟁에서 패퇴할 것이 뻔했고 그것은 동화 전체의 위기로도 이어질 수 있는 절체절명의 순간이었다. 이 문제를 해결할 방안에 대해 회사 내에서 의견이 분분했다. 몇몇 간부들은 이 기회에 전국적으로 유력 도매상들과 총판계약을 확대하고 그들과의 유대를 강화해 난국을 돌파하자고 주장했다. 그러나 윤광열 상무를 비롯해 김홍기(金泓基) 지배인과 이우용(李宇鎔) 등 젊고 패기 있는 간부들은 더는 총판이나 도매상에 의존하지 말고 이

기회에 회사의 독자적 판매망을 구축하자는 의욕적인 의견을 개진했다.

어떻게 보면 전국 의약품 상권을 쥐고 있는 막강한 도매상에 도전하려는 무모한 행동 같지만 그들의 주장은 논리가 정연했다. 소비자에게 지명도가 높고 브랜드 파워가 막강한 활명수와 까스활명수를 주력 제품으로 보유하고, 공채를 통해 젊고 의욕 넘치는 영업사원도 다수 확보한 상태에서 독자적인 유통망을 갖추지 못할 이유가 없다는 것이 그들의 항변이었다. 또한 강력한 직판 조직만 갖춘다면 도매상들의 반발도 쉽게 극복하고 향후 다른 제품의 판매에서도 훨씬 유리한 고지를 차지할 수 있다고 경영진을 설득했다.

사실 회사의 처지에서도 독자적인 판매망 구축은 매력적인 측면이 있었다. 우선 직판 체제를 유지하는 비용은 도매상에 제공하던 각종 할인이나 할증에 소요되던 예산으로 충분히 충당하고도 남을 뿐 아니라 오히려 그 일부를 약국에 직접 제공해 판매를 활성화할 수 있는 실정이었다. 또한 까스활명수같이 대량판매되는 대형 품목은 직판 체제의 구축으로 신속한 공급 체계가 확립되면 그만큼 시장에서 유리하게 경쟁할 수 있었다. 약국의 처지에서도 생산자와 직거래를 함으로써 다양한 구색을 갖출 수 있고 회사가 제공하는 각종 혜택도 받을 수 있어 서로 윈윈할 수 있는 선택이었다.

1969년 8월 1일, 동화는 젊은 간부들의 건의를 수용해 직영 판매를 위한 출장소와 분실을 설치하기로 했다. 윤광열 상무의 지휘로 본사에는 서울 중부 지역을 담당하는 중부분실, 서울 남부 지역과 경기 지역을 담당하는 남부분실, 서울 동부 지역을 담당하는 동부분실, 서울 북부 지역을 담당하는 북부분실을 설치했다. 그리고 지방에는 부산과 경상남도를 담당하는 부산출장소, 마산 지역을 담당하는 마산출장소, 대구와 경상북도를 담당하는 대구출장소, 대전과 충청남북도를 담당하는 대전출장소, 광주과 전라남도를 담당하는 광주출장소, 강원도를 담당하는 원주출장소, 전라북도를 담당하는 전주출장소를 각각 설치했다.

이처럼 지방 출장소를 설치하고 직판 체제를 구축하자 예상대로

출장소 설치 현황

분실·출장소명	일자	주소	소장	담당 지역
중부분실	1969.8	서울시 서대문구 순화동 5	이정희	서울 중부
남부분실	1969.8	서울시 서대문구 순화동 5	이정희	서울 남부, 경기
동부분실	1969.8	서울시 서대문구 순화동 5	이정희	서울 동부
북부분실	1969.8	서울시 서대문구 순화동 5	이정희	서울 북부
부산출장소	1969.8	부산시 부산진구 번일동 861	하병길	부산, 경남
마산출장소	1969.8	마산시 오동동	하병길	마산
대구출장소	1969.8	대구시 동구 신천4동 358-4	이운영	대구, 경상북도
대전출장소	1969.8	대전시 동구 대동 197-7	이 선	대전, 충청남북도
광주출장소	1969.8	광주시 북구 중흥동 664-19	안형준	광주, 전라남도
원주출장소	1969.8	강원도 원주시 평원동 310-3	최성하	강원도
전주출장소	1969.8	전북 전주시 태평동 1가 14-8	정성진	전라북도

출처: 동화약품 100년사

전국 유력 도매상들은 거세게 반발했다. 동화의 제품은 앞으로 아예 취급하지 않겠다는 도매상도 나왔고, 그동안 밀린 외상미수금을 결제하지 않겠다는 도매상도 있었다. 그러나 윤광열 상무를 중심으로 한 젊은 간부들은 직판 체제를 굳세게 밀고 나갔다. 그 결과 까스활명수의 매출은 다시 늘어나기 시작했고 도매상들의 반발도 서서히 소강 상태로 들어갔다.

소비자를 감동시킨 활명수의 쾌거

까스명수와 일전을 치르느라 온 회사가 경황이 없는 가운데 경사로운 소식이 찾아들었다. 활명수로 소비자가 주는 상을 받은 것이다. 1967년 3월 30일 활명수는 매일경제신문사가 주최하고 소비자들이 투표로 선정하는 제1회 봉황대상 시상식에서 대상을 받았다. 봉황대상은 매일경제신문사가 당시로서는 매우 선진적 개념인 '소비자 보호'를 기치로 내걸고 시민운동 차원에서 제정한 상이었다. 그런 상의 제1회 수상자로 선정됐다는 것은 활명수나 동화에 큰 영광이자 보람이 아닐 수 없었다.

  70년의 역사를 자랑하던 활명수는 한약이 갖는 약효와 양약이 갖는 사용상의 장점을 고루 지니고 있을 뿐 아니라 쌀과 같은 곡류를 주식으로 해서 위 확장에 걸리기 쉬운 우리나라 사람의 체질에 맞도록 만들었다는 점이 높은 평가를 받았다. 또한 활명수는 위에 들어간

음식물을 직접 소화시키는 것이 아니라 위 신경을 자극해 정지 상태에 있는 위를 다시 활동하게 하므로 일반적인 소화불량뿐 아니라 애주가에게 도움이 된다는 것도 선정 이유였다. 이는 활명수가 술에 상하기 쉬운 위를 보호해주고 이를 술에 타서 마시면 약효뿐 아니라 그 맛 또한 일미를 더해주기 때문이라는 설명도 덧붙였다.

아울러 매일경제신문사에서는 동화가 최근 활명수에 탄산가스를 첨가한 까스활명수를 발매했다고 친절하게 신제품 소개까지 해주었다. 까스활명수가 성분이나 약효 면에서는 활명수와 다를 것이 없으나 주입된 탄산가스가 위의 포만감을 덜어주고 청량감을 주므로 약효가 빠른 듯한 느낌을 받는다고 자세하게 보도해 까스활명수의 판촉을 위해 애쓰던 동화 가족에게 큰 힘이 되기도 했다.

변화된 세상에 맞춰 리노베이션하라

의약품 광고는 한국 광고 100여 년 역사에서 빼놓을 수 없을 정도로 큰 비중을 차지한다. 광고산업의 발전과 광고문화 창달에 이바지한 공로가 지대하기 때문이다. 우리나라 의약품 광고의 효시는 1896년 11월 7일자 〈독립신문〉에 게재된 의약품 수입상사 세창양행의 금계랍 광고로 기록돼 있다. 이후 의약품 광고가 활발해진 것은 1897년 동화약방의 활명수가 호평을 받자 1910년대 한방에 의한 제조 매약업이 성행하면서부터였다.

우리나라의 민간 상업방송은 TV가 라디오보다 앞서서 1956년에 KORCAD(HLKZ)-TV가 개국했으나 1959년 2월 화재로 소실됐고, 1959년 부산 문화방송이 라디오 방송을 시작하면서 방송 시대가 다시 시작됐다. 그러나 근대적 의미의 광고가 성립된 것은 상업방송이 본격적으로 등장한 1960년대 초다. 1963년 국영 KBS-TV가 방송을 개시하고 이어서 동아방송(DBS), 동양방송(TBC), 문화방송(MBC)이 설립되는 등 상업방송 시대가 본격적으로 개막되면서 신문과 잡지, 라디오, TV를 아우르는 4대 매체가 구색을 갖췄다. 제약업계는 신문광고에 이어 방송광고에도 주요 광고주로서 대거 참여해 초창기 국내 광고산업의 발전을 이끌었다.

1960년대는 정기간행물의 수가 늘어남과 동시에 인쇄나 전파 매

상업방송 개시 상황

방송국	라디오		TV
	AM	FM	
HLKZ-TV	-	-	1956. 5. 12
MBC	1959. 4. 15	-	-
CBS^e	1954. 12. 15	-	-
KBS	-	-	1963. 1. 1
DBS	1963. 4. 25		
MBC	1961. 12. 2	1971. 9. 19	1969. 8. 8
TBC	1964. 5. 9	1966. 8. 15	1964. 12. 7

출처: 한국 광고 100년

체가 매스미디어로 변해가는 시기였다. 1947년 신문이 25개 지에 총 발행부수 48만 부던 것이 1955년은 신문 57개 지에 총 발행부수 170만 부로 늘어났고 1967년에는 총 발행부수가 200만 부를 넘어섰다. 1964년에는 라디오 수신기의 총계가 172만 대였으며 1969년에는 TV도 22만 대로 늘었다. 1960년대 초기에는 시설과 장비가 없어서 전적으로 방송국 기자재에 의존해 방송광고물을 제작했으나 1960년대 말에 이르러서는 극장광고를 제작하는 프로덕션이 처음으로 생겼으며 1968년 한국문화영화제작자협회가 창립될 무렵에는 영세하지만 10여 개사가 필름광고 제작업에 진출하기도 했다. 이 기간에 사진식자기의 도입과 상업사진 분야의 발전, 인쇄 기술, 제판 시설

1964~1972년 광고 예산과 매출액 대비 비율

연도	광고 예산	매출액 대비 광고비 비율
1964	18,999,000	9.78
1965	18,126,000	9.55
1966	37,188,000	9.55
1967	90,690,000	14.60
1968	80,630,000	11.28
1969	186,126,000	15.27
1970	199,785,000	12.34
1971	209,797,000	11.71
1972	227,459,000	9.50

출처: 동화약품 100년사

등의 발전으로 광고 표현의 기술이 전반적으로 향상됐다. 이때도 주요 광고주는 여전히 제약회사들이었다.

1910년 1월, 동화는 〈대한민보〉에 동화약방의 설립 취지를 광고한 이래 한일병합 후 국내 유일의 한글 전문지였던 〈매일신보〉에 광고를 게재했다. 그러나 1930년대 후반 제5대 윤창식 사장의 취임 후에는 일절 신문광고 활동을 하지 않았다. 당시는 일제의 전쟁 수행 시책에 부응하는 광고만을 신문에 게재할 수 있었는데 민족주의자인 윤창식 사장이 그것을 단호하게 거부했기 때문이다. 동화가 부분적으로 광고 활동을 다시 시작한 것은 1962년부터이고 1964년부터는 광고 예산을 매출액의 평균 10퍼센트 내외로 책정해 집행했다. 1964년부터 1972년까지의 광고 예산과 매출액 대비 비율은 앞의 표와 같다.

동화의 광고 예산은 알파활명수와 알프스디가 본격적인 TV 광고를 시작한 1969년 처음으로 1억 원을 돌파했다.

앞서 가는 동화만의 라디오 광고

1959년 4월, 부산 MBC 라디오 방송국이 개국하면서 라디오 광고 시대가 개막됐다. 이때 한국 광고 사상 처음으로 진로의 CM송이 등장한다. 그 무렵 몇몇 선구적인 광고주들이 진로의 뒤를 이어 CM송을 제작하는데 동화도 그런 회사 중 하나였다.

민간 상업 라디오 방송이 시작된 1960년대 초기의 광고는 비교적

부채표 활명수의 CM송 악보.

단순했는데 표현 방식은 소비자에게 제품에 관한 정보를 제공하는 정보형 광고나 유명 인사를 이용한 증언식 광고, 대화로 풀어나가는 대화형 광고, 즉흥적으로 진행하는 즉흥형 광고 등이 대종을 이뤘다. 초기의 활명수 광고는 구호조나 강압적인 명령조의 직접소구형이 주류를 이뤘다. 또한 제품에 관한 설명보다는 제한된 시간 안에 제품명을 가능하면 여러 차례 반복해서 들려주는 반복주입형이 대부분이었다.

1967년 이후에는 회사명을 부각하면서 제품 정보를 알리는 정보형 광고와 광고의 신뢰도를 높이는 증언형이나 대화형 광고도 등장하게 된다. 초기 광고는 방송사가 사내에 CM 제작과를 두고 제작해 광고주에게 서비스했다. 1969~1970년 MBC 라디오의 광고주 중에서 동화는 물량 면에서 3위와 4위를 차지할 정도로 활발한 광고 활동을 펼쳤다. 그러나 1970년 하반기부터는 TV 광고에 치중하게 된다. 당시의 주요 광고 내용은 다음과 같다.

(1965년 이전)

아이고, 배야!

여보, 퀴즈 낼게 알아맞혀 보세요.

아니 배 아픈데 퀴즈 문제는 또 뭐야?

배 아플 때 빠르고 정확하게 듣는 게 뭔지 아세요?

아차, 부채표 활명수 아냐?

맞았어요. 부채표 활명수는 습관성 자극이 없어 위장에 새로운 활력을 준대요.

옳거니, 그래서 활명수를 찾는군그래.

부채표 활명수 50시시 한 병에 15원입니다.

(1969년 3월)

1) 아하, 고거 활명수가 용하더군. 활명수는 배탈이 났을 때나 토증이 났을 때 먹는 줄 알았더니 술 취한 때도 좋단 말이야. 70년 전통의 특수 처방이 뭐니 뭐니 해도 활명수의 지위를 끌어올린 거야. 이렇게 실용 가치가 배탈에만 한하지 않고 배탈의 예방에도 쓰인다니 모두가 활명수, 활명수 하고 찾을 도리밖에 없겠어요.

여러분께서는 약을 선택할 권리가 있습니다. 부채표, 부채표의 활명수야말로 먹기 좋고 자극성이 없으며 위장을 해칠 염려가 없는 시원한 위장약입니다.

2) 아, 드디어 사랑하는 님과 만나기로 한 약속의 그날이 왔건만 난 어

찌하여 미련하게 과음 과식을 하였단 말이냐?

아이고 배야!

그러나 여기 활명수가 있는 것이었으니 시원하고도 뒤가 깨끗하구나.

아 잊으랴 잊을쏘냐?

배 아픈 데 활명수, 부채표 활명수!

음식에 체했다. 술에 체했다. 토사곽란을 한다. 배가 아프다. 이럴 때는 구급 위장약 부채표 활명수를 복용해보세요. 부채표 활명수는 70여 년의 역사와 전통을 자랑하는 구급 위장약입니다. 특히 활명수는 유사품에 속지 마시고 부채표 활명수(Echo) 부채표 활명수.

속 시원한 광고, 그게 바로 활명수!

1956년 5월 12일 우리나라 최초의 민영 텔레비전 방송국인 KORCAD-TV가 개국했다. 이 회사는 미국 RCA와 한국의 황태영 간에 이뤄진 우리나라 최초의 합작 언론기관으로 라디오와 FM, 텔레비전의 상업방송 허가를 받았으나 우선 HLKZ라는 콜사인(call sign)으로 텔레비전 방송국만을 개국했다. HLKZ는 광고 수입이 적어 고전하다가 경영권이 대한방송주식회사(DBC)로 넘어간 뒤에 경영이 정상화되려던 무렵 불의의 화재로 사라지고 말았다. 그 뒤 1961년 5·16 군사정변이 일어나고 같은 해 12월에 국영 KBS-TV가 개국했다. 이어서 1964년 12월에는 삼성그룹 계열인 동양방송 TBC-TV의 등장으로 본격적인 민방 TV 시대가 개막됐고 1969년 8월엔 MBC-TV가 탄생하면서 치열한 경쟁이 시작됐다.

동화는 주로 TBC를 통해 광고를 내보냈다. 동화의 최초 TV 광고는 1965년에 애니메이션 기법을 이용해서 배가 아파 급하게 활명수를 찾는 사람을 코믹하게 보여주는 광고였다. 1967년에는 외국인을 모델로 기용해 양반 행세를 하는 외국인이 급체로 활명수를 찾는 상황을 재미있게 묘사하는 광고를 제작했다. 그리고 1969년에는 시원하게 개통된 고속도로를 보여주며 72년의 역사를 자랑하는 전통 기업임을 광고하기도 했다.

활명수(1967년)

외국인 남: 양반 행차합니다.
여NA: 양반답군요. 앉으세요.
아이 남: 양반 넘어가네.
외국인 남: 양반 어렵습니다.
여NA: 어서 많이 드세요.
외국인 남: 우리 한국 음식 참 좋아합니다.
　음~ 아이고 배야 으~음.
　(신음) 활명수 씨-.
여NA: 배 아픈 데 활명수를 아시는군.
아이 남: 배 아플 땐 누구나 활명수지. 우리도 다 아는걸.

1

2

姉妹品

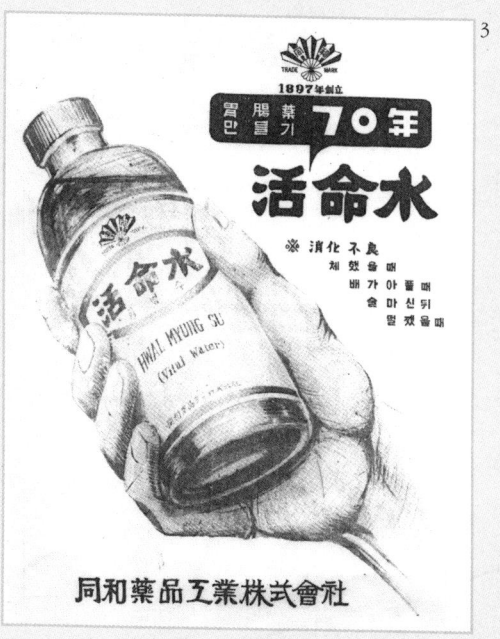

동화는 국내 의약품 광고 사상 최초로 애니메이션 기법을 도입하고, 파격적으로 외국인 광고 모델을 기용하는 등 선구적인 시도를 많이 했다.
1. 애니메이션 기법을 이용한 활명수 극장광고(1959년)
2. 활명수와 까스활명수 신문광고(1967년)
3. 활명수 팸플릿(1968년)
4. 활명수 신문광고(1968년)

외국인 남: 와~하 대단히 시원합니다.

　과연 좋습니다. 활명수.

남NA: 위장약 전문 메이커

　동화약품 부채표 활명수, 배 아픈 데 활명수.

기업 PR(1969년)

남NA: 창립 1897년 9월 25일 부채표 동화약품

　그로부터 72년 부채표 동화약품의 끈질긴 노력과 정성은 신뢰와 희망찬 오늘을 이룩했습니다.

여NA: 그 결과 발포성 구급 위장약 부채표 까스활명수를 위시해서

남NA: 비타민 B6와 지오구도산을 보강한 알파활명수

여NA: 간장을 보호하고 피로를 회복시키는 알프스 드링크

남NA: 액화성 소화효소제 페파롱 등 60여 종의 의약품을 생산하기에 이르렀습니다.

남NA: 약효에서 뚜렷함, 품질에서 뛰어남을 목표삼아 72년의 역사를 바탕으로 부채표 동화약품은 오늘도 양심껏 일하고 있습니다.

이 무렵 제약회사들의 경쟁적 광고로 말미암아 비난여론이 일자 자숙론이 제기되면서 과대광고를 약품공업협회의 광고윤리위원회에서 규제할 것을 제약업계 스스로 결의하기도 했다. 약품공업협회는 그 외에도 일간지를 통한 의약품 광고 제한, 경품부 판매 금지 등 일련의 자율적 규제를 결의하기도 했다. 이 결의는 얼마 못 가 흐지

1975년 합동광고 광고주

광고주	제품	광고주	제품
고려화학	페인트	코오롱	섬유류
금강스레트	슬레이트, 불연재	한국음료와 한양·우성·호남·범양식품	코카콜라, 환타
남영나이론	스타킹, 브래지어, 란제리	대한전선	냉장고, TV와 가전제품
대우기계	미싱	동산토건	건축과 토건
동화약품	활명수 외 전 의약품	동방여운	관광, 항공화물 운송
동양고속	고속운수와 관광	동일방직	섬유
동양맥주	OB맥주	두산산업	코닥칼라, 이스트만케미칼 제품, 크리스탈
한국투자금융	금융업	한국타이어	타이어
린나이코리아	가스레인지	한국병유리	유리병
백화양조	주류	한국라바토리	수세조 기기
백병원	의료	한국투자금융	금융업
삼양사	설탕	혜인중기	중기와 엔진
삼강산업	아이스크림, 마가린 외 전 식품	Cathay Pacific Airways	항공업
신도리코	사무기품	China Airlines	항공업
서울우유합동조합	낙농제품	K Line (JAPAN)	해상수송
OAK전자	전자부품	삼맥 Group (JAPAN)	중기와 철도
윤한공업	금형과 정밀기계부품	Santa Fe (U.S.A)	철도수송
올림포스상사	침구류	S.C Johnson (KOREA)	광택제, 살충제

출처: 한국광고사

동화의 연도별 광고 운용 현황

연도	TV	라디오	일간지	잡지	전문지
1965	활명수(만화편)	활명수			
1966			페파롱		
1967	활명수(양반행차편), 활명수(경기관람편)	활명수, 까스활명수, 페파롱	페파롱, 활명수, 까스활명수, 까스+페파롱, 기업PR		활명수
1968			페파롱, 활명수, 홈키파, 알프스디, 알파활명수		홈키파, 네오사나루민, 알파활명수
1969	알파활명수(새로운활명수편), 알프스디(등산편), 알프스디(알프스산편), 기업PR(고속도로편)	활명수, 까스활명수, 알프스디, 기업PR, 알파활명수	기업PR, 알프스디, 알파활명수, 판콜에이	알프스디	기업PR, 판콜에이
1970	알파활명수(자동차편), 알파활명수 2종(음주편), 알프스디 4종(축구,오토바이,야구,파도), 판콜에이(바늘과실), 판콜에이(어린이달리기), 메로드(밧줄편), 사나휘린(위그림편), 사나휘린(식사시간)	알프스디 3종, 기업PR 3종, 알파활명수, 메로드, 사나휘린, 판콜에이	기업PR, 알프스디, 알파활명수, 판콜에이, 메로드, 까스+알프스디, 사나휘린	알프스디	네오사나루민, 기업PR, 페파롱, 사나휘린
1971	알파활명수(지윤성편), 알프스디(권투편), 사나휘린(기지개편)	활명수 2종, 알파활명수, 메로드, 사나휘린	활명수, 알프스디, 알파활명수, 사나휘린	사나휘린 알파활명수 판콜에이	
1972	알파활명수(가로수편), 알파활명수(남녀식사), 알프스디(등산편), 판콜에이(서수남,하청일), 판콜에이(봉봉4중창), 맥페란(김성원)	활명수 2종, 알프스디 2종, 알파활명수5종, 맥페란 2종, 판콜에이, 기업PR	활명수, 기업PR, 알프스디, 알파활명수, 판콜에이, 맥페란	알파활명수	판콜에이, 맥페란, 알프스디

출처: 동화약품 100년사

부지됐으나 광고 경쟁이 치열해지면서 몇몇 기업들이 부도를 내고, 경영 위기를 맞게 되자 제약업계는 1964년 1월 1일부터 4대 매체를 통한 광고 활동을 한때 중단하기도 했다. 1965년에는 보사부가 나서서 의약품 과대광고에 대한 단속 기준을 마련하고 법적 규제를 가하기 시작했다.

1969년 3월에는 우리나라 최초의 본격 광고대행사라 할 수 있는 만보사가 동아일보와 두산그룹의 공동 출자로 설립됐고 이어서 우후죽순처럼 광고대행사들이 등장해서 광고대행사 시대를 열게 된다. 1970년대 초·중반에 동화는 만보사의 후신인 합동광고를 대행사로 이용했는데 당시의 주요 광고주 면면을 살펴보면 광고시장의 동향을 알 수 있다(159쪽 표 참조).

소비자의 불안, 언제 어디서나 원천봉쇄하라

의약품의 안전성은 제약업계의 영원한 과제다. 그것은 의약품의 부작용으로 말미암은 사고가 끊이지 않으며 그러한 사고는 해당 기업에 치명적인 상처를 입힐 수도 있기 때문이다. 의학이 엄청나게 발달한 오늘날에도 미국인의 사망 원인 6위가 의약품 부작용일 정도로 의약품의 안전성 문제는 우리를 위협하고 있다. 그러니 제조 기술이 아직 부족했던 1960년대에는 의약품의 유해성 문제가 끊임없이 제기될 수밖에 없었다.

의약품의 안전성 문제가 국제사회에서 본격적으로 제기된 것은 1963년 최면진정제의 일종인 '탈리도마이드(Thalidomide)'의 독성 여부가 논란이 되면서부터였다. 이에 WHO는 1963년 5월 23일 제네바에서 제16차 세계보건회의를 개최하고 회원국들이 의약품의 유해작용에 관해 정보 교환은 물론 신속한 안전 조치를 취하도록 결의한 바 있다. 그 후 1965년 2월, USOM(United States Operations Mission, 미국 대외원조처)은 우리 정부에 생약을 주성분으로 하는 수제(水劑) 등에 '클로로포름'을 사용하는 것은 비효과적이라는 통보를 해왔다. 그러자 국내에서 클로로포름의 유해 논란이 일어났다.

클로로포름은 유기화합물의 용제나 프레온 원료 또는 마취제로 쓰이던 약품으로 화학식은 $CHCl_3$이다. 보건사회부는 1965년 4월 13일 제9차 중앙약사심의위원회를 소집하고 유해성 문제를 검토, 심의해 인체에 무해하다는 결론을 내렸다. 그러나 그 후 1967년 2월 클로로포름 함유 소화제의 유해성에 대한 문제 제기가 또다시 일어났다. 대한의학협회가 건위 소화액 제류 중 함유돼 있는 클로로포름의 사용을 금지해달라고 보건사회부에 건의한 것이다. 이러한 사태는 활명수에는 심각한 사안이었다. 우리나라 의약품 중 가장 오랜 역사를 자랑하던 활명수의 주성분 중 하나가 클로로포름이었기 때문이다. 클로로포름이 인체에 유해하다면 활명수는 물론 동화의 명운도 바로 그 순간에 끝날 수 있는 절박한 상황이었다.

보건사회부는 이 문제의 해결을 위해 대한약사회와 의사협회 그리고 언론계 대표 등 유관기관 대표들을 모두 초청해 공청회를 열었다.

공청회에서 의약품 전문가들은 "미국이나 영국 등 선진 외국에도 클로로포름을 함유한 제제가 있으며, 일본의 경우 0.15~2w/v퍼센트를 사용하도록 규정돼 있는 데 반해 우리나라에서는 그것보다 훨씬 낮은 0.1~1w/v퍼센트 범위 내의 소량을 사용하므로 문제 될 것이 없다."고 주장했다. 또 언론계를 대표한 박권상(朴權相) 동아일보 논설위원은 "클로로포름의 사용에 대해선 몇 년 전 중앙약사심의위원회에서 논의해 계속 사용을 허용하기로 결정한 바 있다. 대한의학협회에서 사용 금지를 건의할 때는 필히 이로 인한 중독 사례가 허다히 있고, 또 구체적인 임상 결과를 발표하리라 생각했는데 그런 조치가 없었다. 완전한 결과가 나오기 전에는 언론에 보도돼 시민의 불안감을 조성해서는 안 되겠다."고 결론지었다.

그 이후 보건사회부는 세 차례나 중앙약사심의위원회를 소집해서 심의하도록 했다. 그 결과는 클로로포름을 계속 사용해도 좋지만 함량은 0.2w/v퍼센트 이내로 제한하는 것으로 최종 결정했다. 활명수는 이런 소동이 일어나기 이전부터 이미 0.1w/v퍼센트 이내로 사용하고 있어 아무런 문제 될 것이 없었다. 그러나 동화는 조금이라도 유해 논란이 있는 성분을 국민의 사랑을 한몸에 받아온 활명수에 함유해서는 안 되겠다는 판단에 따라 1969년부터 클로로포름의 사용을 전면 중단하고 현호색으로 완전히 대체했다. 돌이켜보면 활명수로서는 운명의 큰 갈림길이 될 수도 있는 순간이었다.

제품에서 포장, 유통에 이르는 완벽한 핫라인

까스활명수의 출시가 성공적으로 진행되고, 이어서 1968년 7월에 발매된 자양강장제 알프스디의 판매가 급신장하면서 동화는 승승장구의 기세로 발전하기 시작했다. 부산, 대구, 마산, 대전, 전주, 광주, 원주 등지에 설치한 출장소들의 활발한 직판 활동도 판매 신장에 크게 기여했는데 이들의 활약에 힘입어 감기약 판콜에이도 출시되자마자 폭발적인 판매고를 올렸다. 이처럼 액제 약품들의 매출이 급격하게 늘어나자 포장용 병의 수요 또한 엄청나게 늘어났다. 수요가 늘어남에 따라 병의 수급을 맞추기가 점점 어려워지자 동화는 병의 자체 생산을 구상하게 됐다.

그러던 중 마침 동화에 병을 납품하던 현대유리공업주식회사가 경영난에 빠지면서 인수해주기를 요청해와 1971년 12월 이를 전격 인수하게 된다. 현대유리공업주식회사는 1970년 강서구 가양동에 설립된 유리병 자동 제조업체로 그동안 동화에 납품해왔으나 시설 미비로 양산 체제를 갖추지 못해 경영난에 봉착한 것이었다. 마침 까스활명수와 알프스디 등 신제품의 성공으로 엄청나게 늘어나는 유리병의 수요를 감당하지 못해 애를 먹고 있던 동화로서는

1970년대 초반의 알프스디와 활명수. 1968년 발매된 자양강장제 알프스디는 독특한 맛과 효과로 선풍적 인기를 끌었다.

안성맞춤의 기회가 아닐 수 없었다. 현대유리를 인수한 동화는 증자를 통해 회사의 재무구조를 개선하고 최신 설비를 보강해 면모를 일신했다. 이로써 동화는 고도성장의 걸림돌이 될 수도 있을 고급 유리병의 확보 문제를 해결했다. 현대유리(현 동화G&P)는 이후 동화의 성장과 함께 탄탄한 발전가도를 달리게 된다.

그 무렵 까스활명수와 함께 성장가도를 달리던 동화는 새로운 도약을 위해서는 순수 치료제 중에서도 독특한 신약의 개발이 절실하다는 것을 깨달았다. 그리하여 신약 개발을 위한 원료 합성을 추진하던 중 선진 기술의 필요성을 절실히 느끼고 외국 제약회사와 제휴를 모색하게 된다. 그때 윤광열 상무가 세계 굴지의 제약회사인 스위스 산도스사와 기술제휴를 강력히 주장했다. 산도스사는 스위스의 국경도시 바젤에 본사를 둔 세계 굴지의 다국적 제약기업이었다. 윤화열 사장은 윤광열 상무의 주장을 전폭적으로 지지하고 기술제휴를 위한 일체의 권한을 그에게 일임했다. 윤 상무의 강력한 추진력에 힘입어 동화는 1972년 11월 산도스사와 기술제휴 계약을 체결하게 된다. 윤광열 상무는 산도스사에서 독특한 신약 개발을 위한 기술을 받아들이면서 제제 기술뿐 아니라 생산, 품질관리와 마케팅 기법까지 전수받고자 노력했다. 이에 기술 인력과 함께 마케팅 요원들도 스위스에 파견하고 교육받게 해 선진 제약 기술과 함께 최신 경영기법을 습득하도록 했다

동화는 기술제휴를 시작한 다음 해인 1973년부터 산도스사의 치료제 신제품을 국내에서 제조해 공급하기 시작했다. 1973년에는 정

신신경용제 '메러릴 25mg정', '메러릴 50mg정', 자궁수축지혈제 '메덜진정', 진토제 '토레칸정', 자율신경평형제 '베레갈정' 등을 선보였다. 이로써 동화는 제품 라인의 확장과 포장용기의 생산시설까지 갖추고 본격적인 성장의 토대를 마련하게 된다. 산도스사와 제휴를 맺은 이후 동화는 선진 제약회사들과의 기술제휴를 꾸준히 추진해서 1976년에는 덴마크의 레오사(LEO Pharmaceutical Products), 1977년에는 미국의 마리온사(Marrion Merrell Dow Inc), 1979년에는 프랑스의 덱소사(Laboratoires pharmacetiques DEXO S. A.) 등과 제휴관계를 맺어나갔다.

········ **활명수 경영 레슨 6** ········

1. **위기를 전화위복의 기회로 만들어라.**
   동화는 까스명수의 도전으로 큰 위기를 겪게 되나 침착하게 까스활명수를 개발해 경쟁 상황을 역전시켰다. 그리고 그 과정에서 발포성 소화제 시장의 규모를 확대해 고도성장의 발판을 마련했다. 이는 노력 여하에 따라 위기를 기회로 만들 수도 있다는 전화위복의 교훈을 우리에게 남긴다.

2. **위기 때는 싸움의 판을 새로 짜야 한다.**
   까스명수와의 싸움에서 기존의 활명수로 대응하며 고전을 면치 못하던 동화는 까스활명수를 등장시켜 싸움의 판을 새로 짠다. 탄산 대 비탄산의 전쟁에서 탄산 소화제끼리의 경쟁으로 구도를 바꿔 활로를 찾은 것이다. 반면 질 싸움을 계속하는 것처럼 바보 같은 짓은 없다.

3. **평소 브랜드 자산을 키워놓아야 한다.**
   탄산 대 비탄산의 구도에서 발포성 소화제끼리의 싸움으로 국면이 전환되자 결국은 브랜드 자산가치가 높은 까스활명수의 압도적인 승리로 끝을 맺게 된다. 이 사례는 평소 브랜드 자산가치의 증대를 위한 노력이 얼마나 중요한지 일깨워준다. 동화가 초창기부터 선구적으로 심혈을 기울여온 브랜드 경영이 위기 상황에서 그 위력을 발휘한 것이다.

4. **생각은 신중하게 하되 행동은 빨리 하라.**
   동화는 까스명수의 공격을 받은 뒤 그것을 벤치마킹한 발포성 제품을 만드느냐 마느냐의 문제를 놓고 오랫동안 명분 때문에 고민한다. 그러나 한번 결정을 내린 뒤에는 신속한 대응으로 잃어버린 시장을 되찾는다.

5. 트렌드를 읽고 그것에 편승하라.

발포성 소화제는 당시 유행하던 탄산음료에서 착안한 것이다. 그 무렵 탄산음료는 선풍적 인기를 끌었고 까스활명수의 발매 직후에는 세계적 탄산음료인 코카콜라와 펩시콜라도 국내에 도입돼 붐을 일으켰다. 동화는 그 트렌드를 정확하게 간파해 대응한 것이다.

6. 유통경로를 바꾸는 것도 위기 때 훌륭한 전략이 될 수 있다.

동화는 발포성 소화제 전쟁으로 유통질서가 어지러워지고 도매상들의 횡포가 심해지자 과감하게 유통경로를 직판 체제로 개편한다. 시장 상황이 바뀌면 유통 구조를 바꾸는 것도 전략이 될 수 있다. 특히 인터넷의 등장과 함께 혁명적인 유통의 변화를 겪는 요즘은 다양한 유통경로의 모색으로 새로운 활로를 열어야 한다.

7. 소비자의 관점에서 매사를 판단하라.

동화는 위기를 겪을 때마다 고객 중심적 의사결정으로 난관을 돌파해왔다. 클로로포름 파동이 났을 때도 동화는 사용량이 적어 적합하다는 판정을 받았다. 하지만 소비자들이 불안해할 수 있고, 또 조금이라도 소비자에게 해가 될 수 있는 가능성을 원천봉쇄한다는 뜻에서 아예 원료를 교체하는 결단을 내린다. 이런 자세야말로 바로 고객 중심 마케팅 경영의 핵심이 아닐 수 없다.

8. 세상이 바뀌면 경영 방식도 바꿔야 한다.

동화는 창업 이래 민족 기업이라는 자긍심과 함께 보수적인 경영 자세를 견지해왔다. 6·25 전쟁 후에도 원조자금에 관심을 두지 않고 자체 자금으로 회사를 재건했고 제약업계에 합작회사 설립 붐이 한창일 때도 눈길을 돌리지 않았다. 그러나 2세

경영 체제가 들어서면서 세상이 바뀌고 있다는 사실을 직시하고 선진 회사들과 기술 제휴에 나서게 된다. 적절한 시기에 이뤄진 경영 방식의 전환이었다.

9. 광고는 파격적으로 해서 소비자의 눈길을 끌어라.

동화는 보수적인 기업이었지만 광고에 관한 한 선구적인 시도를 많이 했다. 1965년에는 우리나라 의약품 광고 사상 최초로 애니메이션 기법을 도입한 광고를 제작했고 1967년 당시로서는 파격적으로 외국인 모델을 기용하기도 했다. 광고는 일단 소비자의 눈길을 끌어야 한다는 점에서 화젯거리가 될 만한 광고를 만든 것은 참신한 시도라 할 수 있다.

7장 회사와 같은 꿈을 꾸는 종업원은 고속성장의 동력

活命水

동화는 선대 윤창식 사장의 "동화는 동화 식구 전체의 것이요, 또 이 겨레의 것이니 온 식구가 정성을 다해서 다 같이 잘살 수 있는 기업으로 이끌어라."라는 경영철학을 토대로 종업원들이 공감하는 기본 경영방침을 정해 그들의 마음을 얻었다.

1973년 4월 14일 제45기 정기주주총회에서 윤광열 상무가 제7대 사장으로 선임됐다. 윤광열 사장은 윤창식 사장의 셋째 아들로 광복 후 혼란기 개점휴업 상태에 놓여 있던 동화에 입사해 회사 재건에 동참한 인물이었다. 일제 강점기 말 학병으로 만주에 끌려가 갖은 고생을 겪기도 했던 윤광열 사장은 동화에 입사한 이래 오너의 아들이라는 선민의식 없이 회사의 모든 궂은일을 솔선수범해서 다해온

제7대 윤광열 사장.

일꾼이었다. 그는 광복 후 만주에서 광복군의 일원으로 귀국한 뒤 보성전문에 복학해 학업에 정진하면서 집안의 태릉 과수원 일을 도맡아 하기도 했다. 또한 마산의 피난공장 시절에는 생산은 물론 판매, 섭외에 이르기까지 힘든 일도 마다않고 묵묵히 아버지 윤창식 사장을 보필해왔다.

윤광열 사장은 서울 수복 후에도 회사의 재건에 중추적인 역할을 했으며 윤창식 사장이 세상을 떠난 뒤에도 유화열 사장을 보좌하는 상무이사로 순화동 공장과 안양 공장의 건설, 까스활명수와 알프스디 등 신제품 발매와 위장운동촉진제 '메토클로프라미드'의 합성과

스위스 산도스사와의 기술제휴 등 회사의 주요 고비마다 실질적인 주역으로서 그 소임을 충실히 해왔던 터였다. 그동안의 다양한 경험과 역량으로 미뤄볼 때 그는 가히 준비된 최고경영자라고 할 수 있는 인물이었다.

젊은 임원들로 수혈한 격변의 70년대

윤광열 사장은 취임하자마자 새로운 경영환경과 시대 여건 변화에 맞도록 조직기구를 정비하고 각 담당 임원에게 권한을 대폭 이양하

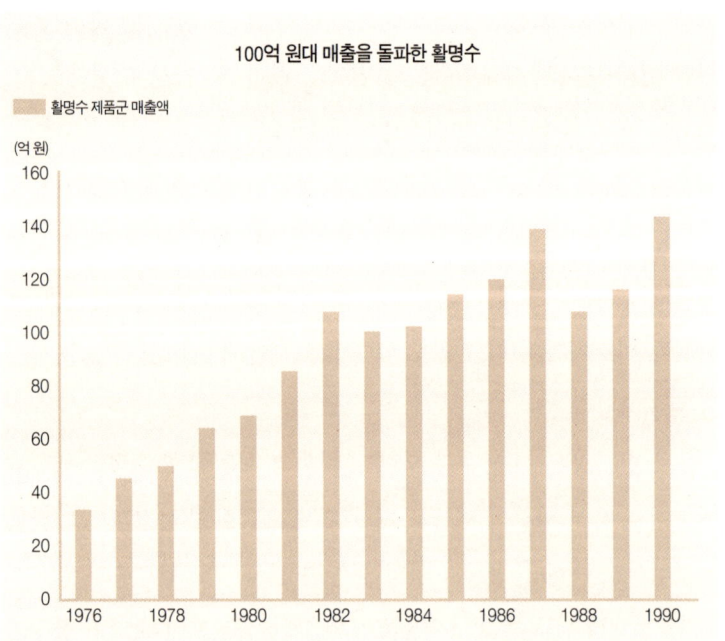

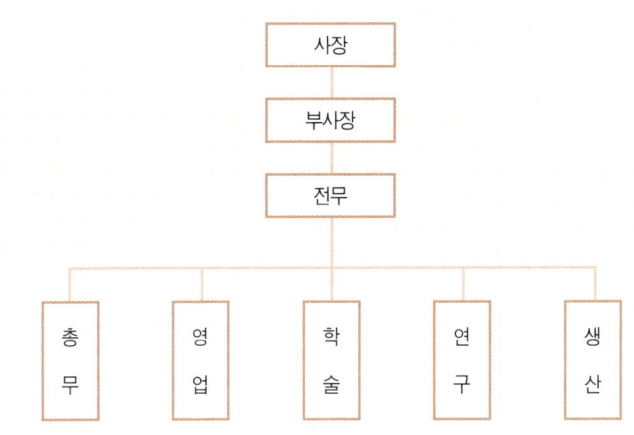

출처: 동화약품 100년사

는 경영혁신을 단행했다. 연로한 원로들은 후선으로 물러나게 하고 40대의 연부역강(年富力强)한 임원들로 경영진을 구성했다.

윤광열 사장의 취임을 전후한 1970년대 전반기에 제약산업은 연평균 34.7퍼센트의 성장을 기록한다. 이 같은 급속한 성장은 제약업계가 과거에 경험해보지 못한 것이었다. 1971년과 1972년은 18퍼센트대의 비교적 완만한 성장을 기록했으나 1973년에는 48.4퍼센트의 급신장을 이뤘다. 그리고 1974년 46.8퍼센트, 1975년 41.4퍼센트의 성장을 기록해 5년간 평균성장률이 34.7퍼센트에 이르렀다. 특정 업체가 아닌 업계 전체의 성장률이 5년간에 걸쳐 이처럼 지속적으로 높은 것은 드문 일이었다.

이러한 고도성장은 1970년대 후반기에도 계속 이어져 제약업계는

1970년 이후 10년 내내 높은 성장세를 유지했다. 그 무렵 제약업계는 호황을 누린 데 반해 정부에서 추진하던 경제발전계획은 국제 여건의 극심한 변화로 양적 성장이 다소 둔화되는 추세였다.

1975년도 우리나라의 수출 규모는 60억 달러였고, 국민총생산은 134억 달러 규모였으며, 의약품 총생산 실적은 1,919억 원으로 국민총생산 9조 518억 원의 2.1퍼센트에 달했고, 국민 1인당 의약품 소비액은 생산자 가격으로 5,531원이었다. 당시 제약업체 수는 300개소, 허가 품목 수는 8,788개 품목에 이르렀다. 제약업계는 높은 성장률에 따른 이익 증가에 힘입어 새로운 사업에 대한 투자나 회사 내실을 확실히 다지는 계기로 활용했다.

제약산업의 성장에 따라 연간 생산액이 1억 원을 넘는 품목도 1975년에 이르러서는 284품목에 달했다. 1975년 까스활명수는 15억 1,000만 원을 생산해 동아제약의 박카스디, 역시 동아제약의 판피

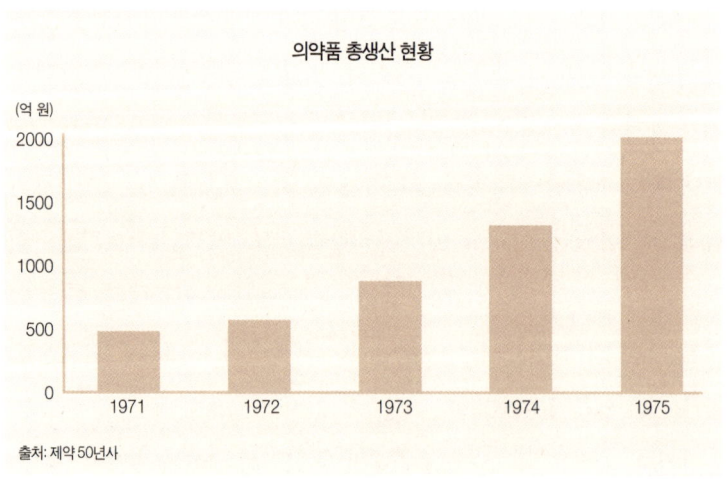

의약품 총생산 현황

출처: 제약 50년사

1970년대 전반기 연도별 의약품 생산액 추이 (단위: 천 원)

연도	의약품 등 총생산액	완제 의약품 생산액	원료 의약품 생산액	전년 대비 증가율 (완제품)
1971	47,809,643	39,934,451	2,181,311	18.0%
1972	57,269,641	47,303,386	3,846,960	18.7%
1973	87,172,676	70,206,023	5,845,518	48.4%
1974	131,797,506	103,017,688	10,335,412	46.8%
1975	191,870,689	145,618,510	17,327,129	41.4%

출처: 제약 50년사

1975년 상위 10대 품목

제품명	제조사	생산액
박카스디	동아제약	69억 8,000만 원
판피린코프	동아제약	16억 5,000만 원
까스활명수	동화약품	15억 1,000만 원
원비디	일양약품	13억 9,000만 원
펜브렉스(캅)	영진약품	13억 8,000만 원
알프스디	동화약품	12억 9,000만 원
훽스탈	한독약품	12억 4,400만 원
황산가나마이신	동아제약	12억 4,000만 원
활명수	동화약품	11억 6,000만 원
리팜핀	유한양행	10억 8,000만 원

출처: 한국 약업 100년

1978~1980년 30억 원 이상 거대 품목 생산 실적 추이

제품명	업소명	생산액(천 원)		
		1980년	1979년	1978년
박카스디	동아	33,112,986	22,987,293	18,925,489
원비디	일양	10,443,039	6,953,939	3,937,514
우루사	대웅	5,730,552	2,826,169	2,233,633
황산가나마이신	동아	5,382,938	3,813,996	2,599,898
리팜핀	유한	5,369,827	3,641,426	1,917,889
판피린에스내복액	동아	4,323,295	3,117,543	2,325,263
까스활명수	동화	4,206,069	3,528,314	2,947,926
광동쌍화탕	광동	3,980,167	2,210,851	895,512
알부민	적십자	3,907,318	2,648,454	1,772,868
구론산바몬드	영진	3,904,218	3,042,136	706,902
훼스탈	한독	3,718,811	2,771,124	2,168,103
판콜에이내복액	동화	3,641,969	2,488,636	2,147,998
알프스디	동화	3,656,641	6,740,468	4,548,782
사리돈	종근당	3,505,625	3,572,198	2,346,343
아미노푸신	영진	3,178,495	3,013,778	2,091,163
활명수	동화	3,002,048	2,453,526	1,709,518

출처: 한국 약업 100년

린코프에 이어 3위를 차지했다.

당시 총 10개 품목이 연간 10억 원 이상의 생산액을 기록했는데 일양약품의 원비디, 영진약품의 펜브렉스(캅), 동화약품의 알프스디, 한독약품의 훼스탈, 동아제약의 황산가나마이신, 동화약품의 활명수, 유한양행의 리팜핀이 그 뒤를 이었다. 이처럼 동화는 10대 품목에 까스활명수 외에도 알프스디와 활명수를 진입시켜 명실공히 전성시대를 구가한다.

1975년 동화의 총매출액은 60억 원으로 박카스디의 성공으로 크게 성장한 동아제약(145억 원)과 종근당(106억 원), 유한양행(91억 원), 한독약품(73억 원), 영진약품(61억 원)에 이어 6위를 차지했다.

1970년대 하반기의 완제 의약품 중 10억 원 이상 거대 품목은 1976년 17개 품목에서 1977년에는 25개 품목으로 급증했다. 이어 1978년 36개 품목, 1979년 67개 품목, 1980년에는 97개 품목으로 늘어났다. 특히 1980년의 경우 20억 원 이상이 35개 품목, 30억 원 이상이 17개 품목, 50억 원 이상이 5개 품목이었다.

비전을 공유해야 효율성이 극대화된다

윤광열 사장은 취임하자마자 조직 개편을 단행해 회사의 면모를 일신하고 장기적인 발전을 위한 체제를 갖춘 뒤 동화의 정신적 지주였던 고 윤창식 사장의 경영철학을 명문화해야겠다는 생각을 하게 된다. 일제 강점기의 어려운 시기에 동화를 인수해 갖은 고난과 시련을 겪으면서도 재임 26년 동안 동화를 굳건하게 성장시켜온 윤창식 사장의 뜻과 정신을 후대에도 전하고 싶었던 것이다. 동화의 장기적인 존속과 발전을 위해서도 그의 정신을 계승하는 것이 옳다고 생각했는지도 모른다.

"좋은 약이 아니면 만들지 마라. 동화는 동화 식구 전체의 것이요, 또 이 겨레의 것이니 온 식구가 정성을 다해서 다 같이 잘살 수 있는 기업으로 이끌어라."라는 보당 윤창식 사장의 경영철학을 요약해서 정리한 것이 다음에 나오는 '동화정신(同和精神)'이다.

동화정신

1. 동화는 좋은 약을 만들어 소비자에게 봉사하고 그 효험을 본 정당한 대가로 경영되는 회사이다.

   즉, 장사는 장사지만 이윤 추구만 하는 것이 아니고 좋은 약을 정성껏 만들어 사회에 봉사하는 봉사정신을 말합니다.

2. 동화는 정도(正道)를 밟고 원리원칙에 의해 경영되는 회사이다.

   이는 천만금이 생긴다 해도 부정이나 남에게 해가 되는 일은 하지 않고 정직하게 살아가는 정신을 말합니다.

3. 동화는 젊어서 정당하게 땀 흘려 일하고 노후에 잘살아보려는 동화 식구의 회사이다.

   이는 젊어서 힘 있을 때 땀 흘려 일하고 노후에 잘살아보려는 정신, 즉 미래를 향해 희망을 갖고 근검, 저축하는 정신을 말합니다.

4. 동화는 동화 식구가 업무 수행 중 잘못이 있을 경우 솔직히 시인할 줄 알고 고쳐서 전화위복이 되게 하는 회사이다.

즉, 회사를 위하는 일이면 남의 눈치를 보지 말고 소신껏 일하고 일하다 혹 잘못이 있을 경우에는 변명하지 말고 그 원인이 어디 있는가를 알고 고쳐서 전화위복이 되게 하자는 뜻이며, 모든 일은 성심성의껏 소신을 가지고 하자는 정신을 말합니다.

이런 정신은 활명수가 현재까지 112년 동안 성공을 지켜올 수 있는 근본적인 원동력이다. 이것은 오늘날의 시각으로 본다면 전 구성원이 공감할 수 있는 비전이라고 할 수 있다. 윤창식 사장은 그만큼 시대를 앞서 가던 경영자였던 것이다. 그런 윤창식 사장의 경영 방식과 철학을 누구보다도 가까이에서 지켜보고 실천해온 윤광열 사장은 그 정신을 이어나가기 위해 동화정신을 확립한 뒤 이를 현대적으로 해석하고 자신의 경영철학까지 가미해 다음과 같은 경영 기본 방침을 공표했다.

첫째, 정직하게 살자. 인간은 주위 환경에 적응을 받을 수 있어 그에 따른 정직한 마음가짐이 무엇보다도 필요하다. 공영의식(共榮意識)의 바람직한 기업상(企業像)이 정직을 외면하고서는 생성될 수 없기 때문이다. 희망을 갖고, 자신을 갖고 일할 수 있는 여유란 바로 정직만이 갖는 최상의 법칙이다. 기업인이 거짓말하고, 기업에 거짓이 있을 때 그 기업은 공영(共榮)보다는 도산이라는 위기에 직면하게 될 것이다. 전체 소비자가 그 기업을 신용하지 않고, 부정 기업이라는 칭호를 받았다면 경영 진로의 암담함은 두말할 나위가 없다. 기업도 사람도 정직해야 한다.

　둘째, 저축하며 살자. 인간은 순간의 만족보다는 내일의 행복에 자위감(自慰感)을 갖게 마련이다. '언젠가는 나도 행복한 사람이 되리라.'는 신념은 곧 저축할 수 있는 마음에서 비롯되는 것이다. 자산을 축적할 수 있고, 인력을 축적할 수 있고, 나아가서 정신을 축적할 수 있는 인간 의지란 곧 저축하려는 의욕만이 갖는 재산이다. 동화는 광복 후 무질서했던 제약업계의 혼란 시기에 회사를 정상적으로 유지하기 힘들어 3년 동안 생산이 위축된 적이 있다. 하지만 지금은 오히려 저축할 수 있는 동화가 됐다. 전체 종업원이 자기의 직무에 만족할 수 있는 상태는 저축하려는 마음가짐이 있고서야 뒤따를 수 있다. 이제는 무형의 정신적 가치까지 저축하게 됐다. 유형의 저축보다는 무형의 저축이 생활영역의 테두리 안에서 그 진가를 발휘할 수 있다. 곧 정당하게 현재를 살 수 있는 마음은 저축정신에서 기인된다.

　셋째, 같이 번영하자. 현대사회일수록 공존하려는 의욕은 대단하다. 자기만의 만족, 자기만의 자부, 자기만의 행복은 존재하지 않는다. 바로 동화는 민족 기업이라는 긍지와 인내를 갖고 살아온 전통을 한순간도 절대 버리지 않고 있다. 약속어음 한 장이라도 공신력을 잃지 말자. 먹을 갈면서 생각하고 붓으로 기재할 때 더욱 생각해야 한다. 이 종이 한 장은 곧 나와 내 이웃이 다 같이 잘살아보겠다는 의욕의 증거라는 신념 아래 쓰여야 될 것이다. 동화사원 모두는 한 가족이다. 그러므로 전 종업원이 경영에 참여하고 실질적인 혜택을 고루 나눌 수 있는 체계를 확립하겠다.

윤광열 사장은 동화 식구 모두 이를 실천하기 위해서 다음 지침을 강조했다.

첫째, 부정을 멀리하고 원리원칙에 입각한 경영을 추구한다.
둘째, 기업주의 이익에 앞서 종업원의 처우 개선과 복지 향상을 도모한다.
셋째, 근면 성실하게 연구하고 일함으로써 좋은 약을 싼값에 팔아 소비자에 봉사한다.
넷째, 살생보다는 소생하는 약을 만들어 국민 보건에 기여한다.

병을 고쳐 생명을 살리는 활명수의 사회공헌

윤광열 사장은 취임하자마자 희귀약품센터와 중앙연구소 설립에 심혈을 기울인다. 그는 평소 "살상하는 약보다는 병을 고쳐 생명을 살리는 약을 만들라."는 뜻을 남긴 선친 윤창식 사장의 생명 존중 사상을 어떻게 이어나갈 것인가를 고심하던 터였다. 그러던 차에 희귀 약품 공급에 관심을 두게 된 것이다.

당시 국내에서는 진단이 내려져도 의약품 수급체계상 제한적으로 공급되어 의약품을 구하는 것이 참으로 어렵던 시절이었다. 따라서 환자들이 치료약을 구하지 못해 고통을 당하는 일이 다반사로 일어났다. 사실 '희귀약품센터'는 그전부터 정부와 의학협회가 설립을

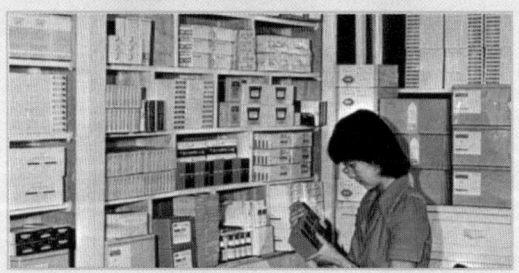

동화의 생명 존중 사상을 바탕으로 1973년 설립된 희귀약품센터는
국내 유일의 희귀약품 취급 기관이었다.

검토해왔으나 이윤 확보가 어렵다는 점 등 현실적인 이유로 의약품 수입상들의 적극적인 협조를 얻지 못해 성사가 어려워지면서 사회적 문제로까지 비약하고 있던 시점이었다. 그 무렵 동화가 희귀약품센터의 설립을 추진한 것이다.

동화는 이 사업의 추진을 위해 실무진이 1973년 초부터 필요한 약품에 대한 자료 작성은 물론 외국 제약업체와의 상담과 의사협회나 관계당국과의 절충을 시도하는 등 전력을 다했다. 윤광열 사장은 희귀약품센터는 공익을 위해 추진하는 사업인 만큼 영리적 면은 완전히 배제해줄 것을 실무진에게 당부했다. 그래서 희귀 약품의 공급 가격은 수입가에 제반 세금만을 더한 실비 수준으로 정해졌다.

희귀약품센터는 1973년 10월 10일 보건의 날에 맞춰 개관했다. 윤광열 사장은 당시 의사신문과 가진 인터뷰에서 희귀약품센터의 설립 취지를 다음과 같이 밝힌 바 있다. "생명의 존중함과 비례해서 인간이 개발한 약품으로 한 생명을 구한다는 것이 얼마나 보람되고 영광스러운 일이겠습니까? 우리 회사가 희귀약품센터를 설립, 국민 건강 복지에 조그마한 이바지를 하려고 노력하는 것도 이런 데서 비롯된 것입니다."

아무리 이익을 전혀 염두에 두지 않는 사업이라 해도 희귀 약품은 자주 사용되지 않는 품목이므로 자금 회전이 느려 회사에 적지 않은 부담이 될 것을 감안하면 이 사업은 활명수의 의미 그대로 사람의 목숨 구하는 일을 실천한 경영 방식이 아닐 수 없다.

윤광열 사장은 희귀약품센터의 추진과 함께 독자적인 연구소의 설립도 진행했다. 그러나 매출액이 불과 24억 원 정도에 불과하던 당시 동화의 규모에서 연구소 설립은 무리한 사업이라고 판단한 회사 간부들의 반대도 적지 않았다. 그러나 윤 사장은 "훌륭한 연구는 돈이 많다고 되는 게 아니라 연구하겠다는 성실한 마음가짐과 자세가 있으면 가능한 것"이라며 연구소 설립에 박차를 가했다.

그는 지난 몇 년간 KIST(한국과학기술연구원)의 활동을 보고 과학기술 없이는 국가도 회사도 크게 발전할 수 없다는 것을 절실히 느껴온 터였다. 당시 동화는 이미 메토클로프라미드를 자체 기술로 합성했고, 트리메토프림을 KIST와의 협조를 통해 개발에 성공해 특허도 획득한 바 있었다.

그런 과정에서 윤 사장은 새로운 도약을 위해서는 신제품 개발 연구와 기술 자립이 절실하다는 것을 깨달았다. 그는 우선 연구개발 부문의 유능한 인재들을 한 군데로 집결했다. 그동안 기획관리실 등 여

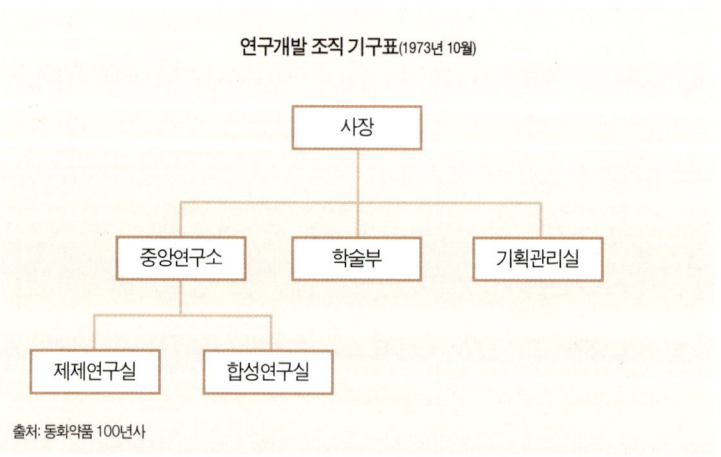

연구개발 조직 기구표(1973년 10월)

출처: 동화약품 100년사

러 부서에 나뉘어 있던 연구·개발·합성 부문의 인력을 통합해 1973년 10월 10일 국내 업체로서는 선구적으로 중앙연구소를 발족했다.

연구소 조직은 기존의 합성연구실 외에 제제연구실을 설치해 이원화했다. 제제연구실은 신제품 개발과 함께 약무행정의 강화에 대비해 기존 제품 정비와 품질 향상에 주력했고 합성연구실은 생산팀과 연구팀으로 나눠 원료의약품의 국산화와 공정 개선 연구를 가속화해나갔다. 1975년 5월에는 연구 조직을 정비하고 인력과 시설을 확충하는 한편 미생물연구실을 증설해 연구력을 강화했다.

초창기에는 연구원의 숫자가 4명에 불과했으나 점차 인력과 시설을 확충해나갔다. 윤광열 사장은 연구원들에게 연구하는 환경을 제대로 만들어주고자 애썼고 그들이 자신이 하는 일에 보람과 긍지를 느끼도록 노력했다.

영업 조직의 혁신, 담당임원제

실무에서 잔뼈가 굵은 윤광열 사장은 영업 활성화에 관심이 많아 취임하자마자 영업 조직을 혁신하고 과감하게 인재를 기용한 뒤 영업사원들에 대한 본격적인 교육을 실시했다. 윤 사장은 영업사원들에게 영업기법을 가르치기 전에 동화 식구의 일원이라는 긍지를 느끼도록 하는 데 주력했으며, 그들에게 항상 친절하고 봉사하며 신뢰받는 사원이 돼야 한다고 강조했다.

윤 사장은 영업사원들의 기강 확립을 위해 동화 영업사원의 신조를 제정하고 '동화정신'과 함께 암송하도록 했다. 동화 영업사원의 신조는 다음과 같다.

약업계의 선구자로서의 오랜 역사와 발전을 계속해온, 회사의 일원으로서의 긍지를 갖고 항상 친절 봉사하며 신뢰받는 사원이 돼 개척정신과 의욕적인 자세로 목표 달성에 있어 필승의 신념을 갖자. 따라서 모든 제품에 대한 지식과 품위 있는 언행을 통해 고객에게 봉사하고 유대를 가지며 사전에 연구 계획하고 사후 확인해 개선해나가는 유능한 영업사원이 되고자 끊임없이 노력하자.

윤광열 사장은 특히 신입사원들의 교육에 중점을 두었는데, 그때 교육받은 사람들은 대부분 훗날 동화약품 영업의 중추적 인재로 성장하게 된다.

한편 영업 조직의 혁신은 담당임원제를 중심으로 이뤄졌다. 담당임원제는 영업 책임자를 임원으로 보임하고 그 밑에 영업 1·2·3부의 3개부를 두어 업무를 분장하는 형태였다. 영업1부에는 영업관리과와 병원과, 판촉과를 두고 영업2부는 지방영업을 담당해 인천, 부산, 대구, 대전, 광주, 전주, 원주 출장소를 관장하는 체제였다. 그리고 영업3부는 서울과 경기 지역을 서대문지구, 마포·용산지구, 종로·중구지구, 영등포지구, 동대문지구, 성동지구, 성북지구, 경기지구 등 8개 지구로 나눠 관장했다.

1974년 4월에는 영업 조직을 다시 영업부와 영업관리부로 나눠 영업과 관리로 이원화했다. 영업부는 판매1과, 판매2과 외에 병원과 부산·대구·대전·광주·전주·원주 출장소를 관장했다. 영업관리부에는 영업관리과와 발송과, 교육조사과를 두고 영업 활동을 지원했다. 그리고 담당임원제를 강력하게 추진하면서 권한 이양과 함께 능력과 업적 위주의 인사고과에 따라 공정한 인사와 승급, 승진 정책을 펴나갔다. 따라서 영업부에서는 종전부터 시행해오던 성과급 형태의 인센티브 제도를 실적 분석과 평가에 따라 시행했다.

1973년부터 시행된 지구별 단체 시상은 부와 과, 출장소, 분실 중심으로 공동 목표를 관리하고, 나아가 개인별로 목표를 부여해 평가함으로써 개인 목표보다는 회사의 목표를 달성하는 데 주안점을 두어 시행했다.

오너와 전문경영인의 분리가 효율성을 낳는다

제7대 윤광열 사장 취임 10개월 만인 1974년 2월 14일 제8대 김홍기 사장이 취임했다. 윤 사장은 짧은 재임 기간이었지만 상당한 업적을 남기고 장기적인 발전의 기틀을 닦아놓았다. 윤 사장이 물러나던 1974년 동화는 매출액 30억 원에 당기순이익 4억 4,000만 원의 실적을 달성했다. 불과 5년 전인 1969년의 매출액이 12억 원이었던 것을 감안하면 참으로 비약적인 성장을 이뤄놓은 것이다. 그런 그가 전문

경영인을 전면에 내세우기 위해 재임 10개월 만에 스스로 부회장으로 물러서는 결단을 내린 것이다.

윤 사장의 과감한 결정은 인재 양성에 대한 관심에서 비롯된 것이었다. 그는 평소 회사의 미래를 끌고 나갈 인재를 키우는 일에 관심을 보이고 애정을 쏟았다. 관리자의 승진은 반드시 공개시험을 치르도록 제도화해 누구나 능력에 따라 승급할 수 있는 풍토를 조성했다.

간부사원에게는 전공에 관계없이 일정 기간 다른 부서들의 업무를 처리할 수 있는 기회를 부여해 임원이 되면 어떤 업무라도 관장할 수 있도록 능력을 배양시켰다. 그렇게 간부들을 육성해온 그가 이제는 전문경영인으로 그들을 기용해도 되겠다는 확신이 서자 과감하게 길을 열어준 것이다.

김홍기 사장은 1959년 3월 동화에 입사해 1969년에 지배인, 1972년 상무이사, 1973년에는 부사장을 역임한 준비된 경영자였다. 김 사장은 전임 윤광열 사장의 경영방침을 이어받아 "원칙에 입각한 경영으로 소비자와 사회에 봉사하겠다."는 뜻을 천명했다.

노사화합의 다리가 되는 우리사주조합

동화는 1976년 3월 24일 공모증자를 통해 한국증권거래소에 주식을 상장하고 기업공개를 단행했다. 기업공개는 해당 기업이 법정 절차에 따라 증권거래소에 주식을 상장해서 일반 대중에게 주식을 분산하고 재무 내용을 공시하는 절차를 거쳐 이뤄진다. 기업공개는 기업의 자금 조달력을 증대시키고 재무구조를 개선할 뿐 아니라 대중의 기업 참여를 자극하는 등 국민 경제의 건전한 발전에 기여하는 효과가 있다.

오늘날 기업은 사적 소유물이 아니라 외부의 여러 집단과 관계 있는 사회적 존재이기 때문에 일정한 사회적 책임의 수행을 요구받는다. 따라서 각 기업은 주주뿐 아니라 소비자나 지역주민 등 각계의 이해관계자들에게 경영에 관련된 주요 정보를 공개해야 하는데, 이를 규정하는 법적 제도로 마련된 것이 곧 기업공개다.

그간의 경제성장과 더불어 기업 규모가 급격하게 확대된 결과, 이제 기업은 개인이나 소수의 자본 또는 차입 등에 따른 간접금융만으로는 자금 수요를 충당하기가 어렵다. 결국 기업은 일반 대중의 소규모 자금을 취합해 거액의 자본을 조성하는 방법을 활용하게 됐다.

이러한 상황에서 기업공개 원칙은 유가증권을 발행하는 회사들이 증권거래법과 상법 같은 법적 근거에 따라 주가와 거래량 등에 영향을 미칠 수 있는 중요한 사실을 신속, 정확하게 공시하도록 규정하고 있다. 따라서 기업공개는 일반인들의 투자를 자극할 뿐 아니라 공정 거래질서 확립과 기업의 업무 개선이나 경영합리화 등을 도모하기 위한 제도라고 할 수 있다.

1968년 11월 정부는 증권시장의 육성을 강력히 추진하기 위해 '자본시장 육성에 관한 법률'을 공포·시행했다. 이 법은 기업의 공개와 주식의 분산을 통해 증권시장에 우량 유가증권의 공급을 증대시키고자 시행된 것이었다. 그러나 기업공개에 대한 인식 부족과 기업주들의 이해관계 때문에 공개가 부진하자 정부는 1972년 12월 다시 기업공개촉진법을 제정했다. 이는 정부가 공개 대상 법인을 심사 선정해 기업공개를 명하고 공개 명령을 받은 법인이 이를 이행하지 않을 경우 금융·세제상의 규제를 가하는 것을 그 골자로 했다.

구주식매출과 신규발행주식 내용

구분	주식의 종류	1주의 금액	1주의 발행가액	모집과 매출주식 수	모집과 매출총액	비고
구주매출	기명식 보통주	500원	750원	120,000	90,000,000원	이사회 결의일 1976.1.30
신주발행	기명식 보통주	500원	750원	600,000	450,000,000원	
계				720,000	540,000,000원	

출처: 동화약품 100년사

구주식매출과 신규발행주식의 모집에 관한 사항

구분		주식 수	1주의 모집가액(원)	모집과 매출총액(원)	배정 비율(%)	비고
우선배정	우리사주조합	60,000		45,000,000	8.3	
	증권투자신탁공제회와 조합	72,000	750	54,000,000	10	청약기간: 1976.3.9~ 1976.3.11
	소계	132,000	750	99,000,000	18.3	
일반배정	증권저축배정	72,000		54,000,000	10	
	일반고객	516,000	750	387,000,000	71.7	
	소계	588,000	750	441,000,000	81.7	
합계		720,000		540,000,000	100	

출처: 동화약품 100년사

그러나 1973년 하반기부터 시작된 석유파동으로 말미암은 경기침체로 기업공개가 부진하자 정부는 1974년 5월 29일 '기업공개와 건전한 기업 풍토 조성에 관한 대통령의 특별지시 5개항'을 발표했다. 이어 1975년 8월 8일 기업공개 보완시책을 발표해 공개 기업에 대한 지원을 강화했다. 정부는 기업공개보완시책 발표 이후 1975년 10월, 1차로 공개 대상 법인 105개사를 선정 발표했다. 이때 동화도 공개 대상 법인에 포함되자 정부 시책에 호응하면서 국민의 기업으로 거듭나기 위해 기업공개를 단행한 것이었다.

1976년 1월 30일 동화는 기업공개를 위한 이사회를 개최해 정관 일부를 변경하고 공개를 위한 구 주식 매출과 신규 발행 주식의 구성을 결의했다.

한편 기업공개에 앞서 윤광열 회장은 종업원들에게 회사 주식을 소유하게 해 재산을 형성할 기회를 부여하고 주인의식을 심어주고자 우리사주조합을 결성할 방침을 세웠다. 윤 회장은 동화가 기업윤리에 투철한 모범적인 회사가 되려면 은행이나 투자신탁회사, 혹은 불로소득으로 번 돈을 투자한 주주들이 아닌, 진정으로 회사를 위해 일해온 종업원들이 회사 주식을 소유해야 한다고 생각했다.

그러한 윤 회장의 뜻에 따라 동화는 1976년 2월 우리사주조합을 결성하고 종업원지주제를 실시했다. 주주가 되기를 희망하는 종업원에게 주식을 분배함으로써 1976년 3월 12일 주주 수는 4,971명으로 늘어났다. 우리사주조합 초대 이사장으로는 당시 경리부 차장으로 재직하던 황규언(黃圭彥)이 선출됐다. 우리사주조합의 설립 목적은 다음 사항을 표방했다.

- 애사정신의 함양과 노사협조의 원활화
- 자사주 보유를 통한 종업원의 복리 증진과 재산 형성 촉진
- 종업원지주제를 통한 안정 주주 확보
- 조합기금 조성과 운용을 통한 수익사업

조합원은 404명으로 모든 종업원을 가입 대상으로 했으며, 회사의 임원과 일급 또는 시급을 받는 자 중 3개월 이상 계속해서 고용되지 않은 임시직 근로자는 제외했다. 우리사주조합이 우선 배정받은 주식 6만 주는 전체 주식의 8.3퍼센트 규모였다. 이사회는 우리사주조합이 지급해야 할 공식청약금의 반을 무이자로 융자해주고 상여금에서 공제 상환하도록 하는 편의를 제공했다.

국내 최초의 생산직 전 사원 월급제

윤광열 회장은 항상 동화가 경영 활동을 통해 얻은 기업 이윤을 어떻게 하면 종업원들에게 되돌려줄 수 있을 것인가에 대해 심사숙고했다. 그래서 종업원지주제를 도입한 것이지만 그것으로 만족하지 못한 윤 회장은 회사가 얻은 성공의 과실을 모든 사원에게 고루 혜택이 돌아가도록 분배하는 방법을 찾기 시작했다. 그래서 도달한 결론이

당시로서는 획기적인 생산직 사원들의 완전 월급제였다.

동화는 1978년 4월 우리나라 최초로 생산직 사원들의 시간제 급료 제도를 폐지하고 월급제로 급여 체제를 변경했다. 이는 사무직과 생산직 근로자 사이의 차별에 따른 문제점을 해소하고 모든 종업원을 동등하게 대우하자는 취지에서 비롯됐다. 동화가 실시한 생산직 근로자의 완전 월급제는 국내 유수 기업들은 물론 노동계에도 커다란 반향을 일으킬 정도로 파장이 컸다.

당시 우리나라의 경제 사정에서 완전 월급제는 시기상조라는 말이 많았다. 그러나 윤광열 회장은 '동화는 모두 한 식구'라는 신념으로 이를 밀어붙였다. 윤 회장은 몇 년 전 공장을 방문했을 때 한 여종업원이 "월급 한번 받아봤으면 소원이 없겠다."고 한 말을 가슴 깊이 새겨두고 있었다. 그때 받은 충격이 그에게 생산직 사원들의 완전 월급제를 추진하게 한 동인이 된 것이었다.

원래 공장 근로자의 월급제는 미국 IBM사에서 1958년 세계 최초로 시행됐으나 그 후 20년이 지나도록 선진국의 세계적인 회사들도 시행을 미루고 있던 터였다. 그러나 윤광열 회장은 과감하게 전 사원 월급제를 시행했다. 그 이후 생산직 사원들의 자부심과 생산성은 눈에 띄게 향상됐다. 1979년 9월 1일 동화는 그동안 종업원의 근로조건 향상에 기여한 공로를 인정받아 노동청에서 복지 증진 우수 업체로 표창을 받기도 했다.

동화는 이처럼 현대적 기업으로 면모를 갖추면서 빠른 속도로 성장해나갔다. 동화가 창립 80주년을 맞이한 1977년에는 처음으로 매출이 100억 원을 돌파해 105억 9,000만 원을 달성하는 쾌거를 이뤘다. 경상이익도 15억 2,747만 원으로 경상이익률 14.4퍼센트를 기록했다. 1978년에는 매출액 155억 6,000만 원과 경상이익 19억 6,000만 원을 달성했고 1979년에는 매출액이 200억 원을 돌파한 212억 원, 경상이익 25억 7,000만 원을 달성하는 경이로운 성장을 거듭했다.

1978년 1억 원 이상 생산한 거대 품목은 활명수와 까스활명수, 알파활명수를 포함해 10개에 이르렀다.

1970년대 들어 동화는 영업 측면에서 놀라운 성장을 거듭하는 가

1977 · 1978년 동화의 1억 원 이상 생산 품목 (단위: 천 원, %)

발매 연도	제품명	1978년 생산액	1977년 생산액	증감률
1968	알프스디	4,548,782	2,228,490	104.2
1967	까스활명수	2,947,926	3,110,271	▽5.3
1972	판콜에이내복액	2,147,998	1,373,060	56.4
1897	활명수	1,322,360	1,290,016	2.4
1976	홈키파모기향	665,279	306,080	117.3
1976	홈키파에어졸	656,597	221,006	197.1
1968	알파활명수	440,832	266,142	65.6
1975	하이덜진	425,911	159,359	167.3
1976	파목신	385,326	274,601	40.3
1975	맥페란내복액	312,254	156,072	100.0

출처: 동화약품 100년사

운데 다가오는 1980년대를 대비하기 위해 공장과 생산시설 확충에도 꾸준히 투자해나갔다. 그 결과 안양 공장의 병 제품 자동 생산시설을 3기 증설해 일산 40만 병 처리 능력으로 증가시켰다. 또한 합성 제2공장 증설, 항생제와 원료 합성 시설의 확충과 함께 GMP 공장 건설을 위해 평택에 약 6만 6,000제곱미터의 부지를 확보해 정지 작업을 완료했다.

한 시대를 앞서 가는 PM 제도 도입

1980년에는 영업 조직을 영업본부제로 확대 개편해 전무급을 본부장으로 보임했다. 아울러 판촉 기능의 강화를 위해 판촉부를 설치하고 5개 부문에 PM(Product Manager) 제도를 도입했다.

PM은 제품관리 업무를 담당하면서 주요 제품의 마케팅 업무를 총괄하는 보직이다. 즉 전략 제품의 시장정보, 소비자 조사, 유통경로 조사, 경쟁제품의 시장동향 조사, 판촉 상황 등에 관해 기획, 조사, 마케팅 수립, 예산 편성과 진행 전반에 걸쳐 담당하는 직위다. PM 제도는 당시로서는 대단히 선구적인 시도였다.

1981년에는 주요 제품의 영업에 목표관리제를 도입했다. 이 제도는 포인트 시스템을 통해 영업사원의 판매와 수금 현황 등을 평가해 영업사원과 거래선의 관리를 효율적으로 할 수 있는 앞서 가는 제도였다. 목표관리 품목은 주제품과 정책품, 역매품으로 구분해 20여

영업조직 기구표

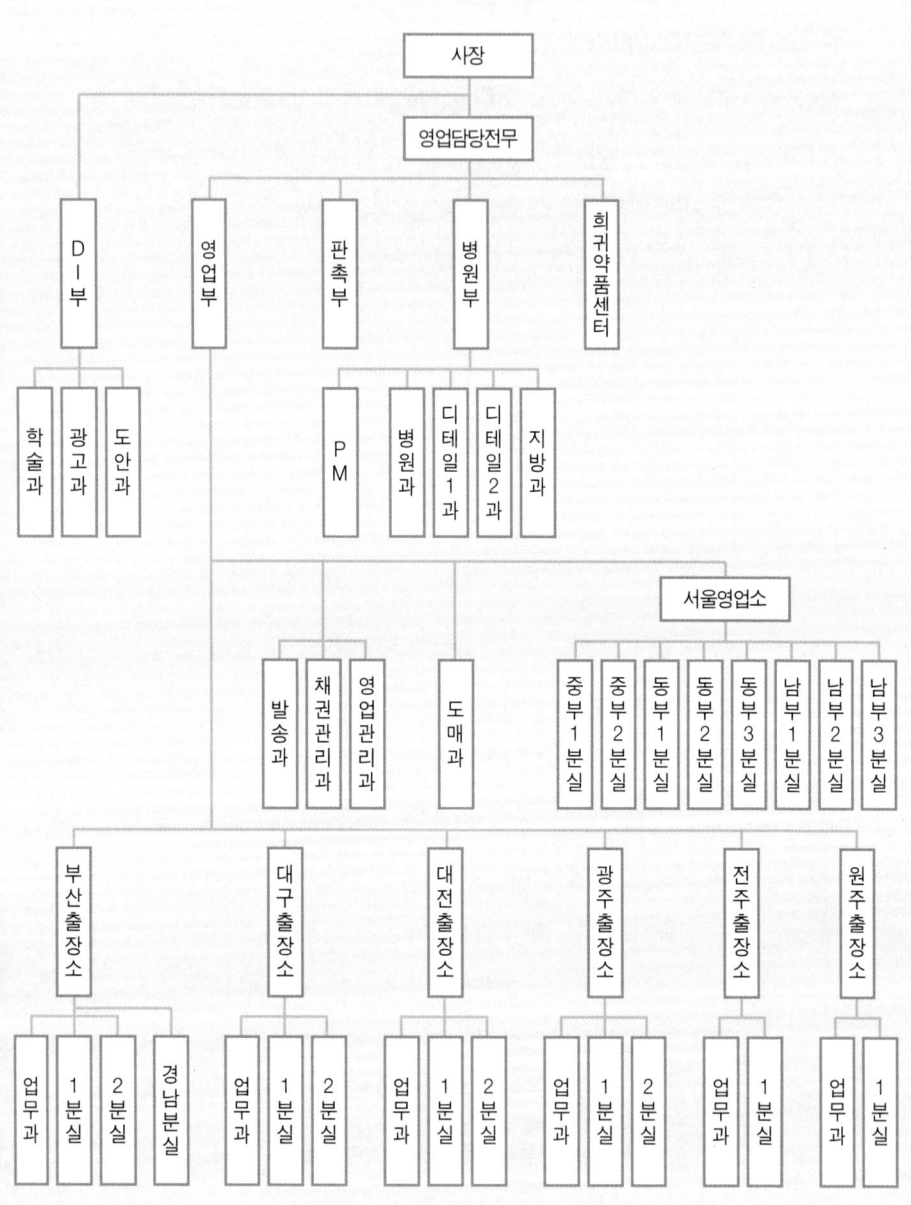

출처: 동화약품 100년사

당시의 목표관리 품목

구분	품목
주제품	활명수 60ml, 활명수 450ml, 까스활명수, 알파활명수, 알스프디, 맥페란내복액, 판콜에이내복액, 판콜시럽
정책품	하이덜진정, 싸릴정, 라이텍, 파목신캅셀, 맥펠정, 홈키파
역매품	타베질정, 베레갈정, 유프린정, 파미트, 비이멕스정, 디암피신, 동화세파졸린주, 피아이씨정

출처: 동화약품 100년사

품목이 선정됐다.

　이 무렵 동화는 활명수의 해외 진출을 시도해 1977년 처음으로 미국에 3,500병을 수출하게 된다. 그 이후 물량을 조금씩 늘려나가 1981년에는 미국으로 20만 병을 수출했고, 그 후 본격적으로 활명수와 까스활명수의 해외 진출을 시도했다. 수출 품목과 수출국은 매년 늘어나 1980년대 중반에는 활명수를 포함해 다양한 약품을 일본과 미국, 서독, 스위스 등 30여 개국에 수출했다.

　이처럼 수출이 급성장을 거듭하면서 동화는 1979년 수출유공업체로 선정돼 보사부장관상을 받은 것을 시작으로 1980년에는 특허품 개발과 수출유공업체로 상공부장관상, 1982년에는 기술혁신과 수출유공업체로 보사부장관상, 1983년에는 수출유공업체로 상공부장관상을 연이어 받게 된다.

1977년 처음으로 미국에 활명수 3,500병을 수출한 후 1981년에는 20만 병을 수출했으며, 그 뒤 수출 품목과 수출국이 매년 늘어나 1980년대 중반에는 활명수를 포함해 다양한 약품을 일본, 미국, 서독, 스위스 등 30여 개국에 수출했다.

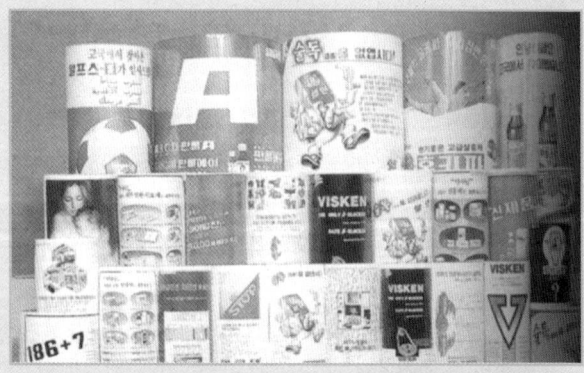

히트 제품의 창출에 주력한 결과 활명수 제품군뿐 아니라 헬민, 오스칼, 후시딘, 홈매트, 락테올, 활원 등이 거대 품목으로 성장했다.

생산 실적 100억 원 달성의 쾌거를 이룬 활명수

주식 상장과 전문경영인 체제의 도입 등을 통해 현대적 기업의 면모를 갖추고 꾸준한 경영혁신 활동으로 성장의 기틀을 다진 동화는 1980년대에도 고도성장을 이뤄나간다. 활명수는 1980년대에도 변함없이 성장의 견인차 역할을 했다. 1982년의 제약업계 전체 주요 품목별 생산 실적을 보면 100억 원 이상을 올린 품목이 2개, 100억 원 미만 50억 원 이상의 실적을 올린 품목이 11개, 50억 원 미만 30억 원 이상의 실적을 올린 품목이 17개, 30억 원 미만 10억 원 이상이 185개 품목으로 집계돼 10억 원 이상의 거대 품목은 총 215개 품목으로 나타났다.

이때 동화는 제약업계 전체의 10대 거대 품목 리스트에 알프스디와 까스활명수 2개 제품을 진입시킬 정도로 활발한 영업 활동을 펼쳤다.

한편 우리나라의 제약산업 역시 1982년 처음으로 생산 실적 1조 원을 넘어섰고, 1984년에는 1조 5,000억 원에 이르는 등 빠른 속도로 성장가도를 달렸다. 1984년에는 10억 원 이상의 거대 품목이 1982년의 215개 품목보다 19개 늘어난 234개 품목으로 집계됐다.

1984년은 전년도부터 실시된 정부의 안정 위주 성장 정책이 지속됨에 따라 제약업계도 안정 성장 추세로 출발하게 됐다. 동화도 1984년을 '기업의 내실을 다지는 해'로 경영 목표를 정하고 기업 이윤의 극대화와 관리 체제 확립에 중점을 두기로 했다. 영업 측면에서도 수금·판매 목표의 달성과 불량채권 회수에 역점을 두었다.

안정 성장과 내실 강화에 기조를 둔 영업 정책을 위해 사원들의 정신 재무장과 시장가격 유지에도 역점을 두었다. 특히 영업사원들에게는 주인의식과 원가의식, 책임의식을 고취시켰다. 신제품 발매에서는 소화성 궤양 치료제 '글라이드정', 진해거담제 '크린코프시럽', 멸균 소독제 '스테리하이드액', 말초신경 장애 치료제 '엠코발 캡슐·주사', 장기이식 거부 반응 억제제 '산디문 내복액·주사' 등 7종을 선보였다.

수출은 세계 20여 개국에 원료 의약품과 완제 의약품 280만 달러의 실적을 올렸다. 총매출액은 412억 원, 경상이익은 31억 9,000만

1982년 완제 의약품 상위 10위 품목 생산 실적

브랜드	회사명	생산 실적(만 원)
박카스디	동아제약	520억 500
원비디	일양약품	185억 8,400
알프스디	동화약품	68억 4,300
사리돈정	종근당	67억 1,100
까스활명수	동화약품	61억 7,100
판피린에스내복액	동아제약	59억 2,600
광동쌍화탕	광동제약	57억 8,900
알부민	녹십자	55억 1,900
우루사연질캡슐	대웅제약	54억 8,400
영진구론산바몬드	영진약품	54억 7,700

출처: 한국 약업 100년

원이었다. 까스활명수는 1984년에는 드링크류의 강세에 밀려 상위 10대 품목에서 밀려났으나, 알프스디는 10대 품목의 위상을 지켰다.

1985년 우리나라 제약업계는 정부의 수입 개방 정책과 자본 자유화로 말미암은 외국 기업의 신규 진출과 치열한 경쟁으로 판매 부진과 수익성 저하 등 지난해의 어려운 문제를 그대로 안고 출발했다. 동화는 이런 환경의 어려움을 극복하고자 1985년을 '제2도약의 해'로 정했다. 이에 따라 영업 정책도 영업사원의 성실한 방문과 품목별 목표관리 등을 통해 내실을 다지기로 했다.

제약업계 전반이 표준소매가 제도에 따른 약가 동결, 엔화와 유럽

1984년 완제 의약품 상위 10위 품목 생산 실적

브랜드	회사명	생산 실적(만 원)
박카스디	동아제약	660억 3,800
헤파박스비	녹십자	429억 2,900
원비디	일양약품	247억 7,800
우루사연질캡슐	대웅제약	123억
겔포스	보령제약	111억 500
일화삼정톤	일화	94억 4,600
알프스디	동화약품	91억 5,900
구론산바몬드	영진약품	84억 600
사리돈	종근당	83억 3,100
알부민	녹십자	69억 8,700

출처: 제약 50년사

통화의 절상에 따른 원료 약품 가격의 인상 등으로 원가상승 압박을 받았다. 그뿐 아니라 인허가 조건의 완화로 유사 경쟁품의 범람과 유통시장의 경쟁이 더욱 심화돼 매출과 수익 면에서 부진한 한 해였다. 1986년을 '자기혁신을 통한 생산성 향상의 해'로 정한 동화는 회전 둔화 현상을 타개하고자 무리한 판촉을 지양하면서 부실 거래선을 대폭 정리해나갔다.

이런 노력에 힘입어 1980년대 중반 잠시 10대 상위 품목 리스트에서 벗어나 있던 까스활명수는 1980년대 후반에 다시 그 고지를 탈환한다. 1987년 생산 실적 104억 원을 달성해 처음으로 100억 원 이상의 초거대 품목 반열에 오른 까스활명수는 1988년 132억 원, 1989년

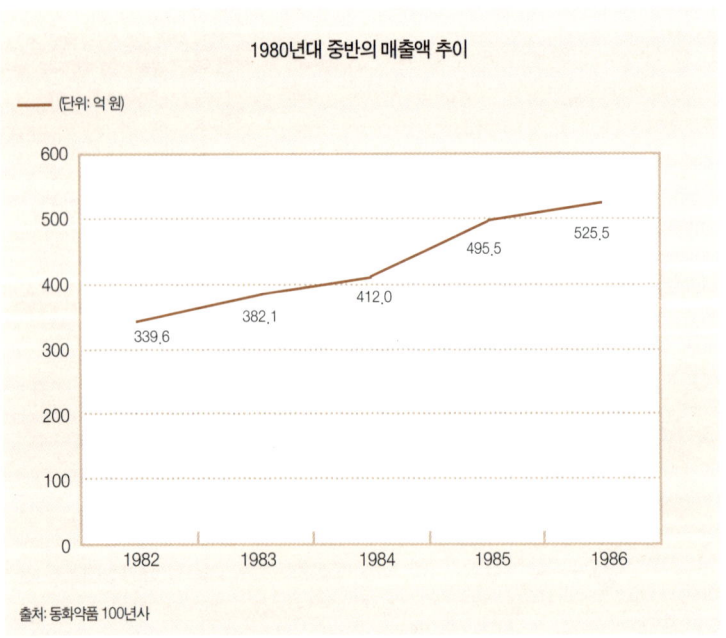

1980년대 중반의 매출액 추이

1987년 완제 의약품 상위 10위 품목 생산 실적

순위	브랜드	회사명	생산 실적(억 원)
1	박카스디	동아제약	797
2	원비디	일양약품	295
3	우루사연질캡슐	대웅제약	199
4	겔포스	보령제약	162
5	우황청심원	조선무약	149
6	삼정톤	일화	145
7	광동탕	광동제약	121
8	구론산바몬드	영진약품	117
9	까스활명수	동화약품	104
10	솔감탕	조선무약	86

출처: 제약 50년사

1988년 완제 의약품 상위 10위 품목 생산 실적

순위	브랜드	회사명	생산 실적(억 원)
1	박카스디	동아제약	844
2	원비디	일양약품	336
3	우루사연질캡슐	대웅제약	205
4	우황청심원	조선무약	190
5	삼정톤	일화	182
6	겔포스	보령제약	166
7	솔감탕	조선무약	161
8	광동탕	광동제약	151
9	구론산바몬드	영진약품	143
10	까스활명수	동화약품	132

출처: 제약 50년사

1989년 완제 의약품 상위 10위 품목 생산 실적

순위	브랜드	회사명	생산 실적(억 원)
1	박카스디	동아제약	822
2	원비디	일양약품	395
3	삼정톤	일화	229
4	우루사연질캡슐	대웅제약	211
5	우황청심원	조선무약	202
6	아로나민골드정	일동제약	200
7	구론산바몬드	영진약품	162
8	까스활명수	동화약품	158
9	겔포스	보령제약	157
10	솔감탕	조선무약	147

출처: 제약 50년사

158억 원의 실적을 기록하며 고속성장의 행진을 이어나간다.

적극적인 광고로 소비자를 잡아라

1973년 30억 원에 불과하던 총매출액이 1977년에는 100억 원, 1979년에는 200억 원을 돌파할 정도로 동화는 눈부신 성장을 했다. 매출액이 늘어남에 따라 광고비도 급격하게 증가했다. 그 무렵의 연도별 매출액과 광고비는 다음과 같다.

동화의 연도별 매출액과 광고비 (단위: 천 원)

연도	총매출액	광고비	매출액비(%)	수출액	신제품 발매
1973	3,034,828	383,186	12.63	-	11
1974	4,151,008	459,797	11.08	-	12
1975	6,060,905	413,072	6.82	44,846	18
1976	8,484,211	533,765	6.29	151,087	14
1977	10,587,534	593,862	5.61	226,010	11
1978	15,563,552	980,601	6.30	240,863	12
1979	21,199,207	1,247,458	5.88	475,444	18
1980	21,957,491	1,049,111	4.78	932,608	5
1981	26,964,280	1,613,460	5.98	1,242,702	4

출처: 동화약품 100년사

1937년 이래 동화의 광고 활동은 선전부가 관장해왔다. 그러다 1973년 선전실로 명칭을 변경했으며, 1970년대 후반부터 전문지 광고의 중요성이 부각되자 1977년에 DI(Drug Information)부를 사장 직속으로 신설하고 학술과와 광고과, 도안과를 관장하게 했다. 그러다 1981년 2월에는 마케팅 기능을 활성화하기 위해 DI부와 판촉부를 통합해 마케팅부를 신설했다. 신설된 마케팅부는 영업본부장 휘하에서 PM과 학술과, 광고과, 도안과를 관장하게 했다.

광고물 제작은 종합 광고대행사를 이용했다. 당시 동화가 주로 이용한 광고대행사는 MBC 방송 계열사인 연합광고와 합동통신의 합동광고 등이었다. 그 무렵 방송된 주요 광고 문안은 다음과 같다.

활명수

여NA: 예부터 우리는 자연의 조화 속에서 건강을 조절하는 슬기를 익혀왔습니다.

남NA: 자연 속의 순수생약을 과학적으로 배합해 제조되는 부채표 활명수는 오늘날 더욱 현대인의 애호를 받고 있습니다.

남NA: 동화약품 활명수.

(1974년 9월, TV 광고)

알파활명수

남: 과음 과식 속이 막혔을 때 알파활명수.

노래: 알파 알파활명수

여: 깨끗하고 산뜻한 P.P캡.

남: 부채표 동화약품의 알파활명수.

노래: 알파 알파활명수

(1973년 3월, TV 광고)

알파활명수

노래: 알파 알파 알파활명수

    위장기능 촉진에는 알파 알파활명수

    급체에도 알파 알파 알파

    주체에도 알파 알파 알파

    부채표 동화약품

알파 알파 알파활명수

남: 알파활명수는 여러분의 사랑을 받아오던 활명수에다 비타민 B6
　　와 지오구도산을 보강한 새로운 활명수입니다.

여: 식욕 증진에 알파활명수.

남: 술 마신 뒤, 체했을 때 알파활명수.

노래: 부채표 동화약품

　　알파 알파 알파활명수

(1973년 3월, 라디오 광고)

기업 PR

이 땅에 최초의 신약을 내놓은 겨레의 기업 동화약품!

동화약품은 80년을 한결같이 국민 건강의 집념을 실현해왔습니다.

한 알의 약, 한 앰플의 주사제에도 온갖 정성을 다하는 동화약품에서는 전통의 활명수로부터 FDA가 승인한 하이딜진에 이르는 100여 종의 우수 의약품을 생산·공급하고 있습니다.

이제 동화약품은 보다 우수한 의약품 개발을 통해 한 사람의 생명도 약이 없어 스러지게 할 수 없다는 엄숙한 사명의 발걸음을 더욱 재촉할 것입니다.

감사합니다.

부채표 동화약품.

(1976년 5월, 라디오 광고)

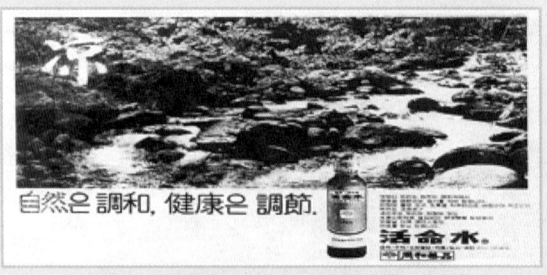

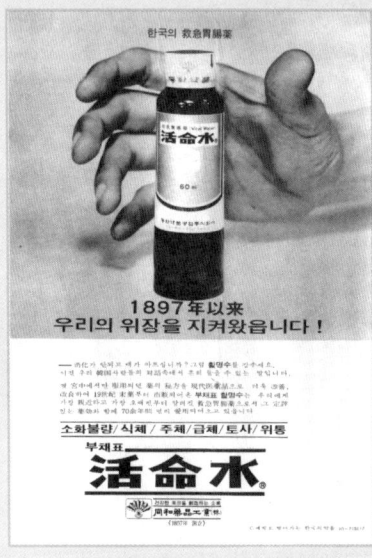

활명수 외에도 1969년부터는 알프스디와 알까활명수,
1970년부터는 판콜에이 광고를 시작하다가 1973년부터는 환절기에 판콜에이,
하절기에 알프스디를 주로 광고하고 필요할 때마다 활명수와 그 밖의 신제품을 추가 운용했다.
사진은 1970년대의 활명수, 알프스디, 판콜에이 광고와 기업광고.

활명수의 전통성을 광고에 담아라

1970년대에 들어서면서 국내 광고는 비로소 다양한 업종의 광고주 등장과 서구적 마케팅 기법의 도입에 힘입어 과학적이고 전문적인 광고로 발전하게 된다. 다양한 산업의 광고가 등장함에 따라 의약품 광고는 상대적으로 비중이 감소했지만 그것은 국내 경제의 비약적인 발전에 따른 자연스러운 현상이기도 했다.

그동안 제약산업은 매출액 대비 광고비의 비중이 커서 1970년대 초반까지는 국내 전체 광고비에서 차지하는 비중이 모든 업종 가운데 가장 높았다. 그러나 그 이후에는 식음료업종 등에 1위 자리를 내주기 시작했다. 1974년 현재 우리나라의 전체 광고비 243억 4,000만 원 가운데 의약품 광고는 56억 7,400만 원으로 23.3퍼센트를 차지했다. 그 이후에도 제약산업이 지출하는 광고 예산은 해마다 늘어났지만 다른 산업의 눈부신 발전과 함께 늘어나는 광고비 증가 속도에는 미치지 못해 전체에서 차지하는 비중은 점점 줄어들었다.

제약산업의 광고비는 1975년 100억 원으로 전체의 18퍼센트, 1976년 87억 원으로 14.3퍼센트, 1977년 99억 원으로 13.1퍼센트, 1978년 149억 원으로 10.7퍼센트, 1979년 185억 원으로 10.4퍼센트, 1980년에는 244억 원으로 10.3퍼센트를 기록하는 등 전체 광고비에서 차지하는 비중이 점점 낮아졌다. 제약회사의 매출액 대비 광고 예산도 전체 산업 가운데 여전히 가장 높았지만, 1974년의 8.5퍼센트에서 1975년 7.0퍼센트, 1976년 6.7퍼센트, 1977년 5.5퍼센트

1970년대 초와 말의 20대 광고 제품과 생산액 (단위: 백만 원, %)

	1970년				1978년		
품명	광고비	생산액	비율	품명	광고비	생산액	비율
치옥탄	71	319	22.3	바이팍스	416	840	49.5
박카스디	67	2,210	3.0	노나비타	402	493	50.7
아로나민	61	228	26.8	판콜에이	280	2,308	12.1
알프스디	59	355	16.6	나이킨	250	434	57.6
베스타제	59	200	29.5	라이텍	216	421	51.3
훼스탈	53	499	10.6	베스타제	208	1,240	16.8
아리나에이	52	113	46.0	복합아루사루민	205	677	30.3
사리돈	52	184	28.3	아스마	204	706	28.9
캄비손	48	502	9.6	우루사	201	2,307	8.7
바랄긴	38	244	15.6	나이후랑	196	271	69.8
프로헤파룸	34	253	13.4	하이본	188	385	48.8
니베몬500	28	303	9.2	하이비날	188	1,116	46.8
비나폴로	27	183	14.8	낙센	183	1,048	17.5
판피린	27	468	5.8	투벤	179	613	29.2
디판토	25	143	17.5	세레스톤	178	613	29.0
노바킹	24	248	9.7	활명수	178	1,710	10.4
삐콤	18	124	14.5	바랄긴	169	1,101	15.3
비타엠	14	197	7.1	겔포스	168	452	37.2
토코라민	12	83	14.5	디판토	166	1,217	13.6
비타홈	7	114	6.1	훼스탈	164	2,168	7.8
소계	776	6,970	11.1	소계	4,339	20,120	21.5

출처: 한국 약업 100년

등으로 매년 감소일로를 보였다.

한편 의약품 광고에 대한 정부와 공공기관의 광고 규제는 날로 강화됐다. 1965년 처음으로 약사법 63조에 따라 광고에 관한 규제가 명시된 이래 국가검정의약품의 단계적 확대로 1972년엔 결핵치료제, 나병치료제, 암치료제, 주사제, 자율신경안정제, 호르몬제(외용제는 제외), 기타 보사부 장관이 지정하는 품목 또는 제제 등 여섯 가지 약품에 대한 대중광고가 규제됐다. 1973년에는 보사부령 제416조에 따라 의약품과 화장품 광고의 CM송 사용, 그리고 1974년엔 피부연고제에 대한 모델 사용과 연호 사용이 전면 금지됐다. 또한 1976년에는 거대 광고 품목인 이른바 드링크 제품의 광고가 자숙 차원에서 중단되기도 했다.

활명수는 이 무렵에도 20대 거대 광고 품목에 꼽힐 정도로 활발한 광고 활동을 전개했다. 활명수 외에도 동화는 알프스디와 판콜에이 등에 많은 광고 예산을 집행했다.

1973년 이후 매출이 급격하게 신장하면서 늘어나기 시작한 동화의 광고 예산은 1980년대 들어서도 지속적으로 증가했다. 1981년에는 총매출액 270억 원에 광고비는 16억 원으로 매출액의 6퍼센트를 차지했다. 그러나 고도성장을 지속한 1986년에는 총매출액 526억 원에 광고비 55억 원을 집행해 그 비율이 10.6퍼센트로 급증했고, 1990년에는 매출액 884억 원에 광고비 106억 원으로 무려 12퍼센트를 기록하기도 했다.

이처럼 광고비가 급격하게 늘어난 것은 당시의 공격적인 영업 정책을 광고로 적극 지원한 결과였다. 당시 동화의 영업 정책은 '영업의 활성화', '경쟁력 강화', '질적 향상', '체질개선', '히트 제품의 창출' 등으로 집약된다. 특히 히트 제품의 창출에 주력한 결과 까스활명수를 비롯한 헬민, 오스칼, 후시딘, 홈매트, 락테올, 활원 등이 거대 품목으로 성장했다. 까스활명수가 성장하는 과정에서 광고 판촉의 공로는 지대했다.

1980년 말에 역사적인 텔레비전의 컬러 방송이 시작되자 TV 광고도 일시에 컬러로 바뀌었다. 바야흐로 '컬러 시대'가 열린 것이다. 그리고 광고 스타일도 바뀌기 시작했다. 이런 변화에 부응하기 위해

동화의 연도별 매출액과 광고비 (단위: 천 원)

연도	총매출액	광고비	매출액비(%)	수출액	신제품 발매
1982	7,111,918	313,296	4.41	469,452	-
1982	33,961,200	2,441,992	7.19	1,212,064	10
1983	38,210,038	3,343,119	8.75	1,943,862	2
1984	41,201,131	4,020,278	9.76	2,275,464	7
1985	49,556,895	5,645,989	11.39	1,811,259	8
1986	52,550,532	5,544,864	10.55	1,928,096	7
1987	54,377,616	5,487,865	10.09	2,594,462	11
1988	60,154,250	6,921,704	11.51	2,399,885	10
1989	70,172,426	7,436,892	10.60	2,828,772	8
1990	88,382,123	10,575,698	11.97	3,821,703	6

*1982년 2월 결산기 변경에 따라 제53기는 1982년 1월부터 3월까지로 결산기를 마감했음.
출처: 동화약품 100년사

서는 조직도 변화가 필요했다.

1984년 12월에는 홍보실이 마케팅부에서 독립해 영업본부 휘하에 설치됐다. 이는 종래의 광고 판촉 업무 외에 기업 홍보에도 비중을 두겠다는 의지 표명이었다. 이후 1989년 12월에는 1990년대의 국제화·개방화 시대에 대비하기 위해 사장 직할의 경영관리실을 확대 개편했다. 개편된 경영관리실은 종전부터 관장하던 관리팀 외에 전산부와 실에서 부로 바뀐 홍보부까지 관장하게 했다. 홍보부에는 광고과와 제작과를 두어 홍보·광고 활동과 광고물 제작을 분담하게 했다.

그러나 1990년 10월에는 개방 시대를 대비하고 보다 신속한 영업부문 지원을 위해 홍보부 소속이던 광고과를 마케팅부 소속으로 이전했다. 따라서 마케팅부는 기획과와 판촉1과, 판촉3과, 광고과, 소비자보호과로 편성됐다. 컬러 시대를 맞이해 동화는 까스활명수의 광고에 탤런트 장용을 기용해 '시원하다, 속이 편하다' 등 과거에 해오던 막연한 소구를 지양하고 '신경성 소화불량'에 특효임을 강조하는 광고를 방영했다.

1985년에는 당시 인기 있던 야구감독 김동엽을 기용한 광고를 방영했고, 1986년에는 TV 드라마 〈은빛여울〉의 주역이었던 톱 탤런트 이순재를 등장시켜 활명수의 전통을 부각시키는 광고로 소비자의 눈길을 끌었다. 그리고 1987년부터는 생약 성분의 소화제 시장 활성화에 따라 까스활명수의 11가지 생약 성분을 강조하는 광고를 집중적으로 방영했다. 당시의 광고 내용은 다음과 같다.

1989 · 1990년 20대 제약업체별 의약품 생산 실적(단위: 천 원, %)

순위	업체명	생산 실적		증감률
		1990년	1989년	
1	동아제약	212,258,592	203,876,276	4.1
2	동화약품	120,880,676	106,243,922	13.8
3	영진약품	116,556,792	92,824,681	25.6
4	종근당	114,223,371	99,862,381	14.1
5	일양약품	106,663,907	85,440,071	24.8
6	유한양행	105,198,091	84,785,748	24.2
7	일동제약	95,865,987	81,813,405	17.2
8	대웅제약	92,671,770	72,909,260	27.1
9	녹십자	88,471,523	76,891,133	15.1
10	중외제약	82,999,618	69,492,385	19.4
11	보령제약	82,904,467	69,072,217	20.0
12	조선무약	70,951,753	53,422,454	32.8
13	광동제약	66,301,242	40,691,210	62.9
14	제일약품	64,178,882	61,749,362	3.9
15	한독약품	62,942,269	49,597,815	26.9
16	한일약품	59,659,087	52,757,555	13.1
17	동신제약	55,545,493	46,096,416	20.5
18	신풍제약	49,480,335	38,548,218	28.4
19	삼진제약	46,390,007	33,904,044	36.8
20	제일제당	46,349,814	36,572,267	26.7

출처: 한국 약업 100년

1980년 말부터 컬러 TV 방송이 시작되자 동화의 광고 스타일도 달라졌다.
당시 인기 있던 탤런트 이순재와 야구감독 김동엽, 개그맨 최양락 부부 등을 모델로 기용해
소비자의 눈길을 끌었다. 사진은 탤런트 장용과 야구감독 김동엽을 기용한
활명수 TV 광고와 탤런트 한인수를 기용한 헬민 신문광고(1984년).

까스활명수

남: 속이 더부룩 답답하네.

여: 응, 여보! 여보! 까스가 든 활명수 아시죠.

남: 까스, 활명수, 합해서 까스활명수, 속이 시원하겠네.

음향: 팍!

멘트: 11가지 생약 성분의 까스활명수.

여: 어때요, 시원하시죠?

음향: 팍 팍! 더부룩 답답할 땐 까스, 활명수.

남: 합해서, 까스활명수 속이 시원합니다.

멘트: 90년 전통 동화약품의 부채표 까스활명수.

(1987년 4월, TV 광고)

이 광고에는 개그맨 서세원 부부를 등장시켰고, 1989년에는 역시 개그맨인 최양락 부부를 기용한 제작물 등을 방영했다. 이런 노력이 결실을 맺어 동화는 1984년 생산 실적 641억 원으로 업계 5위에 머물렀으나 1989년에는 1,006억 원을 달성해 1위인 동아제약에 이어 당당히 업계 2위에 오른다. 1990년에도 그 여세를 몰아 생산 실적 1,200억 원으로 2위를 유지했다. 참으로 자랑스러운 실적이 아닐 수 없었다.

······· **활명수** 경영 레슨 7 ·······

1. 종업원과 공유할 수 있는 비전을 제시하라.

요즘은 대부분의 기업이 비전을 갖고 있다. 그러나 많은 경우 기업의 비전이라는 것이 최고경영자의 일방적인 희망 사항일 때가 많다. 그런 비전은 종업원들과 공감대를 형성하지 못할 뿐 아니라 오히려 부담으로 느껴지며 겉돌게 마련이다.

그러나 동화는 선대 윤창식 사장의 "좋은 약이 아니면 만들지 마라. 동화는 동화 식구 전체의 것이요, 또 이 겨레의 것이니 온 식구가 정성을 다해서 다 같이 잘살 수 있는 기업으로 이끌어라."라는 경영철학을 토대로 종업원들이 공감하고 공유하는 동화정신을 만들고 기본 경영방침을 정해 그들의 마음을 얻을 수 있었다.

2. 박애경영의 실천으로 사회에 공헌하라.

동화는 희귀약품센터를 개설해 약이 없어 치료받지 못하는 희귀병 환자들의 복지 개선을 위해 앞장섰다. 이는 창업 초창기부터 동화의 전통으로 자리잡은 인간사랑 경영의 실천이 아닐 수 없다. 이러한 선구적인 사회공헌 활동은 동화의 의도와 관계없이 좋은 기업 이미지 형성에 큰 도움이 됐으며, 나아가서 활명수 등 대표 제품의 브랜드 자산가치 제고에도 기여했다.

3. 기술 축적을 통해 제품 개발의 기반을 닦아라.

제품은 기업의 구성 요소 중에서 가장 중요한 것이라고 할 수 있다. 기업의 시발점이 되기 때문이다. 특히 제약산업에서 신제품 개발 능력은 기업의 사활과 직접적인 관련이 있다. 신제품 개발은 기술의 축적이 있을 때 비로소 가능해진다. 윤광열 사장은 취임하자마자 어려운 여건에서도 중앙연구소를 출범시켜 연구개발의 터전을 마련하고 장기적인 발전을 위한 기틀을 닦았다.

4. 끊임없는 조직구조의 혁신으로 영업을 쇄신하라.

동화는 회사의 성장 과정에서 적절한 시기에 담당임원제 실시나 영업본부제 도입, 마케팅부 설립, PM 제도 시행 등을 통해 과감하게 조직에 활기를 불어넣었다. 이는 기업 매출 규모의 확대에 따른 조직 정비의 의미도 있지만 영업 조직을 자극하고 쇄신해 새로운 도전을 가능하게 하는 분위기 조성에도 기여한다는 점에서 바람직한 경영전략이다.

5. 끊임없는 교육을 통해 인재를 육성하고 자긍심을 제고하라.

동화는 일찍부터 사원 교육에 관심을 보여 신입사원과 영업사원 교육에 특히 많은 투자를 해왔다. 교육 내용은 업무와 관련된 지식도 있지만, 상당 부분은 그들의 기본 자질과 동화 가족이라는 자긍심을 갖게 하는 데 초점을 맞췄다. 이런 교육을 받은 종업원들은 훗날 회사의 중추적인 인물로 성장했으며 생산성 향상에도 크게 이바지했다.

6. 전문경영인 선임으로 종업원의 의욕을 고취하라.

동화는 윤창식 사장 시절부터 경영 실무에 대한 실질적 권한이 있는 지배인 제도의 실시를 통해 전문경영인 제도를 도입한 셈이다. 그러던 것이 윤광열 사장 대에 와서 전문경영인 사장 선임으로까지 발전한 것이다. 이런 혁신은 오너와 전문경영인의 역할 분담을 통해 경영 효율성을 꾀할 수 있는 장점은 물론 종업원들에게도 최고경영자직에 오를 수 있다는 가능성을 제시해 사기를 진작하는 효과가 있다.

7. 종업원과 함께 윈윈하는 경영을 하라.

종업원지주제의 도입과 전 사원 월급제의 실시 등 동화는 항상 회사의 이익을 종업원들과 공유하는 방안을 모색하고 과감하게 실천해왔다. 이런 제도의 도입은 종업원들에게 회사에 애정을 느끼도록 하고 업무에 더욱 충실하게 해 쌍방이 과실을 얻는 결과를 가져왔다.

8. 적극적인 광고로 제품을 육성하라.

광고에 관한 한 동화는 보수적인 회사 분위기와 달리 항상 적극적으로 투자해나갔다. 광고 관련 조직을 끊임없이 개편하며 새로운 광고 방향과 제작물을 시도하고 광고 예산도 꾸준히 늘려나갔다. 이렇듯 과감한 투자는 활명수의 제품 수명을 늘리고 거대 품목으로 키우는 데 크게 기여했다.

8장 변화를 예견하는 자의 위기는 기회다

변화는 위기를 초래하기도 하지만 새로운 기회를 가져다주기도 한다. 변화를 예견하고 대비책을 마련하고 있을 때 비로소 위기는 기회가 되는 법이다. 최고경영자는 단기 업적에만 집착할 것이 아니라 항상 트렌드를 읽고 장기적인 대책을 수립해야 한다.

活命水

1989년에 이어 1990년에도 생산 실적으로 제약업계 2위를 차지한 동화는 그 기세를 1990년대 초반 내내 이어간다. 동화는 1991년 총매출액 1,026억 원을 달성해 사상 처음으로 매출이 1,000억 원대에 진입하는 쾌거를 이뤘다. 1994년에는 1,284억 원을 달성해 창사 이래 처음으로 월평균 매출액이 100억 원을 돌파하는 기록도 세웠다. 이는 1978년에 총매출액 156억 원을 달성, 월평균 매출액 10억

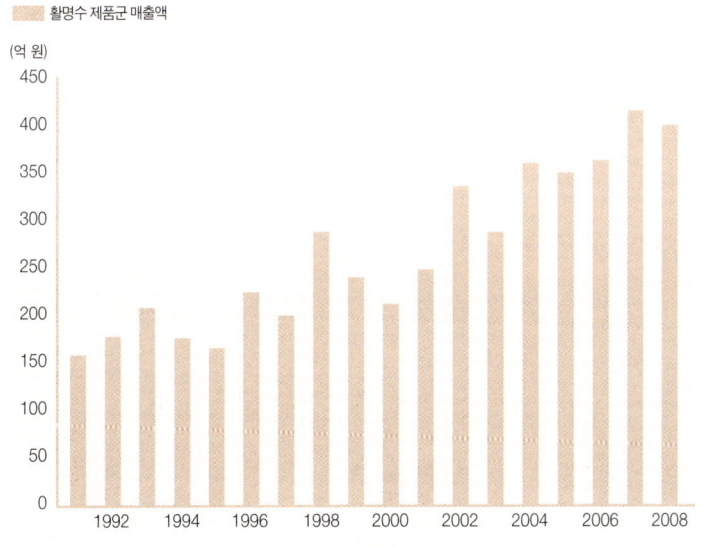

1990·2000년대에도 성장세를 이어가는 활명수 매출액

원을 돌파한 지 15년 만에 10배의 신장을 이룩한 것이다. 1963년의 총매출액 1억 4,000만 원, 월평균 매출액 1,000만 원과 비교한다면 30년 만에 1,000배의 신장을 이룩한 것이다. 이처럼 1990년대 들어 총매출액이 1,000억 원대에 진입하고 총생산 품목 수도 130여 개에 이를 정도로 성장에 성장을 거듭해 동화는 명실공히 제약업계의 선두 그룹으로 발돋움했다.

그 성장 과정에서도 활명수의 기여는 지대했다. 활명수는 동화의 대표 제품으로서 창업 초기부터 해온 성장의 견인차 역할을 제품 연령 100년을 바라보는 1990년대에도 충실히 해냈던 것이다.

영업사원 1인당 매출액 1위의 뒷심, 주인의식

이처럼 탁월한 실적은 영업사원들의 헌신적인 영업 활동에 힘입은 바 컸다. 1991년 4월 약업신문사에서 조사한 주요 제약회사 영업사원의 1990년 단위 매출 실적은 평균 2억 4,000만 원으로 나타났는데, 동화는 무려 4억 2,000만 원으로 가장 높았다. 그다음이 동아제약의 3억 5,000만 원, 종근당과 녹십자가 각각 3억 원, 유한양행 2억 8,000만 원 순으로 나타났다.

당연한 결과지만 실적이 좋은 회사일수록 영업력이 강한 것으로 나타났는데, 특히 동화의 단위 매출액 4억 2,000만 원은 제약업계 평균의 1.8배에 달하는 놀라운 실적이었다. 이런 결과는 동화의 업무

영업사원 연간 1인당 매출 현황 (단위: 억 원)

회사명	영업사원 수	1990년 매출액	1인당 매출액
동화약품	213	884	4.2
동아제약	520	1,812	3.5
종근당	320	963	3.0
녹십자	292	870	3.0
유한양행	330	932	2.8
대웅제약	285	745	2.6
중외제약	250	595	2.4
보령제약	242	513	2.1
현대약품	176	324	1.8
한일약품	229	212	1.8

출처: 약업신문

체계화와 조직의 활성화, 이익의 극대화를 전제로 한 사고의 전환, 우수 인력의 확보와 인재 양성, 물류 체계의 효율화에 기인한 것이었다. 하지만 영업사원들의 주인의식도 큰 역할을 했다.

규제 많은 제약 분야에서는 영업력이 최선의 정책

제약산업은 다른 산업에 비해 정부의 규제가 많아 1980년대부터 이미 표준소매가제도의 변경, 광고 규제 강화, 병원 부문의 공정거래

규약, 사은판촉 규제 등 제반 규제가 강화돼왔다. 이러한 여건 속에서 지속적인 발전을 해나가려면 시장경쟁력을 발휘할 수 있는 영업력을 키우는 것이 최선의 정책이었다. 동화는 영업에서 '경쟁우위 확보로 영업 목표 달성'을 기본 운영 목표로 삼아왔다. 이를 달성하기 위해 우선 중점을 둔 것은 고객만족의 영업 활동이었다. 즉 거래선 하나하나에 정성을 다해 서비스를 제공하고 인간적 유대관계를 강화하며, 정확하고 다양한 정보 공급을 통해 거래선에 대한 경영 지도를 강화하는 등 여러 측면에서 영업 능력을 배양해나갔다.

두번째로는 소비자 지향적인 영업 활동에 역점을 두었다. 즉 제품을 일방적으로 밀어내는 방식의 영업이 아닌, 소비자가 원하는 제품을 만들어내는 마케팅으로 변모해나갔다. 또한 거래선에서 이미 보유하고 있는 동화의 제품도 책임진다는 자세로 영업 활동을 수행해나갔다.

세번째로는 환경 변화에 적응하기 위해서 부문별로 영업 목표를 관리했다. 즉 약국, 도매, 병의원 부문 외에 의료사업이나 식품사업 등에도 진출해 위험을 분산하고 부문별 균형 성장을 추구해나갔다. 네번째로는 영업사원들이 어떤 어려움도 극복해나갈 수 있는 자질을 양성하는 데 역점을 두었다. 영업본부에서도 영업사원들의 자질 향상을 위한 일선 책임자들의 노력을 적극 뒷받침하도록 했다. 이런 노력의 결과 동화는 1990년대 들어 국내 제약회사 중 100대 거대 품목을 가장 많이 보유한 회사로 성장했다.

이들 품목 중 약효군별 대표 품목은 까스활명수-큐 외에 후시딘연

1989·1990년 100대 거대 품목 생산 실적 (단위: 천 원, %)

순위	제품명	업체명	1990년	1989년	증감률
1	박카스디	동아제약	73,707,289	82,268,843	▽10.4
2	원비디	일양약품	48,329,519	39,591,228	22.1
3	솔표우황청심원	조선무약	29,302,859	20,290,281	44.4
4	일화삼정톤	일화	26,431,168	22,991,574	14.7
5	아로나민골드정	일동제약	26,213,637	20,021,400	30.9
6	우루사연질캡슐	대웅제약	25,333,972	21,173,782	19.6
7	구론산바몬드	영진약품	24,219,318	16,240,233	49.1
8	광동탕	광동제약	22,706,292	14,121,639	60.8
9	헤파박스디	녹십자	22,032,124	19,715,124	11.8
10	겔포스	보령제약	19,204,462	15,746,844	22.0
11	솔감탕	조선무약	18,499,998	14,760,240	25.3
12	까스활명수	동화약품	17,760,516	15,855,653	12.0
26	헬민200mg	동화약품	9,426,918	7,267,512	29.7
31	알프스디	동화약품	8,368,624	10,119,481	▽17.3
42	홈키파에어졸	동화약품	6,950,311	10,158,798	▽31.5
56	후시딘연고	동화약품	5,725,696	3,793,787	50.9
92	셀렉시드주	동화약품	4,184,268	2,991,736	39.8

출처: 한국 약업 100년

고, 셀렉시드주 등이었다. 1994년 동화의 생산 실적은 1,758억 원으로 업계 총생산 실적 5조 324억 원의 3.3퍼센트에 불과했으나, 100

대 거대 품목 리스트에 무려 10개 제품을 진입시키는 업적을 달성하기도 했다. 생산점유율에 비해 거대 품목 보유 비율이 월등히 높다는 사실로도 당시 동화의 뛰어난 영업력을 짐작할 수 있다.

1991년 동화는 총 매출 목표 1,000억 원 돌파를 달성하기 위한 계획의 일환으로 까스활명수를 보강한 까스활명수-큐와 자양강장제 알프스큐 등 4종의 신제품을 출시했다. 1991년 건위 소화제 시장의 전체 규모는 235품목에 총생산액 1,337억 원이었다.

그 무렵 까스활명수의 생산 실적은 1987년 104억 원, 1989년에는 159억 원, 1990년에는 178억 원이었다. 이는 전체 액제 소화제 시장의 30퍼센트를 약간 상회하는 점유율이었다. 이런 점유율은 과거에 비하면 상당히 낮아진 것으로 그 원인은 액제 소화제 시장에 종전의 주력 제품이던 200원대 제품 외에 300원대와 500원대 고가 제품들이 출시돼 시장에 커다란 변화를 가져왔기 때문이다.

이에 동화에서도 까스활명수의 경쟁력을 유지하고 시장 변화에 대응하기 위해 300원대 제품으로 발매한 것이 까스활명수-큐였다. 까스활명수-큐는 계피, 정향, 건강, 육두구, 초두구, 창출 등 11종의 생약을 주성분으로 한 기존 활명수 처방에 탄산가스를 주입한 것이었다. 까스활명수-큐는 11가지 성분 모두 독특한 소화 작용을 갖고 있어 강력한 효과를 발휘했고, 생약이 함유돼 소화불량은 물론 복통이나 복명(배에서 소리가 나는 증상), 딸꾹질에도 탁월한 효과를 나타냈다.

이런 제품 효능상의 장점 외에도 경쟁사에 비해 상대적으로 강한 영업력, 소비자의 탄산 제제에 대한 높은 선호도, 부채표에 대한 높은 신뢰도 등에 힘입어 출시 연도인 1991년의 생산 실적이 181억 원에 달할 정도로 시장 안착에 성공했다. 1990~1993년의 액제 소화제 주요 제품의 생산 실적은 다음과 같다.

액제 소화제 생산 실적(단위: 백만 원, 75ml/천 병)

제품명	구분	1990년	1991년	1992년	1993년
까스활명수 큐	수량	119,599	111,413	102,822	107,173
	금액	17,760	18,122	24,163	25,185
까스명수	수량	31,235	38,353	33,999	28,881
	금액	4,154	4,832	5,113	3,639
위청수	수량	53,325	42,825	43,603	43,082
	금액	7,623	6,120	9,150	8,734

출처: 동화약품 100년사

좋은 제품에 걸맞은 따뜻한 광고 콘셉트

1994년에 본격 운용된 까스활명수-큐 광고는 '좋은 제품은 오래 사랑받는다.'라는 내용을 주제로 해 제작됐다. 자동차 경주로 젊음을 발산하면서도 박물관에서 진지하게 전통 도자기를 탐구하고 탈춤의 춤사위를 배우는 신세대를 표현한 제작물은 감각적이고 가볍기만 한 것 같은 신세대가 전통을 지키고 계승하는 측면도 있음을 보여주었다. 이를 표현하기 위해 기존 광고에서는 중·장년층 모델을 주로

까스활명수-큐의 TV 광고 장면.

출연시켜왔던 것과 달리 신세대들에게 폭발적인 인기를 얻고 있는 젊은 탤런트 이정재를 모델로 기용해 전통과 신뢰를 바탕으로 하면서도 제품의 소비 대상을 젊은 층에까지 확대하는 효과를 얻었다.

이어 1995년에 운용된 '마음의 정' 편은 서강대 연극동아리 학생들이 노인정을 찾아가 노인들을 모시고 즐겁게 하루를 보내는 모습을 그린 작품으로 휴머니즘에 소구한 것이었다. 특히 이 광고는 전문 모델이 아닌 서강대 연극동아리 학생들과 평범한 노인들을 출연시켜 실제 상황 같은 내용을 자연스럽게 표현했다.

1996년에 운용된 광고에는 중견 탤런트 김무생을 모델로 해 100년 전통의 까스활명수-큐가 오랫동안 소화는 물론 마음속 체증까지 시원하게 뚫어왔음을 강조했다.

까스활명수-큐

김무생: 오랜 세월 소화는 물론 마음속 체증까지 시원하게 뚫어준 까스활명수.

NA: 11가지 생약 성분 까스활명수-큐.

김무생: 100년을 이어가는

여학생: 우리 소화제예요.

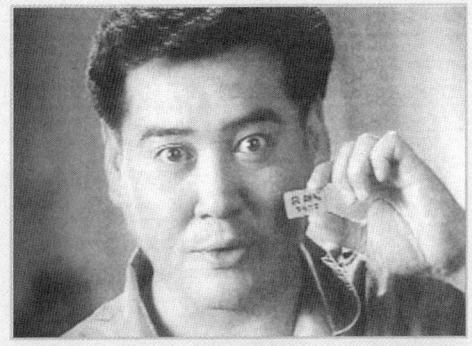

1990년대에 이뤄진 제품 광고. 친근감 있는 모델을 기용해 기존의 소비자 인지도를 확고히 해나가면서 제품력 면에서 타사 제품과 차별화를 이뤄내는 데 중점을 두었다.

NA: 동화약품.

(1996년 12월, TV 광고 15초)

한편 까스활명수-큐 광고의 모델로 출연한 이정재는 자신이 받은 모델료의 일부를 기부했는데, 1994년 11월 27일 경기도 옹진군 자월면 승봉도의 승봉 보건진료소에서 직접 약품 전달식을 가져 호평을 받기도 했다. 평소 광고 모델로서 광고 내용에 대한 사회적 책임을 느껴왔다는 이 씨가 까스활명수-큐 TV 광고의 새로운 모델로 기용되면서 무의촌 지역에 약품을 기탁할 의사를 내비쳤고, 그런 뜻을 고

1991년 동화의 5억 원 이상 광고 품목 4대 매체별 광고비 현황 (단위: 천 원, %)

구분		오스칼	락테올	헬민200	까스활명수	위쿨	우황청심원
TV	광고비	705,067	292,637	630,797	730,916	598,276	0
	활동률	36.6	28.1	83.0	99.0	91.0	0
라디오	광고비	70,048	42,039	128,830	7,273	58,603	147,283
	활동률	3.6	4.0	17.0	1.0	9.0	23.6
신문	광고비	1,135,572	706,164	0	0	0	476,099
	활동률	58.9	67.8	0	0	0	76.4
잡지	광고비	14,000	570	0	0	0	0
	활동률	0.9	0.1	0	0	0	0
합계	광고비	1,924,687	1,041,410	759,627	738,189	656,879	623,382
	활동률	100	100	100	100	100	100

출처: 동화약품 100년사

맡게 여긴 동화와 까스활명수-큐의 광고대행사인 삼희기획 측에서 행사 전반을 지원해 이뤄진 미담이었다. 1990년대에도 동화는 까스활명수-큐에 대한 광고 투자를 꾸준히 해나갔다.

30년간 성장세를 이어온 활명수 수출

동화는 1977년 활명수를 처음으로 미국에 수출한 이래 꾸준히 수출을 계속해나갔다. 동화의 연도별 전체 수출 실적을 살펴보면 1982년은 228만 달러, 1983년 243만 달러, 1984년 279만 달러, 1985년 209만 달러, 1986년 221만 달러, 1987년 329만 달러, 1988년 343만 달러, 1989년 413만 달러, 1990년 521만 달러, 1991년 498만 달러, 1992년 514만 달러 등 점진적으로 성장하고 있었다.

동화의 전체 수출 실적 추이 (단위: 천 달러)

구분	1993년	1994년	1995년	1996년	1997년(1-3월)
수출 실적	5,486	6,529	7,738	8,940	2,158

출처: 동화약품 100년사

활명수의 수출은 다른 제품에 비해 큰 규모는 아니지만 그런대로 성장세를 유지하고 있었다. 미국 시장의 수출은 현지 에이전트인 P&K 트레이딩사를 통해 이뤄졌는데 1977년 이래 활명수와 까스활명수의 수출 실적은 다음과 같다.

활명수 · 까스활명수 수출 실적 (단위: 병, 달러)

연도	제품명	수량	금액	수출국명	비고
1977	활명수	3,500	490	미국	
	소계	3,500	490		
1981	활명수	200,000	28,000	미국	
	소계	200,000	28,000		
1983	활명수	250,000	33,400	미국	
	소계	250,000	33,400		
1984	활명수	100,000	13,200	미국	
	까스활명수	93,200	9,275	미국	
	소계	193,200	22,475		
1985	활명수	257,200	27,147	미국	
	까스활명수	123,000	12,281	미국	
	소계	380,200	39,428		
1986	활명수	150,000	16,485	미국	
	까스활명수	60,000	5,996	미국	
	소계	210,000	22,481		
1990	활명수	132,000	21,120	미국	
	까스활명수	115,200	16,128	미국	
	소계	247,200	37,248		
1991	활명수	196,800	31,488	미국	
	까스활명수	242,400	33,936	미국	
	소계	439,200	65,424		

연도	품목	수량	금액	국가	비고
1992	활명수	182,400	29,184	미국	
	까스활명수	98,400	14,496	미국·덴마크	덴마크 12,000병
	소계	280,800	43,680		
1993	활명수	336,000	53,760	미국	
	까스활명수-큐	330,000	65,640	미국	
	소계	666,000	119,400		
1994	활명수	144,000	23,040	미국	
	까스활명수-큐	60,000	8,400	미국	
	소계	204,000	31,440		
1995	활명수	162,000	25,920	미국	
	까스활명수-큐	261,600	36,624	미국	
	소계	423,600	62,544		
1996	활명수	166,800	26,688	미국	
	까스활명수-큐	160,080	22,411	미국	
	소계	326,880	49,099		

출처: 동화약품 100년사

11년의 노력으로 맺은 결실, KGMP

원래 GMP(Good Manufacturing Practice, 우수 의약품 제조 및 품질관리 기준)는 품질이 보증된 우수 의약품을 제조하기 위해 제조 장소의 설비를 비롯해 원료 구입에서 보관, 제조, 포장, 출하에 이르기까지의 전 공정에 걸친 제조와 품질관리에 관한 조직적이고 체계적인 규정을 뜻한다.

GMP는 1961년 미국제약공업협회에서 제정한 것이 효시다. 세계보건기구(WHO)가 1969년부터 GMP 제도의 실시를 권고하는 등 현재 전세계적으로 의약품 생산에 필요한 기본 규정으로 통용되고 있다. 말하자면 의약품을 제조, 판매하는 제약회사가 지켜야 할 규범이라고 할 수 있다.

GMP는 각 나라마다 고유의 명칭을 붙이는데 우리나라는 K를 붙여 KGMP(Korea Good Manufacturing Practice), 미국은 최신의 것이라는 의미를 가진 Current를 붙여 CGMP, 유럽은 EU-GMP라고 한다. 우리나라는 1974년 KGMP연구위원회를 설치하고 1977년 3월에 우수의약품제조관리기준(KGMP)을 제정, 보사부 예규 제373호로 공포했다. 이어 1978년 7월에 시행지침을 발표하고 제조업소 자율로 실시하도록 권장했다.

이에 따라 동화도 KGMP 실시 적격 업소로 지정받기 위해 1983년 5월 GMP동(제제2동, 품질관리동) 신축을 시작해 1985년 11월에 준공했다. 동화는 당시 기술제휴 관계를 맺고 있던 산도스사의 도움으로 세계적인 수준의 GMP 설계를 할 수 있었다. 1987년 3월 동화는 일부 품목에 대해 보건사회부 장관에게 KGMP 실시 적격 업소 증명서를 발급받았고 그 뒤 계속 노력해 1994년 7월에는 전 제형에 대한 KGMP 실시 적격 업소로 판정받아 증명서를 발급받게 된다. 11년간의 노력이 맺은 결실이었다.

KGMP 적격 지정 업소

적격 업소 지정순	업체명
1	동아제약
2	유한양행
3	부광약품
4	한국얼존
5	한국화이자
6	한국알피쉐러
7	대웅릴리
8	한미약품
9	유경메디카
10	보령제약
11	한국얀센
12	대웅제약
13	종근당
14	삼일제약
15	유한사이나미드
16	일양약품
17	유유산업
18	쉐링프라우
19	삼진제약
20	한국베링거
21	신풍제약
22	동화약품
23	한국롱프랑
24	녹십자
25	건풍제약
26	현대약품
27	한독약품
28	중외제약
29	한국썰시바
30	한국로슈

출처: 제약 50년사

제약산업 최우량 기업으로 우뚝 서다

1991년 처음으로 매출액 1,000억 원을 돌파한 이후 동화는 승승장구하며 성장가도를 달려나간다. 성장 과정에서 경사도 많이 생겼다. 동화는 1993년 6월 한국능률협회(KMA)에서 '한국경영대상 최우수 기업상'을 받았다. 한국경영대상은 우리나라 기업의 경영합리화와 국제화를 촉진하고자 1978년에 제정된 상이다. 이 상은 상장기업을 대상으로 경영관리 측면에서의 효율성, 경영합리화 달성 수준, 교육훈련, 연구개발 등 기업의 미래 경영 역량과 독창적인 기업문화의 창달 등을 기준으로 심사한다.

동화는 1993년의 수상에 이어 1994년에도 한국능률협회에서 제약산업 최우량 기업으로 선정되는 영광을 안았다. 한국능률협회는 국내 상장기업 564개사의 1993년 경영 실적을 수익성, 안전성, 성장성, 규모 및 활동성 등 4개 부문으로 나눠서 평가한 결과 동화가 총점 72.31을 기록해 제약회사 중 가장 높은 점수를 받았다고 밝혔다.

신제품 개발이 기업의 미래다

동화는 1994년 7월 '염산 암브록솔'을 자체 개발한 공로로 장영실상을 받았다. 장영실상은 한국산업기술진흥협회와 매일경제신문사가 공동으로 주관하고 과학기술부가 후원해 1991년부터 시행되던 상이다. 상의 제정 목적은 우리 기업과 기술연구소에서 개발한 우수 신기술 제품을 선정해 포상함으로써 기술개발자의 사기를 높이고, 수상 제품과 기업에 대한 언론 홍보를 통해 초기 시장 진출 기반 조성을 돕는 데 있다.

동화약품이 국내 최초이자 독일, 이탈리아에 이어 세계에서 세번째로 개발에 성공한 '염산 암브록솔'은 제품 개발의 기초 과정부터 다단계 합성 공정에 이르기까지 전 과정을 자체 기술로 개발한 것으로 국내 제약 기술의 자립화와 세계화에 상당히 공헌한 것으로 평가받았다. 이 개발 과정은 이미 1991년에 특허등록을 마쳤다. 이 제품은 이후 수출은 물론 수입 대체 효과를 통해 동화는 물론 제약업계 전반에도 기여했다.

정직과 성실의 대가, '약의 상' 수상

1995년 3월에는 윤광열 회장이 약업신문사에서 '약의 상(藥의 賞)'을 받았다.

'약의 상'은 제약, 약학, 유통, 공직, 약국 부문 등 5개 부문에 걸쳐 제약업계를 빛낸 이들에게 시상되는데 윤광열 회장은 제약 부문에서 수상한 것이다. 약업신문은 윤 회장이 근 50년 동안 동화와 더불어 좋은 약 만들기에 전념해왔으며 정직과 성실을 바탕으로 원리원칙에 입각한 기업 경영을 실천해온 것이 수상의 배경이라고 설명했다. 윤 회장은 부상으로 받은 상금 146만 원 전액을 불우이웃돕기 성금으로 보건사회부에 기탁했다.

동화의 역사가 깃든 훈장 수훈

경사는 계속됐다. 윤광열 회장은 1995년 4월 7일 제23회 보건의 날에 정부에서 46년간 제약산업 발전과 국민 보건 향상을 위해 헌신한 공로로 국민훈장 모란장을 수훈했다.

또한 같은 해 5월에는 덴마크 정부에서 덴마크와의 기술 협력, 교역 증진 및 우호 증진에 기여한 공로로 헨릭공(덴마크 여왕 부군) 명예훈장과 덴마크기업연합회 상패를 수훈했다. 1982년 제정된 헨릭공 명예훈장과 덴마크기업연합회 상패는 덴마크 왕실과 덴마크 외무성, 덴마크기업연합회가 덴마크와 교역이 활발한 해외 기업인 중에서 상호 우호 증진과 교역 증진에 공로가 뛰어난 인물을 선정해서 수여하는 명예로운 상이다. 우리나라 사람으로는 윤광열 회장이 처음으로 이 훈장을 수훈했다.

동화는 1976년 덴마크 최대 제약회사인 레오사와 기술제휴를 맺은 이래 상처치료제 '후시딘', 건선치료제 '다이보넥스', 그람음성균 감염치료제 '셀렉시드' 등의 우수 의약품과 최첨단 의약 정보와 선진 기술의 도입을 통해 우수한 제약 기술을 습득해왔고, 교역 증진으로 상호 우호관계를 넓혀왔다.

뜻깊은 결실, 서울 연통부 기념비 준공

일제 강점기에서 오랫동안 독립운동을 지원해온 동화의 노력이 정부의 공식 인정을 받아 1995년 8월 15일 순화동 본사 부지에 서울 연통부 기념비가 준공됐다. 서울 연통부는 상해 임시정부의 서울 거점으로 임정(臨政) 활동을 서울 시민에게 알리고 국내 정보 수집과 독립운동 자금을 조달하는 창구 역할을 하던 기관이었다.

서울 연통부의 책임자는 동화의 초대 사장인 민강 선생으로, 자신이 경영하던 동화약방 내에 연통부 사무실을 설치했다. 연통부 활동은 그동안 구전으로 세간에 전해 내려왔으나 정부의 인정을 받지 못하다가 뒤늦게나마 인정받은 것이다.

1995년 광복 50주년을 맞아 서울시가 동화약품 사옥 앞에 세운 연통부 기념비.

서울 연통부 기념비는 남산과 북한산 등에 둘러싸인 서울을 상징적으로 표현했고, 조형물 윗부분은 나무 모양으로 삼라만상과 일제 강점기 때 우리 선조가 겪은 역경 등을 함축적으로 표현했다.

다음은 비석에 새겨진 글의 전문이다.

대한민국 임시정부 서울 연통부 터

이곳은 서울 시청과 비슷한 대한민국 임시정부 직할의 서울 연통부가 자리잡고 있었던 터다. 1919년 3·1 운동 직후인 4월 13일 중국 상해에 수립 선포된 대한민국 임시정부는 잃어버린 나라를 되찾기 위한 정책의 하나로 연통부와 교통국을 은밀히 조직해 국내외를 오가며 활약했다.

그중 서울 연통부는 일제와 싸우면서 임정이 수립돼 활동하고 있음을 국민에게 알리고 나라 안의 각종 정보와 군자금을 임정에 보고 전달했다. 그러나 1922년경 서울 연통부의 활동은 일제에 의해서 저지됨으로써 주춤해졌다.

이곳은 원래 조선조 숙종대왕비 인현황후가 탄생한 곳으로 1897년에 설립된 민족 기업인 동화약방이 들어섰다가 1962년에는 동화약품공업주식회사로 상호가 바뀌어 오늘에 이른다.

서울 연통부의 행정 책임자는 동화약방 설립자의 아들인 민강이었는데, 독립운동 중 그가 일경에 체포되면서 연통부의 기능이 약화됐다.

1995년 8월 15일

좋은 제품은 오래 사랑받는다

한국기네스협회는 1996년 6월 18일 동화약품과 활명수를 국내에서 가장 오래된 제약회사와 상품명으로 인정해 공식 인증서를 동화에 전달했다. 인증은 상기 2개 부문 외에 동화와 동화의 상표인 부채표를 국내 최고(最古)의 제조회사와 국내 최초의 등록상표로 인정하는 등 4개 부문에 걸쳐 이뤄졌다.

이로써 동화는 1897년 9월 25일 국내 최초의 제약회사로 설립된 이래 같은 장소(서울특별시 중구 순화동 5번지)에서 동화라는 같은 상호로 활명수를 99년간 생산해온 사실을 세계적인 공인기관에서 객관적으로 인정받은 것이다. 부채표는 1910년 8월 15일 특허국에 등록(등록번호 제514호)됐으며 활명수는 1910년 12월 16일 특허국에 등록(등록번호 제43896호)된 바 있다.

활명수가 국내 최장수 의약품으로 인정받는 등 동화와 활명수가 4개 부문에서 한국기네스북에 올랐다. 사진은 한국기네스협회에서 받은 공식 인증서.

세대를 이어 동화의 정신을 계승하다

1996년 4월 1일, 제10대 사장으로 황규언 사장이 취임했다. 전문경영인으로서는 제9대 이우용 사장에 이어 두번째로 배출된 최고경영자였다. 황규언 사장은 취임사를 통해 제5대 보당 윤창식 사장의 동화정신을 계승, 발전해나가겠다는 포부를 밝히면서 정도경영과 창의력 발휘, 자율적인 업무 처리의 3개항으로 구성된 실천 지침을 밝혔다.

또한 황규언 사장은 수익 위주의 경영을 위해 가능한 부문부터 구조조정을 해나가자고 역설했다. 동화는 1996년에 매출 1,438억 원을 달성해 사상 최고의 매출을 기록했고, 그런 결과는 99년째 성장가도를 달리는 활명수의 활약에 힘입은 바 컸다.

업계의 변화를 읽어야 진화한다

1990년대는 제약업계에 도전과 변화가 대단히 많았던 기간이었다. 우선 큰 변화로는 재벌 기업들의 제약업 진출 시도를 들 수 있다. 1980년대 중반 이후 재벌 그룹들은 한동안 투자 대비 예상이익이 적다는 이유로 제약업 진출에 다소 부정적이었으나 1990년대 들어와서 재진출을 시도하기 시작했다.

1993년 들어 제약산업 진출이 그룹 이미지 제고에 도움이 된다는 판단 아래 삼성, LG, 진로, 코오롱 그룹 등 대기업의 진출이 가속화됐다. 이들 그룹은 모기업의 주력 사업인 정밀화학공업의 부산물로 생산 가능한 원료 약품을 완제 의약품으로 연결하는 전략으로 제약산업 진출을 모색했다.

광고 측면에서도 큰 변화가 찾아왔다. 1993년 3월 1일부터 의약품 드링크제에 대한 대중광고가 허용됐다. 1976년부터 전면 규제됐던 의약품 드링크제의 대중광고가 17년 만에 부활한 것이다. 1990년대 들어 의약품 드링크 시장은 2,500억 원 규모에서 성장의 한계를 맞고 있었으나 대중광고가 허용되면서 다시 활기를 띠기 시작했다. 각 제약회사는 자금 회전이 비교적 빠른 드링크제를 경영 부진의 돌파구로 활용했다. 이들은 광고 활동을 강화해 매출 신장을 꾀했다.

그러나 1994년 들어 방송위원회는 심장약(분류번호 211·219), 위장약(232·234), 간장약(391·392·236 중 시리마린 함유제), 신장약(259) 등의 약품군에 대한 방송광고를 전면 금지했다. 이를 위해 방송위원회는 방송심의규정 중 광고 부문에 대한 정비안(제103호 6항 3호)을 마련함으로써 제약업계의 광고 활동에 타격을 주었다.

다국적 제약기업의 융단폭격

1994년부터는 외자기업의 재진출이 본격적으로 시작됐다. 1989년 7월 의약품 유통업이 개방된 이후 선진국 다국적 제약기업들의 국내 시장 진출은 애보트를 시발로 1993년에는 마리온메렐다우, 아스트라, 유씨비, 룻셀, 스티펠, 브리스톨 마이어스 스퀴브, ICI 등이 진출했다. 1994년에는 MSD, 파마시아, 야마노우찌, 1995년에는 나이코메드, 오가논 등이 잇따라 기존 국내 파트너와 기술제휴 관계를 청산하고 독자적인 진출을 시도하기 시작했다.

한편 국내 의약품 생산이 세계 10위권으로 진입한 가운데 1995년

1994·1995년 완제 의약품 20대 제약기업 생산 실적 (단위: 천 원, %)

순위	제약회사	1995년	1994년	증감률
1	동아제약	255,073,813	219,610,468	16.15
2	동화약품	168,596,485	164,684,962	2.38
3	녹십자	153,144,939	148,019,547	3.46
4	유한양행	152,905,516	127,796,885	19.65
5	종근당	152,118,600	142,601,939	6.67
6	대웅제약	151,406,243	138,748,173	9.12
7	영진약품	149,809,803	138,435,235	8.22
8	중외제약	147,189,263	132,974,591	10.69
9	일동제약	134,367,759	114,993,530	16.85
10	일양약품	132,363,640	131,675,938	0.52
11	조선무약	120,230,847	111,981,977	7.37
12	광동제약	117,823,313	90,265,951	30.53
13	한일약품	116,620,146	96,983,686	20.25
14	제일약품	116,191,928	90,722,215	28.07
15	제일제당	106,308,814	78,190,306	35.96
16	한국안센	104,717,409	93,644,661	11.82
17	한미약품	99,493,678	79,231,080	25.57
18	한독약품	95,427,716	124,987,993	▽23.65
19	보령제약	94,278,679	94,739,640	▽0.49
20	신풍제약	85,380,541	68,342,241	24.93

출처: 한국 약업 100년

의약품 총생산 실적은 6조 5,600억 원으로 전년 대비 15.1퍼센트 증가했다. 순수 의약품은 6조 568억 원으로 전체의 92.3퍼센트를 차지했다. 이는 1991년의 4조 2,396억 원에 비해 54.7퍼센트 증가한 규모였다. 의약품 부문에서 생산 활동이 가장 활기를 띤 분야는 원료약품의 3,821억 원으로 전년 대비 22퍼센트의 증가율을 기록했다. 완제 의약품의 생산 규모는 5조 6,380억 원으로 1994년 4조 9,079억 원에 비해 14.9퍼센트의 증가율을 보이면서 전체 의약품 생산 실적의 93퍼센트를 차지했다.

한편 제조 품목 수는 1993년 1만 4,236개, 1994년 1만 3,946개, 1995년에는 1만 3,990개로 신제품 개발이 다소 부진했음을 알 수 있다. 이 밖에도 의약부외품이 4,385억 원으로 제약기업들의 경영 다각화 활동이 상당히 활발했음을 짐작하게 한다. 동화는 1994년과 1995년에도 생산 실적 기준으로 업계 2위를 기록했으나 성장률은 둔화되는 모습을 보였다.

경기 침체와 맞물린 일반 의약품 성장률 하락

제약산업 전체로는 1990~1991년에 두 자리 숫자의 성장률을 이어갔으나 1992~1993년에는 한 자리 숫자로 떨어지고 만다. 1994~1996년에는 다시 반등하는 듯했으나 1997년 이후에는 다시 한 자리 숫자의 성장률에 그치고 있다. 이런 성장률은 1980년대 10년간의 의약품 총생산 실적의 연평균 성장률이 18.7퍼센트에 이르렀던 것에 비하면 상대적으로 저성장 국면이라고 하지 않을 수 없다.

1990년대 중반기의 어려움이 계속돼 1996년 하반기부터는 전 업종의 불황으로 성장세가 꺾이는 추세로 돌아섰다. 매출증가율과 당기순이익이 악화됐으며 매출액 대비 순이익률도 3.1퍼센트에 불과했다. 특히 이러한 저성장 추세는 전문 의약품(ETC)보다 일반 의약품(OTC) 부문에서 더욱 심각했다. 1996년의 경우에는 100대 거대 완제 의약품 중 일반 의약품이 60품목, 전문 의약품이 40품목을 차지하지만 20위권 내에는 전문 의약품이 상당수 포진해 있을 뿐 아니라 순위

1990년대 의약품 생산 실적(단위: 천 원, %)

연도	생산총액	증감률
1990	3,606,273,276	20.5
1991	4,239,659,120	17.6
1992	4,639,929,568	9.4
1993	5,062,654,331	9.1
1994	5,701,827,842	12.6
1995	6,560,013,554	15.1
1996	7,379,542,180	12.5
1997	8,045,897,294	9.0
1998	7,833,316,631	▽2.6
1999	8,238,634,690	5.2

출처: 한국 약업 100년

1994·1995년 상위 20대 완제 의약품 생산 실적(단위: 천 원, %)

순위	제품명	분류번호	업소명	1995년	1994년	증감률
1	박카스에프액	329	동아제약	143,975,647	121,081,732	18.91
2	원비에프액	329	일양약품	48,913,650	43,358,338	12.81
3	프레팔시드정5mg	239	한국얀센	37,634,337	30,374,531	23.90
4	광쌍탕에프	114	광동제약	36,253,906	13,888,317	161.04
5	아로나민골드정	316	일동제약	33,905,591	30,745,869	10.28
6	헤팍신-비주사(소아)	631	제일제당	30,736,367	17,119,735	79.54
7	구론산바몬드에스	329	영진약품	27,627,624	18,035,625	53.18
8	스포라녹스캅셀	629	한국얀센	26,802,251	24,655,833	8.71
9	솔표우황청심원	219	조선무약	24,550,660	24,474,063	0.31
10	알부민 20%	634	녹십자	24,382,242	22,899,969	6.47
11	까스활명수-큐액	233	동화약품	24,112,118	25,574,091	▽5.72
12	솔표쌍감탕	114	조선무약	23,955,719	27,854,427	▽14.00
13	삼정톤	329	일화	23,003,770	22,243,263	3.42
14	솔표우황청심원액	219	조선무약	22,657,944	16,028,571	41.36
15	케토톱플라스타	264	태평양제약	22,119,541	4,262,177	418.97
16	겔포스	232	보령제약	20,988,212	18,367,751	14.27
17	제놀카타플라스마	264	상아제약	20,604,241	12,520,020	64.57
18	홈키파에어졸	734	동화약품	18,702,077	12,082,657	54.78
19	에프킬라에스에어졸	734	삼성제약	18,480,048	16,923,903	9.19
20	우루사연질캡슐	392	대웅제약	18,164,830	20,988,102	▽13.45

출처: 한국 약업 100년

도 빠르게 상승하고 있었다.

약효군별 성장률에서도 비타민제(24.7퍼센트)를 제외하고는 알레르기용 약(41.6퍼센트), 화학요법제(22.6퍼센트)와 진단용 약, 조직세포기능용 약, 생물학적 제제 등이 20퍼센트 이상 돋보이는 성장을 기록했다. 반면 제약업 경기를 주도하던 자양강장제는 4.7퍼센트 성장에 그쳐 일반 의약품의 침체를 여실히 드러냈다.

이 같은 '고 ETC, 저 OTC' 현상은 골든아워 시간대의 제약광고 금지 등 각종 광고 활동의 규제 그리고 경기 침체와 경영 악화에 따른 자금난 등으로 1970~1980년대와 같이 광고에 대한 과감한 투자가 어려운 데다 제품의 수명주기가 점점 단축되고 있는 추세도 주요 원인으로 작용했다. 까스활명수-큐는 상황이 그렇게 돌아가는 1995년에도 20대 완제 의약품 생산 실적에서 당당히 11위를 기록했다.

역사적인 창립 100주년과 IMF

1997년 9월 25일 동화는 창립 100주년을 맞이했다. 대한제국 원년인 1897년 9월 25일 우리나라 최초의 신약인 활명수와 함께 출발한 동화약품이 역사적인 창업 100주년을 맞이한 것이다. 동화의 100년 역사는 한국의 근세사이자 기업의 역사라고 할 수 있을 것이다.

동화는 일제 강점기 시대부터 8·15 광복, 6·25 전쟁, 4·19 혁명, 5·16 군사정변 등 우리 사회가 겪어온 모든 사건을 국민과 함께 겪으며 성장해온 것이다. 활명수는 그런 과정에서 소비자의 사랑을 한 몸에 받으며 명실공히 국민 소화제로 커왔다. 세계적으로 하나의 제품이 한 세기가 넘도록 소비자의 사랑을 받아온 예는 손으로 꼽을 정도다. 그 유명한 아스피린도 활명수보다 2년 뒤에 세상에 나왔다.

활명수는 동화약품 발전의 견인차였다. 창업 100주년을 맞이하는 1997년 동화는 생산 실적 1,882억 원을 달성해 업계 7위를 차지했다. 그해의 매출액은 1,412억 원이었으며 까스활명수-큐의 매출액은 226억 원으로 전체 매출액의 16퍼센트를 차지했다. 활명수는 출시된 지 100년이 넘도록 동화의 주력 제품 자리를 굳건히 지키며 효자 역할을 톡톡히 하고 있는 것이다. 그러나 동화가 100주년을 맞이하는 1997년에 접어들면서 한국 경제에는 외환위기의 어두운 그림자가 서서히 드리워지고 있었다.

1997년 9월 25일 창립 100주년을 맞은 동화약품. 동화의 100년 역사는 한국의 근세사이자 기업의 역사라 할 만하다.

혹독한 시련으로 환골탈태하다

제약산업에서 1990년대는 국제화와 개방화 그리고 전 국민 의료보험 시대의 개막 등으로 새로운 경영환경을 맞이한 과도기이자 구조적 전환기라고 할 수 있었다. 전 국민 의료보험제도 실시 이후 일관되게 추진된 정부의 규제 일변도 약가정책은 제약기업들의 재무구조를 취약하게 만들어 경영 여건을 더욱 어렵게 했다. 이런 상황에서 국내 제약산업은 우리 경제가 1997년 11월 국제통화기금(IMF)의 관리 체제에 들어가면서 국가적인 비상사태에 직면함에 따라 엄청난 시련을 겪게 된다.

외환위기로 제약업계는 심각한 자금 압박에 시달렸다. 환율과 제조원가의 급격한 상승, 엄청난 환차손, 회사채 발행의 어려움에 따른 각종 차입금의 지급 능력 부족, 거래 도매상의 연쇄 부도 사태 등으로 정상적인 경영 활동을 하기 어려운 국면이 전개됐다. 당시 환차손으로 생긴 원료 의약품의 수입 추가 부담액만 해도 1,500억 원대로 추정될 정도였다.

급기야는 다른 산업계와 마찬가지로 제약업계에서도 부도 사태가 터지기 시작했다. 특히 단기 운전자금의 융통이 어려워 대다수 제약기업이 자칫하면 연쇄 도산의 위기에 몰릴 수도 있는 극한 상황으로 빠져들고 있었다. 1997년 말 외환위기가 시작된 직후부터 1999년 초까지 부도를 낸 제약회사의 숫자만 18개 업체에 이르렀다. 또 부도 직전 화의신청이나 법정관리 지정으로 위기를 모면한 업체도 다수 있었다. 실로 상상하기 어려운 고통이었다. 그 여파로 외환위기 직후였던 1998년에는 의약품 생산 실적이 총 7조 8,333억 원에 그쳐 1997년의 8조 458억 원에 비해 2.6퍼센트가 감소한 것으로 나타났다. 우리나라 제약산업 역사상 전례가 없는 마이너스 성장이었다.

그러나 혹독한 시련을 겪은 국내 제약기업들은 외형 성장에만 치중하던 종래의 경영 방식에서 탈피해 뼈를 깎는 구조조정으로 차입금 규모를 축소하는 등 내실 위주의 경영으로 전환하기 시작했다. 제약기업들은 이런 노력으로 다른 산업에 비해 비교적 빨리 위기에서 탈출할 수 있었다. 외환위기는 우리 제약업계에 큰 충격을 주었지만 일면 체질을 강화하고 경쟁력을 높이는 계기가 되기도 한 것이다.

개방화가 달갑지 않은 이유

1990년대의 제약업계 경영환경은 이미 1980년대에 시작된 개방화 조치로 과거와는 전혀 다른 환경과 여건에 놓여 있었다. 대표적인 변화가 국제화 조류였다. 의약품시장이 완전히 개방됐으므로 국내에 진출한 다국적 제약기업들과의 경쟁이 가장 힘든 과제였고, 1995년 세계무역기구(WTO) 체제가 출범하면서 본격적으로 바뀌기 시작한 정부의 각종 시책도 제약업계에는 큰 부담으로 작용했다.

우선 의약품시장에서는 전 국민 의료보험 시행으로 치료 의약품 수요가 급격히 늘고 있는데도 국내 제약기업은 개방화에 따른 신제품의 도입 통로가 막혀 고전을 면치 못하고 있었다. 신약 개발의 준비가 미비한 상태에서 물질특허제도와 파이프라인 프로덕트(Pipeline Product, 미시판물질) 보호조치가 단행되는 바람에 우수한 신약이나 신제품 도입에 장벽이 생겼기 때문이다.

반면 신약 개발 능력이 있는 다국적 제약회사들은 거의 국내에

1999 · 2000년 300대 거대 품목 생산 실적 (단위: 천 원, %)

순위	분류번호	제품명	업소명	1999년	2000년	증감률
1	329	박카스에프액	동아제약	171,562,805	188,182,869	9.69
2	631	헤파박스진주사	녹십자	73,498,000	37,839,487	▽48.5
3	219	노바스크정5mg	한국화이자	52,134,316	65,980,780	26.56
4	634	알부민20%	녹십자	42,514,000	47,745,638	12.3
5	239	프레팔시드정5mg (시사프라이드)	한국얀센	39,455,515	12,376,362	▽68.63
6	219	솔표우황청심원 (사향대체물질 함유)	조선무약	36,220,800	6,307,218	▽82.59
7	233	까스활명수-큐액	동화약품	33,685,682	24,313,136	▽27.82
33	114	판콜에스내복액	동화약품	13,973,850	7,192,697	▽48.53
42	611	후시딘연고 (푸시딘산나트륨)	동화약품	12,564,971	10,910,206	▽13.17
187	114	록소닌정 (록소프로펜나트륨)	동화약품	4,851,273	4,314,572	▽11.06
219	618	세프메타존주1g (세프메타졸나트륨)	동화약품	4,154,572	5,470,518	31.67

출처: 한국 약업 100년

100퍼센트 지분으로 진입해 본격적인 마케팅 활동을 시작하고 있었다. 국내에 진출하지 않은 외국 제약회사들도 신제품 도입 대가를 엄청나게 인상해 요구하기 시작했다. 예전 2~3퍼센트 정도였던 로열티를 5~6퍼센트로 올리는 건 예사였고, 심한 경우에는 10퍼센트까지 요구할 정도였다. 심지어는 선수금을 100만 달러 이상 요구하는 경우도 있었다. 우리 제약업계가 1962~2003년 기술 도입의 대가로 외국 회사에 지급한 전체 금액 2억 1,500만 달러 중 63.7퍼센트에 해당하는 1억 3,700만 달러가 1997~2003년에 지급됐다.

이런 현상은 국내 제약업계가 개방화와 외환위기, 의약분업 등으로 신제품 개발이 무엇보다도 시급했던 데다 기술 도입료까지 급격히 높아진 데 기인한 것이다. 이 같은 신제품 개발의 한계 요인은 곧바로 국내 제약회사들의 영업에 부정적 영향을 미쳤다. 1990년대 중반까지도 일반 의약품에 대한 수요가 전문 의약품의 수요 비중보다 높았으나 2000년 의약분업 이후 전문 의약품이 강세를 보이자 새로운 치료 의약품이 없는 제약회사들로서는 다국적 제약기업과 경쟁하기 힘든 상황으로 급변했기 때문이다. 참으로 안타까운 현실이 아닐 수 없었다.

외환위기와 의약분업이 낳은 저성장 시대

1980년대에 시작된 개방화 이후 2000년 7월 의약분업이 시행되기

1998 · 1999년 20대 제약회사 생산 실적(단위: 천 원, %)

순위	업소명	1999년	1998년	증감률
1	동아제약	411,354,246	356,479,827	15.39
2	종근당	244,315,517	243,412,623	0.37
3	유한양행	232,718,402	198,942,252	16.98
4	대웅제약	223,127,013	189,191,542	17.94
5	중외제약	207,594,194	194,659,839	6.64
6	한국얀센	183,637,639	154,800,446	18.63
7	한독약품	165,869,257	166,574,025	▽0.42
8	제일약품	153,152,658	147,425,460	3.88
9	제일제당	139,971,836	136,903,397	2.24
10	일동제약	137,553,401	148,278,273	▽7.23
11	일양약품	136,794,865	148,039,129	▽7.60
12	동화약품	135,251,327	166,614,108	▽18.82
13	영진약품	130,017,569	88,958,918	46.15
14	조선무약	129,289,833	123,244,860	4.90
15	보령제약	118,190,943	88,805,338	33.09
16	신풍제약	114,962,100	105,002,164	9.49
17	한국화이자제약	113,099,307	106,270,359	6.43
18	부광약품	99,448,309	107,106,335	▽7.15
19	한미약품	96,822,873	117,885,025	▽17.87
20	광동제약	82,324,431	122,838,412	▽32.98

출처: 한국 약업 100년

까지 10여 년간 국내 제약업계는 많은 환경 변화를 경험하게 된다. 그 변화는 의약품 사용량의 감소와 고가 처방 경향, 약가 규제, 제약 기업의 R&D 투자 여력 부족으로 말미암은 신제품 개발 부진, 의약품 유통 구조의 취약과 과당경쟁, 외자기업의 약진 등으로 집약할 수 있다.

그중에서도 변화를 가장 크게 겪은 분야는 의약품의 생산 실적이 아닐 수 없다. 외환위기 직전인 1995~2004년 의약품 생산 실적의 변화 추이를 살펴보면 변화의 양상은 극명하게 나타난다. 그 기간 의약품 총생산 실적은 1995년의 6조 5,600억 원에서 2004년에는 10조 4,500억 원으로 증가하는 데 그쳤다. 10년 동안 연평균 5.3퍼센트의 성장밖에 하지 못한 것이다. 이는 1980년대 내내 지속된 두 자릿수의 성장과 비교하면 현저하게 둔화된 수준이다.

이런 침체 현상은 외환위기와 의약분업 실시 이후 우리 제약업계가 본격적인 저성장 시대로 진입하고 있음을 시사한다.

위축된 제약산업, 길 위에서 헤매다

제약업계의 침체로 우리나라 경제에서 제약산업이 차지하는 비중도 줄어들었다. 국내총생산(GDP)에서 차지하는 비중이 1990년에는 2.09퍼센트에 이르렀으나 1996년은 1.65퍼센트로 낮아졌고, 2000년에는 1.36퍼센트로 급락한 후 계속 개선될 기미를 보이지 않고 있다. 제조업 GDP 대비 제약산업의 비중도 1990년의 7.23퍼센트에서 1996년에는 6.87퍼센트로 떨어졌다가 2000년대 들어서는 5.2퍼센트대에 머무르는 등 다른 산업에 비해 상대적으로 위축된 모습을 계속 보여주고 있다.

2000년에 실시된 의약분업 이후 나타난 국내 업체들의 침체는 결국 전문 치료제 분야의 부족한 제품력이 결정적인 영향을 미친 결과라고 해도 과언이 아닐 것이다. 특히 개방화 시책에 따라 보험약가에서도 수입 의약품을 인정해준 것은 다국적 제약기업들의 경영 여건 개선에 큰 기여를 했다.

국내산업 대비 제약산업 비중

연도	제조업 GDP 대비	GDP 대비	제약산업 기여율
1995	5.92	1.74	1.20
1996	6.87	1.65	1.15
1997	6.97	1.64	1.56
1998	6.53	1.62	3.02
1999	6.20	1.56	0.89
2000	5.22	1.36	▽0.71
2001	5.58	1.36	1.33
2002	5.68	1.34	1.17
2003	5.64	1.32	0.83
2004	5.26	1.34	1.71

출처: 한국은행, 한국제약협회(1999~2004년)

이런 환경 변화에 힘입어 외자기업들은 획기적으로 성장하기 시작한 반면 국내 제약업체들은 어려움을 겪기 시작했다. 사실 이러한 조짐은 1990년대부터 나타나기 시작했다. 특히 주목할 만한 사실은 1990년대 후반 이후 10대 제약회사에 오른 대다수 업체가 전문 의약품에서 강세를 보였다는 점이다. 바꿔 말하자면 1990년대 초반까지 10대 제약회사에 올라 있던 일반 의약품 전문 업체들이 침체를 겪기 시작한 것이다.

어려울수록 힘이 되는 효자 상품

동화는 국내 제약업계가 모두 겪고 있던 어려움을 하나도 피하지 못한 채 온몸으로 겪어야 했다. 외환위기의 고통을 겪은 데다 의약분업 이후 전문 의약품 위주로 영업하는 외자기업들이 강세를 보이는 시점에 일반 의약품 비중이 높은 대표적 국내 업체인 동화가 고초를 겪는 것은 어쩌면 충분히 예상할 수 있었던 상황인지도 모른다. 1980년대 후반부터 1995년까지 생산 실적에서 업계 2위를 줄곧 고수하던 동화가 1996년에는 5위, 창립 100주년을 맞이하던 1997년엔 7위, 1998년에는 8위로 내려앉더니 1999년 이후에는 아예 10위권 밖으로 밀려난 뒤 현재까지 그 상태에 머물러 있다.

그러나 같은 기간에 까스활명수-큐를 비롯한 활명수 제품군은 큰 부침 없이 꾸준히 성장해 2008년에는 431억 원의 매출을 기록했다.

2003·2004년 상위 20대 의약품 생산 실적(단위: 천 원, %)

No.	제품명	업체명	2003년	2004년	증감률
1	박카스에프액	동아제약	180,677,020	172,428,052	▽4.57
2	노바스크정5mg	한국화이자	145,433,311	152,669,003	4.98
3	플라빅스75mg(클로필도그렐)	사노피 신데라보	57,380,997	82,786,333	44.27
4	아마릴정2mg	한독약품	66,804,776	70,185,717	5.06
5	리피토정10mg	한국화이자	31,895,214	63,656,002	99.58
6	알부민20%	녹십자	49,333,902	52,452,465	6.32
7	아프로벨정150mg(이베사탄)	사노피 신데라보	35,642,120	49,705,005	39.46
8	제픽스정	GSK	46,658,737	46,435,046	▽0.48
9	자니딥정(염산레르카니디핀)	엘지 생명과학	33,847,931	42,089,011	24.35
10	뉴론틴캡슐300mg	한국화이자	22,433,062	38,461,701	71.45
11	울트라비스트300	한국쉐링	36,843,199	36,703,124	▽0.38
12	스포라녹스캡슐100mg	한국얀센	35,730,030	36,416,887	1.92
13	코자50mg정(로사탄칼륨)	한국 엠에스디	28,465,005	33,278,314	16.91
14	까스활명수-큐액	동화약품	30,684,995	33,166,534	8.09
15	가나톤정50mg	중외제약	27,330,304	32,126,828	17.55
16	후루마린주사0.5g	일동제약	29,901,861	29,862,250	▽0.13
17	아로나민골드정	일동제약	35,106,838	28,153,604	▽19.81
18	알부민20%주	동신제약	25,630,516	28,036,658	9.39
19	니세틸정	동아제약	24,214,180	27,871,248	15.10
20	케토톱플라스타	태평양제약	28,277,058	27,315,516	▽3.40

출처: 한국제약협회 60년사

2003·2004년 일반 의약품 톱10 품목 생산 추이 (단위: 천 원, %)

No.	업체명	분류번호	제품명	2004년	2003년	증감률
1	동아제약	329	박카스에프액	172,428,052	180,677,020	▽4.57
2	동화약품	233	까스활명수-큐액	33,166,534	30,684,995	8.09
3	일동제약	316	아로나민골드정	28,153,604	35,106,838	▽19.81
4	태평양제약	264	케토톱플라스타	27,315,516	28,277,058	▽3.40
5	동아제약	114	판피린에프액	24,307,401	24,409,337	▽0.42
6	동국제약	231	인사돌정	24,096,377	23,712,147	1.62
7	SK제약	264	트라스트패취(피록시캄)	23,644,980	24,074,808	▽1.79
8	대웅제약	392	우루사연질캡슐50mg	22,190,806	9,911,033	123.90
9	유한양행	316	삐콤씨정	21,549,264	16,459,265	30.92
10	보령제약	234	겔포스엠현탁액	20,229,602	18,761,215	7.83

출처: 한국제약협회 60년사

    동화의 전체 매출액이 2,172억 원이었던 것을 감안한다면 활명수 제품군의 비중이 19.8퍼센트에 이르는 것이다. 아이러니한 것은 동화 전체의 실적이 좋을 때는 활명수의 비중이 낮아지는 반면 좋지 않을 때는 그 비중이 높아진다는 점이다. 활명수의 매출에는 부침이 없기 때문이다. 부침은커녕 활명수는 지난 112년 동안 지속적으로 성장해온 효자 상품이다.

    112년의 역사를 돌이켜볼 때 동화의 현재 상태는 위기라고 규정할 수 있다. 지금처럼 정체가 10년 넘도록 계속된 적은 없었기 때문이다. 그러므로 동화는 장기적인 정체를 벗어나기 위해 노력해야 한다. 활명수는 시장 성장성은 낮으나 점유율은 높은 캐시카우(cash cows) 제품이며, 효자 상품임이 틀림없지만 활명수에 대한 의존도가 높은 것이 동화에 꼭 이롭다고만은 할 수 없다.

이제 활명수는 어떤 역할로 동화의 위기 탈출을 도와야 할까? 그동안 동화의 실무 경영진은 10대 황규언 사장에서 11대 윤길준(尹吉埈) 사장을 거쳐 지금의 조창수(趙昌洙) 사장으로 이어져 왔다. 회장직에는 윤광열 회장의 뒤를 이어 그의 장남인 윤도준(尹道埈) 회장이 2008년 취임해 오늘에 이르고 있다. 지금의 정체기에서 이들 경영진의 책임은 막중하다. 112년 동안 갖은 위기를 극복해온 동화의 역사에 또 다른 위기 극복의 사례를 더해야 할 책무가 이들에게 주어졌기 때문이다.

······· **활명수** 경영 레슨 8 ·······

1. **영업을 키워야 회사가 성장한다.**

    평범한 진리지만 많은 기업이 외면하는 진리다. 많은 회사가 영업의 중요성을 인식하면서도 다른 부서에 비해 영업사원에 대한 처우에는 신경쓰지 않는 경우가 많다. 신경을 쓴다 하더라도 대부분 금전적인 보상에만 그치는 경우가 대부분이다.
    그러나 동화는 일찍이 영업사원을 키우는 것에 눈을 떠서 그들을 교육하고 자질을 향상시키는 데 힘을 기울였다. 또한 그들에게 자긍심과 소속감을 불어넣으려고 노력했다. 그 결과 그들은 영업사원 1인당 매출액 업계 1위라는 실적으로 보답했으며, 그들 자신도 훗날 대부분 회사의 간부로 성장하게 된다.

2. **평소에 효자 상품을 키워라.**

    1990년대 초반 내내 동화는 생산 실적 기준으로 업계 2위를 고수했다. 그 원동력은 까스활명수를 비롯한 헬민, 알프스디, 홈키파, 후시딘 같은 효자 상품들이 거대 품목으로 성장했기 때문이다. 그것은 평소의 꾸준한 육성 노력 없이는 불가능한 일이었다. 기업이 어려울 때일수록 효자 상품은 빛을 발한다. 평소에 효자 상품을 키우기 위한 노력을 게을리 해서는 안 된다.

3. **항상 신제품을 준비하고 있어야 한다.**

    효자 상품이 하루아침에 만들어지는 것은 아니다. 노력만 한다고 해서 쉽게 이뤄지는 것도 아니다. 평소 신제품을 많이 개발해놓아야 그중에서 히트 제품이 나오는 법이다. 회사 내부에 신제품 개발 전담 조직을 만들고 실패를 두려워하지 않는 조직문화를 형성해 끊임없는 도전정신으로 신제품을 구상하도록 해야 한다. 회사의 신제품 뱅크는 언제라도 출시할 수 있는 제품들로 가득해야 한다. 이런 준비 태세는 경쟁사의 신제품 출시로 발생하는 위기 상황 등에 훌륭한 대비책이 되기도 한다.

4. 업계 전체가 당면한 변화를 읽을 줄 알아야 한다.

1990년대에 제약업계는 개방화, 외환위기, 의약분업, 저성장 등의 많은 변화를 겪었다. 이런 변화는 위기를 초래하기도 하지만 새로운 기회를 가져다주기도 한다. 변화를 예견하고 대비책을 마련하고 있을 때 비로소 위기는 기회가 되는 법이다. 최고경영자는 단기 업적에만 집착할 것이 아니라 항상 트렌드를 읽고 장기적인 대책을 수립할 줄 알아야 한다.

5. 미래수종사업을 준비하고 있어야 한다.

시장과 수요는 항상 변한다. 이러한 변화는 제품의 수명주기를 날로 줄여가고 있다. 따라서 특정 사업이나 제품에 대한 의존도가 높은 기업은 그만큼 많은 위험 부담을 안고 있는 셈이다. 활명수 같은 장수 제품의 비중이 높은 경우 그 위험 부담은 더욱 커진다. 조직이 매너리즘에 빠져 있을 가능성이 높기 때문이다. 따라서 항상 불투명한 미래를 헤쳐나갈 수 있는 새로운 수종사업을 준비하고 있어야 한다. 새로운 사업은 기존 사업과 전혀 다른 사업일 수도 있겠으나 기존 사업의 연장선상에서 모색해 볼 수도 있을 것이다. 후자가 성공 가능성이 더 높다. 동화는 의약분업 이후 전문 의약품이 강세를 보이는 시장 환경에 대비해 기존 제품의 경쟁력 강화는 물론 새로운 분야로 진출하는 길도 모색했어야 하지 않았을까.

9장

진화하는 장수 제품의 변신, 무엇을 상상하든 그 이상이어라

活命水

장수 제품은 결코 우연히 만들어지는 것이 아니다. 활명수는 물론 코카콜라 같은 제품의 변천사에는 공통적으로 최초라는 수식어가 붙는 활동이 많다. 그런 진취적인 노력 없이 장수 히트 제품은 만들어지지 않는다.

활명수가 112년이라는 긴 세월 동안 정상의 자리를 지켜왔다는 것은 경이로운 기록이 아닐 수 없다. 그것도 연구와 개발 속도가 어느 분야보다도 빠른 의약품 분야에서 신제품이 몇 번 나왔다고는 하지만 기본적으로 성분이 같은 제품으로 한 세기를 넘게 버텨온 것은 놀라운 일이 아닐 수 없다. 그것도 가까스로 살아남은 것이 아니라 지속적으로 성장 기조를 유지하면서 말이다.

지금은 까스활명수-큐가 활명수 제품군 매출의 대종을 이루고 있지만 소비자에게는 아직도 옛 이름인 활명수가 더 익숙하다는 사실

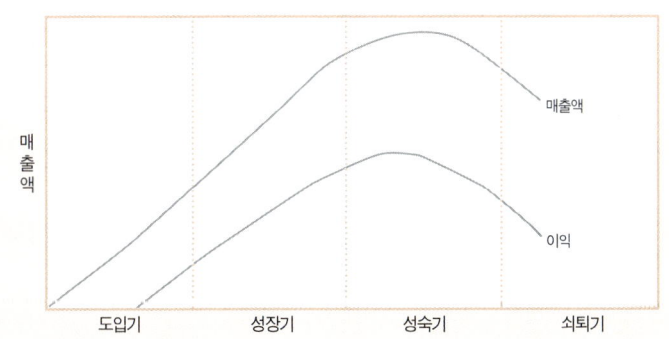

활명수의 제품수명주기

출처: 예종석·김명수 공저, 《뉴마케팅》

이 그 입지를 말해준다. 활명수의 특별한 위상은 제품수명주기 이론으로도 충분히 설명되지 않는다.

제품수명주기 이론의 관점에서 볼 때 활명수의 긴 수명과 신규 수요보다는 반복 수요가 많다는 점을 고려하면 활명수는 분명히 성숙기에 놓여 있다고 봐야 할 것이다. 그러나 성숙기의 징후라고 할 수 있는 판매증가율의 둔화 현상이 나타나는 것이 아니라 판매가 계속 신장되고 있다면, 아직도 성장기가 계속되고 있다는 결론을 내릴 수밖에 없다. 그러나 전형적인 성장기처럼 신규 소비자에 따라 제품이 급속하게 채택되는 것도 아니고, 이 시장에 매력을 느끼는 다수의 경쟁자들이 시장에 새로 진입하는 상황도 아닌 것을 보면 딱히 성장기라고 할 수도 없다.

이렇듯 기존 이론으로는 명쾌한 분석을 하기 어려울 정도로 활명수의 위상은 독특하다. 활명수가 성장기에 속해 있든 성숙기에 속해 있든 간에 한 가지 분명한 것은 앞으로도 동화를 위해 버팀목 역할을 계속해줘야 한다는 점이다. 활명수는 놀라운 생명력으로 한 세기가 넘도록 동화의 효자 상품 역할을 충실히 해왔다. 그러나 과거의 실적이 좋았다고 해서 미래의 성적이 보장된다는 법은 없다. 게다가 지금은 의약 분야의 발전이 그 어느 때보다도 빠른 시기이며, 그로 말미암아 제품의 수명은 점점 짧아지는 시점이다.

이제 동화는 국내 최장수 제품의 위상 유지는 물론 정체에 빠져 있는 동화의 미래를 위해서라도 활명수의 수명 연장을 위해 가능한 모든 노력을 기울여야 할 때다.

장수 제품군의 혁명적인 리모델링

지금 활명수가 택할 수 있는 대안에는 어떤 것이 있을까? 활명수가 겪어온 112년의 역정을 간략하게 일반에 전하고자 하는 이 책에서 구체적인 전략 대안을 논의할 수는 없겠으나, 나아가야 할 큰 방향에 대해서는 한번 생각해볼 수 있겠다.

우선 활명수는 매출이 더는 늘어나지 않는 본격적인 성숙기가 오기 전에 매출을 최대한으로 늘리기 위한 전략을 구사해야 한다. 성장성 성숙기에 진입해 있다고 할 수 있는 활명수가 지금 택할 수 있는 전략은 필립 코틀러(Philip Kotler)가 그의 역저 《마케팅 원리 Principles of Marketing》에서 제안하는 것처럼 크게 시장 수정 전략과 제품 수정 전략 그리고 마케팅믹스 수정 전략으로 나눌 수 있다.

시장 수정 전략_ 소비시장의 블루오션을 찾아라

시장 수정 전략은 기본적으로 현재의 제품에 손대지 않고 소비를 증가시키는 전략이다. 그것은 새로운 사용자층을 탐색하거나 새로운 용도의 개발, 또는 현재 고객의 제품 사용률을 증가시킴으로써 가능해진다. 고전적인 미국의 사례지만 과거 밀러맥주를 인수했던 말보로는 밀러가 기존에 갖고 있던 '고급 맥주'라는 이미지를 버리고 '맥주를 많이 마시는 근로자를 위한 맥주'로 리포지셔닝하면서 새로운 시장을 겨냥해 크게 성공한 바가 있다.

활명수도 제품에 대한 인지도나 충성도가 낮은 편인 신세대 시장을 새로 겨냥해볼 수 있을 것이다. 새로운 용도 개발 전략도 참고할 만한 사례가 적지 않다. 역시 미국의 암앤해머사는 베이킹소다를 냉장고 탈취제로 용도를 바꿔 크게 성공한 바 있다. 활명수도 이미 제품의 용도를 바꾸는 전략을 과거에 성공시킨 적이 있다. 활명수를 소주에 타서 마시게 한 1960년대의 활명수 칵테일 캠페인이 바로 그것이다. 기록에 따르면 그 무렵엔 활명수를 피로회복제로 마시는 소비자도 다수 있었다고 한다.

이런 사례를 벤치마킹하면 지금도 새로운 용도 개발의 여지는 얼마든지 있다. 예를 들면 적응증 표시 허가 문제를 선결해야겠지만 '숙취 해소를 위한 음주 전후의 드링크' 같은 것으로 새로운 용도를 개발할 수도 있을 것이다. 제품의 사용률을 늘리는 방법도 비슷한 맥락에서 연구해볼 수 있겠다.

제품 수정 전략_ 새로운 기호에 맞춰 업그레이드하라

제품 수정 전략은 새로운 사용자를 유인하거나 사용 빈도를 높이기 위해서 품질이나 효능, 맛, 컬러, 포장 등 제품의 특징을 바꾸는 전략이다. 때로는 제품에 새로운 특성이나 성분을 추가할 수도 있고 기존 제품에 들어 있던 성분을 뺄 수도 있다. 활명수의 제품 특성을 수정할 수 있는 여지는 많다.

우선 다양한 고객층을 위한 다양한 맛과 컬러, 포장의 개발을 생각할 수 있겠다. 특히 신세대 고객에게 어필할 수 있는 새로운 맛과 감각적인 컬러나 포장의 조합을 구상해볼 수도 있다. 웰빙을 추구하는 시대가 도래했으므로 활명수에 건강 청량음료의 이미지를 덧입히는 것도 생각해볼 만한 대안이다.

사회가 선진화할수록 과식하는 경우는 줄어들고, 오히려 절식하는 인구가 늘어 소화제에 대한 수요는 줄어들게 마련이다. 따라서 활명수의 제품 계열을 늘려 기존의 활명수에 단백질이나 섬유질을 보강한 건강음료 라인이나 다이어트 음료 라인을 추가하는 것도 대안이 될 수 있을 것이다. 박카스디는 타우린을 보강해 성공했고 무가당 주스는 설탕을 제거해 성공한 예다.

소화제 수요가 줄어드는 만큼 활명수에 새로운 효능을 추가해 건위제 또는 정장제 개념의 위장약이나 대장약으로 리포지셔닝할 수도 있다. 건위제나 정장제라면 정기적인 복용이 필요할 것이므로 제품 사용률을 높일 수 있고 헤비유저(heavy user) 시장도 개척할 수 있다. 라벨의 디자인이나 용기를 바꿔 젊은 감각을 불어넣는 것도 제품 수정의 범주에 들어간다.

마케팅믹스 수정 전략_ 다양한 마케팅으로 접근하라

마케팅믹스 수정 전략은 가격이나 유통, 촉진 등 마케팅믹스 요소를 변경해 매출의 증대를 추구하는 전략이다. 기존 고객을 유지하고 새로운 소비자를 창출하기 위해 가격을 인하하거나 고가 제품을 만들 수도 있고, 광고를 새로운 감각으로 제작하거나 중간상인과 영업사원 판촉, 경품, 콘테스트 등의 적극적인 판매 촉진 수단을 활용할 수도 있다.

활발한 사회공헌 활동을 통해 활명수의 국민 소화제 이미지를 제고할 수도 있으며, 법률적인 문제가 먼저 해결돼야겠지만 약국 외에도 슈퍼나 편의점 등 새로운 유통경로를 통해 제품 공급을 확대하는 방안도 검토해볼 수 있을 것이다. 활명수 고객을 위한 서비스로 위장병 상담 코너 같은 것을 온라인 또는 오프라인에서 운영할 수도 있을 것이다.

112년의 나이를 자랑하는 만큼 활명수의 이미지가 노화됐다는 사실은 부인하기 어렵다. 이제 활명수는 노쇠한 이미지를 개선하기 위해 끊임없이 진화해야 한다. 활명수의 새로운 미래를 설계하는 데 비슷한 역사와 성장 배경을 가졌으면서 세계 최고의 브랜드로 발전한 코카콜라의 사례를 음미해보는 것도 큰 도움이 될 것이다.

끊임없이 진화하는 장수 제품, 코카콜라

코카콜라는 활명수가 태어나기 11년 전인 1886년 미국 조지아주 애틀랜타에서 약사 존 펨버턴(John Pemberton)에 의해 탄생했다. 펨버턴은 여러 가지 약제를 조합하는 것을 무척 즐기던 사람이었는데, 어느 날 오후 두통약을 조제하다가 우연히 캐러멜색의 향기로운 액체를 만들었다. 그는 이 액체가 완성되자 이웃의 재콥 약국으로 가져가서 탄산수를 더한 다음 약국의 손님들에게 맛보게 했는데, 마셔본 사람들이 이구동성으로 이 새로운 음료에 뭔가 특별한 맛이 있다고 평가했다. 그 후 재콥 약국에서는 이 음료를 한 잔에 5센트씩 받고 판매하기 시작했다.

펨버턴의 경리 사원이었던 프랭크 로빈슨(Frank Robinson)은 자신의 독특한 글씨체로 코카콜라(Coca-Cola)라는 이름을 만들어냈고 오늘날까지 코카콜라는 그 글씨체 그대로 상표로 쓰고 있다. 초창기의 코카콜라는 하루에 9잔 정도를 파는 것이 고작이었다. 1888~1891년 펨버턴은 자신의 사업을 2,300달러에 아사 캔들러(Asa Candler)라는 애틀랜타의 사업가에게 매각하게 된다. 세계 최고의 브랜드 코카콜라의 역사는 이때부터 본격적으로 시작된다.

천부적인 사업가였던 캔들러는 코카콜라를 단순한 발명품에서 하나의 사업으로 변신시켰다. 그는 소비자들에게 이 새롭고 흥미로운 음료를 소개하는 혁신적인 방법을 고안해냈다. 사람들에게 무료로 코카콜라를 시음할 수 있는 쿠폰을 나눠주고, 코카콜라를 취급하는 약국에는 코카콜라 상표가 달린 시계나 단지, 달력 등을 나눠주었다. 지금은 흔한 옥외광고도 1894년 캔들러의 아이디어로 코카콜라에서 처음으로 시작한 것이다.

이런 적극적인 촉진 활동에 힘입어 코카콜라는 급속히 성장했다. 1915년, 캔들러는 브리태니커 백과사전에 실려 있던 코코넛 그림에서 힌트를 얻어 오늘날까지 사용되는 독특한 디자인의 코카콜라 병을 만들어내기도 했다.

캔들러가 코카콜라를 미국에 소개했다면 로버트 우드러프(Robert Woodruff)는 코카콜라를 세계적인 기업으로 키우는 데 기여한 인물이다. 우드러프는 코카콜라를 캔들러한테서 인수한 아버지의 뒤를 이어 1923년 사장으로 승진했다. 그는 마케팅 천재로 혁신적인 광고와 홍보 활동을 통해 전세계 소비자들의 마음을 사로잡는 데 공헌했다. 우드러프는 기업의 촉진 활동에 최초로 스포츠 마케팅을 도입한 인물이기도 하다.

그는 코카콜라를 1928년 암스테르담 올림픽에 출전하는 미국 대표팀의 후원 기업으로 등장시켰고, 코카콜라 로고를 캐나다의 개썰매 경기장과 스페인의 투우장 벽에 설치하기도 했다. 이런 전통은 훗날 올림픽과 월드컵 등 세계적인 스포츠 행사뿐 아니라 문화와 연예 행사의 후원 활동과 제품을 제휴하는 독특한 마케팅 기법으로 발전하게 된다.

또한 우드러프는 주부들의 취향을 간파해 처음으로 여섯 병들이 (six-pack) 포장을 개발하기도 했다. 코카콜라의 역사에서 우드러프만큼 커다란 족적을 남긴 사람은 없을 것이다. 그는 코카콜라를 단순한 히트 제품이 아니라 소비자 삶의 일부로 만든 인물이었다. 1931년, 코카콜라는 너무도 유명한 빨간 옷의 산타클로스를 창조했다. 콜라 비수기인 겨울철만 되면 고전하던 코카콜라가 겨울 이미지에 어울리는 산타클로스를 광고 모델로 등장시킨 것이다. 코카콜라의 로고인 빨간색과 흰색으로 단장한 산타클로스가 코카콜라를 시원하게 마시는 장면의 광고는 대히트를 기록했다. 그 후 코카콜라는 비수기를 모르는 제품으로 변모했다.

코카콜라는 전쟁도 마케팅 기회로 활용했는데, 제2차 세계대전 중미 국방성의 절대적인 후원을 받아 유럽과 북아프리카, 아시아에 주둔하던 미군에 군납을 하게 된다. 그 결과 전쟁 기간에 50억 병 이상의 판매고를 올릴 수 있었을 뿐 아니라 세계 각 지역 사람들에게 코카콜라 브랜드를 알릴 수 있었고, 그것은 마침내 세계적인 기업으로 성장하는 계기가 됐다. 1960년대에 코카콜라는 스프라이트(1961년), 터부(1963년), 프레스카(1966년) 등 새로운 브랜드를 계속 출시했다. 그 후에는 전세계로 뻗어나가 캄보디아, 파라과이, 마카오, 터키 등에까지 진출하게 된다.

그리고 1970년대에는 다이어트 코크를 출시해 최초로 코카콜라 상표의 브랜드 확장을 시도했다. 다이어트 코크는 출시 2년 만에 세계에서 가장 인기 있는 저칼로리 음료로 성장해 코카콜라에 버금가는 성공을 거뒀다. 1990년대에도 코카콜라는 성장을 거듭했다. 올림픽, 월드컵 축구, 럭비 월드컵, NBA 농구 등에 대한 지속적인 지원을 통해 스포츠 마케팅을 한층 더 강화했다. 그 무렵 코카콜라는 NASCAR(The National Association for Stock Car Auto Racing, 전미스톡자동차경주협회)의 공식 음료로 지정되면서 세계에서 가장 빠르게 성장하고 가장 많은 관객을 동원하는 스포츠 분야와도 인연을 맺었다. 이렇게 코카콜라는 123년을 성장해온 것이다.

제품이 아닌 브랜드 이미지를 팔아라

코카콜라는 특유의 맛과 로고를 바꾸지 않는다. 그것은 코카콜라 브랜드의 핵심이기 때문이다. 그들은 코카콜라가 시대를 앞서 가기 때문에 소비자들이 따라올 수밖에 없는 유행을 창조한다고 자부한다. 그들은 자사의 성공 비결을 코카콜라라는 제품과 브랜드를 사랑할 수밖에 없도록 시대와 지역에 따라 변모시키는 커뮤니케이션 전략이라고 말한다. 슬로건만 해도 1886년 '마시자 코카콜라'에서 시작해 1929년의 '상쾌한 이 순간', 1994년의 '언제나 코카콜라', 2000년의 '즐겨요 코카콜라'까지 수십 번의 변화가 있었다.

이처럼 코카콜라는 시대의 흐름에 따라 다양한 마케팅을 주도해왔다. 그 결과 코카콜라는 전세계 200여 개국에서 하루 10억 잔 이상이 소비될 정도로 세계인의 입맛을 사로잡은 히트 제품이 됐다. 브랜드 자산가치만 해도 2008년을 기준으로 666억 달러에 이르는 세계 최고의 브랜드로 성장했다.

"코카콜라는 단순히 음료를 만드는 회사가 아닙니다. 브랜드 이미지를 파는 회사입니다."라는 그들의 주장은 장수 브랜드가 지향해야 할 의미를 함축적으로 표현하고 있다.

코카콜라의 이런 성공적인 변신과 브랜드 마케팅 사례는 비슷한 역사와 배경을 가진 활명수의 향후 행보에 여러 가지 시사점을 제공한다. 지금 동화는 장기적인 정체기에 놓여 있다. 돌이켜보면 활명수의 역할은 동화가 어려울 때마다 더욱 빛이 났다. 이제 활명수는 다시 한 번 동화의 재도약을 위한 디딤돌 역할을 해내야 한다. 112년 동안 쌓인 위기 극복 노하우와 모든 역량을 동원해 활명수는 현재 동화를 가로막고 있는 난관을 돌파하고 나아가서 새로운 100년의 역사를 창조해야 한다.

  활명수의 100년 후 모습은 과연 어떤 것일지 자못 궁금하지 않을 수 없다.

······· **활명수** 경영 레슨 9 ·······

1. **장수 제품이 되려면 끊임없이 진화해야 한다.**

   장수 제품은 결코 우연히 만들어지는 것이 아니다. 활명수는 물론 코카콜라 같은 제품도 그 역사를 살펴보면 항상 시대를 앞서 가고 시대의 변화를 제품과 마케팅 전략에 적절히 반영하고 있다. 활명수나 코카콜라의 변천사에는 공통적으로 최초라는 수식어가 붙는 활동이 많다. 그런 진취적인 노력 없이 장수 히트 제품은 만들어지지 않는다.

2. **변화의 폭은 상상을 넘을 정도로 커야 한다.**

   활명수와 코카콜라는 그 탄생 과정이나 성장 배경에서 상당히 유사한 점이 많다. 그러나 스케일이나 변화의 폭에서는 코카콜라가 훨씬 과감하며 혁신적인 행보를 보여준다. 활명수가 보수적이라면 코카콜라는 매우 진보적인 경영전략을 구사하는 것이다. 어느 쪽의 전략이 옳은 것이라고 꼬집어 말할 수는 없지만, 세계적인 브랜드가 되기 위해서는 역시 공격적으로 변화를 추구해야 한다는 시사점이 남는다.

3. **시대와 소비자 변화에 따라 커뮤니케이션 전략도 달라져야 한다.**

   상품의 성공은 활명수나 코카콜라의 역사에서 볼 수 있듯이 얼마나 소비자와 소통을 잘하느냐에 달렸다. 커뮤니케이션은 결국 기업이 소비자를 설득하기 위해 전달하려는 메시지가 소비자의 이익과 일치할 때 그 효용이 극대화된다. 그러자면 먼저 소비자의 욕구를 정확하게 파악해야 하는데, 문제는 그 욕구가 끊임없이 변화하는 데 있다. 따라서 장수 제품을 만들어내려면 소비자의 변화를 따라잡는 커뮤니케이션 전략을 구사할 줄 알아야 한다.

4. 결국 귀결은 브랜드 자산가치의 극대화다.

모든 제품의 성공은 브랜드 자산가치로 남는다. 활명수도 코카콜라도 결국은 브랜드 이미지를 파는 것이다. 성장 과정도 브랜드의 자산가치를 키우는 과정이다. 장수 히트 제품을 만들려면 제품 기획 단계부터 브랜드를 육성하고 관리할 마스터플랜을 만들어야 한다.

역사 속 리더에게 활명수의 길을 묻다

10장

活命水

활명수와 동화의 112년 역사에 가장 큰 족적을 남긴 인물은 초대 민강 사장과 5대 윤창식 사장이다. 민강 사장은 활명수를 만든 인물이며 윤창식 사장은 쓰러져가던 동화를 인수해 활명수를 살리고 키워놓은 은인이다.

활명수와 동화의 112년 역사에 가장 큰 족적을 남긴 인물은 역시 초대 민강 사장과 5대 윤창식 사장이다. 민강 사장은 활명수를 만든 인물이며 윤창식 사장은 쓰러져가던 동화를 인수해 활명수를 살리고 키워놓은 은인이다.

민강 사장(왼쪽)과 윤창식 사장(오른쪽).

 활명수를 가운데 두고 인연이 얽혀 있는 두 사람은 인물 됨됨이나 인생 역정에서 공통점도 많으나 대조적인 면도 아주 많다. 두 사람은 모두 우리 사회의 선각자이자 암흑기의 독립운동가이며 기업가로서 다양한 삶을 살았다. 그러면서도 두 사람의 행적을 보면 인생관과 기업관에서 현저한 차이를 보인다. 두 사람의 생애를 비교해보는 것으로 우리는 리더십과 삶의 방식에 대해 깊은 성찰의 기회를 가질 수 있을 것이다.

기업보다 조국을 사랑한 활명수의 아버지, 민강

민강 사장은 한말 궁중의 선전관이었던 아버지 노천 민병호와 함께 궁중 비방에 양약의 장점을 가미해 활명수를 만들고 동화약방을 창업한 인물이다. 말하자면 활명수의 아버지인 셈이다. 민강 사장은 1883년생으로 충청북도 청주 출신이다. 을사조약 이후 국운이 기울던 1909년 그는 안희제, 서상일, 신성모(申性模), 김동삼 등 80여 명과 함께 대동청년당을 조직해 지하공작을 통한 독립운동을 전개했다.

그러나 1910년 경술국치를 당하자 사재를 출자해 남대문 밖에 소의학교를 세우고 후세 교육에 힘을 쏟기도 했다. 1919년 3·1 운동 때는 앞장서서 참여했으며 한남수(韓南洙), 이규갑, 홍면희 등과 함께 한성 임시정부의 조직을 위한 국민대회의 연락과 준비를 맡아 활약하기도 했다. 같은 해 4월 23일에는 국민대회(세칭 한성임시정부선포대회)를 개최함으로써 일본 경찰에 잡혀 곤욕을 치렀다.

민강 사장은 1919년 자신이 경영하던 동화약방 내에 상해 임시정부의 국내 비밀 연락처인 연통부를 설치, 각종 정보와 군자금을 임시정부에 전달하는 역할을 했다. 또한 김가진(金嘉鎭)을 총재로 하는 대동단에도 참여해 포고문과 선언문 인쇄를 맡아 활동하기도 했다. 대동단은 그해 11월경 의친왕 이강 공을 상해 임시정부에 참여시키기 위해 망명계획을 추진했는데, 이 사실이 일본 경찰에 발각된 후 체포돼 1년 6개월간의 옥고를 치르기도 했다.

출옥 후에는 상해로 건너가 1924년 교민단의사회(僑民團議事會)의 학무위원(學務委員)으로서 교포 계몽과 후세 교육에 전념하다가 체포돼 본국으로 송환되어 옥고를 치렀으며, 그 후에도 항일 투쟁의 선봉에서 활약하다가 일본 경찰에 잡혀 수차례 옥고를 치렀고 1931년

11월 4일 건강이 악화돼 순국했다.

　1963년 민 사장은 건국훈장 독립장에 추서됐다. 그에 관한 기록이 많이 남아 있지는 않지만 신복룡이 저술한 《대동단실기大同團實記》에 그의 인간적인 면모와 조국의 독립을 향한 열정을 엿볼 수 있는 대목이 있어 옮긴다.

　대동단의 조직과 활동 중에서 가장 중요한 부분을 차지하고 있는 것은 상해와의 연락을 유지하는 일이었는데, 이 일은 민강에게 부여됐다. 민강은 전직 선전관이었던 민병호의 아들로서 선대로부터 물려받은 동화약방을 경영해 상당한 재력도 갖추고 있었다. 당시 동화약방은 한방과 양방을 혼합해 부채표 활명수를 만들어 제약업계의 총아(寵兒)로 군림했고 중국과의 무역도 활발히 유지되고 있었다. 민강은 1909년 대동청년당에 가담한 후 소의학교를 설립하고 교육 운동에 투신했으며, 3·1 운동 때는 국민대회의 개최를 주도한 바 있다.

동화약방은 중국과의 무역을 위해 공성운송점(共城運送店, 남대문 5정목 7번지)을 경영하고 있었는데, 민강은 이 운송회사의 장부에 별항을 잡아 대동단 자금의 대차관계를 기록하고 있었으며, 상해 임시 정부의 연통제 요원 이종욱과 연락할 일이 있으면 "청심환(淸心丸)을 사러 왔다."는 것을 신호로 해 공성운송점 내 박춘식(朴春植)이라는 가명을 이용해 편지와 문서를 무역품으로 가장하거나 비밀요원을 연결해줌으로써 일경의 눈을 피할 수 있었다.

대동단사건에 대한 경성지방법원 예심결정서에도 민강 사장의 애국적인 행동에 관한 기록이 간혹 등장한다.

피고 윤종석은 동년 10월 상순 이종욱으로부터 조선 독립운동에 대해 상해 방면과의 통신과 불온문서의 접수를 행할 장소의 설치 및 동 방면에서 조선 독립운동의 사명을 받고 오는 자와의 정출 등에 관한 의뢰를 받고 경성부 화천정(和泉町) 5번지 피고 민강의 집에 이르러 그에게 위 취지를 말하고 그의 집을 연락 장소로 정할 것을 의뢰했다. 피고 민강은 이를 쾌락하고 윤종석의 독립운동을 원조하기 위해 불온문서는 자기의 영업용 하물의 취급점인 동부 남대문통 5정목 7번지 공성운송점이라는 남창우(南昌祐) 집의 박춘식에게 송부하도록 하고 상해 방면으로부터 내방하는 자는 암호를 써서 찾아오면 동모자라 인정해 즉시 이를 피고 윤정석에게 통보할 것을 협정한바, 동월 30일 안동현(安東縣) 방면에서 온 박만식(朴萬植)이란 자가 지정한 암호를 써서 피고 민강을 방문했으므로 민강은 이를 피고 윤종석에게 통보해 이튿날 아침 박만식과 면접해 전에 거행할 예정이던 시위운동을 행하기로 협정했다.

같은 대동단사건에 대한 경성지방법원 1심 판결문에도 민 사장의 우국지사적인 면모를 보여주는 대목이 보인다.

이에 앞서 피고 민강은 김사국(金思國)·한남수·안상덕 등이 3월 1일

이래 조선 각지에서 빈발한 독립운동이 아무런 연락이 없이 소기의 효과를 거두는 일이 적음을 개탄하고 국민대회라는 것을 조직해 각개 독립운동단을 통일·단합하고 각 도 대표자를 경성부 서린동(瑞麟洞) 봉춘관(奉春館)에 모이게 하는 동시에 다수의 군중을 규합해 시위운동을 위한 계획을 세우고 있음을 알고 그 자금을 각출하기 위해 동년 4월 19일경 김사국의 집인 통의동(通義洞) 김회수(金晦秀) 방에 안상덕 등이 회합할 때 참가하고, 천도교 대표자 안상덕과 예수교 대표자 현석칠(玄錫七)로 하여금 각 600원을 제공할 것을 정하고 그 수수는 피고 민강이 약종상을 경영하므로 금전 출납 및 손님의 내왕이 빈번하지 않아 비밀 누설을 막기에 충분하니 피고의 손을 거치는 것으로 정하고 피고 민강은 이를 쾌락했다. 다음 날 20일 안상덕은 500원을 피고 민강의 집에 지참하고 동 피고는 이를 수취 보관하고 있다가 그날 밤 찾아온 김사국에게 교부한 사실이 발각돼 검거됐다. 피고는 동년 8월 중, 보석으로 출감 중에 앞의 범행이 있는 자이므로 계속해 범의를 보인 자임.

이런 민 사장의 행적을 보면 그가 대단히 선이 굵은 열혈 애국지사였던 것만큼은 쉽게 짐작할 수 있다. 몇 장 남아 있지 않은 그의 사진을 통해 외모가 호걸풍인 것도 한눈에 알아볼 수 있다. 후손들을 통해서도 그에 관한 일화를 들을 수 있는데, 소의학교를 설립할 때 민강 사장은 자신의 소유였던 염천교시장을 학교 운영 자금조로 선뜻 희사했다고 한다. 하긴 소의학교를 위해 동화약방의 경품부 판매를 통해 얻은 이익금 전부를 학교에 기부한 적도 있었다. 그는 이처럼 스케일이 크고 사익보다 공익을 먼저 생각하는 인물이었다.

그러나 민 사장은 애국지사로서는 더할 나위 없이 훌륭한 인물이었지만 기업가로서의 자질에만 초점을 맞춘다면 최고의 경영자라고 하기에는 미흡한 면도 있지 않았나 하는 생각을 금할 수가 없다. 물론 당시의 상황이 나라를 뺏긴 비상시국이었고 그런 마당에 자신의 기업만 생각하는 행동은 이기적인 것이라고 여겼을 수도 있고 그것이 옳은 생각이기도 하다. 그러나 창업 기업가로서 기업을 성공적으로 이끌어야 하는 책임은 다하지 못했다는 점이 안타깝다는 것이다.

민강 사장은 동화의 창업 초기에는 경영자로서 탁월한 능력을 보였지만 나중에는 기업을 독립운동을 위한 수단으로 활용한 흔적이 곳곳에 보인다. 굳이 따지고 들자면 활용이라기보다 독립운동에 매진하다 보니 자신의 재산을 헌신적으로 바친 것이리라. 아무튼 안타까운 것은 독립운동에 투신할 때, 현실적으로 어려웠을지 몰라도 경영을 대신할 사람을 선정하고 후계자도 키워놓았더라면 하는 점이다. 그럼 동화가 그렇게 표류하는 것은 막을 수 있지 않았을까 하는 아쉬움이 한 가닥 남는다.

더욱 아쉬운 것은 민강 사장의 큰 스케일이나 굵은 선으로 볼 때 그가 자중자애해 광복 후까지 생존했다면 나라를 위해 더 많은 공헌을 할 수 있지 않았을까 하는 점이다.

동화의 기업문화를 확립한 윤창식

침몰해가던 동화를 인수해 5대 사장에 취임한 보당 윤창식은 1890년 서울에서 태어났다. 그는 보성전문 상과를 졸업한 후 최남선 등과 함께 조선산직장려계를 결성해 민족 경제의 자립을 주창하며 독립운동을 펼치다 옥고를 치르기도 했다. 또한 박영효와 홍병선 목사 등이 주도한 보린회에 적극 참여해 빈민구제사업을 펼치기도 했던 선각자였다.

그 후 윤 사장은 이상재, 조만식 등이 주축이 돼 좌우합작으로 결성한 민족운동 단체 신간회에서도 활동했으며 광복 후에는 이승만과 김구, 김규식 등이 조직한 대한독립촉성국민회의 중앙상무위원으로 일하기도 했다. 사람을 키우는 일에도 관심이 많았던 그는 한때 숙명여고 후원회 이사장으로 교육사업을 지원하기도 했다.

조선산직장려계 사건 이후 윤 사장은 경제인으로 활동하며 음지에서 꾸준히 독립운동과 사회사업을 원조했다. 그도 젊은 시절 김구 선생을 따라 중국으로 가서 독립운동에 투신할 생각을 한 적이 있었으나 큰 집안의 장남으로서 가족을 보살펴야 한다는 책임감 때문에 포기해야만 했던 쓰라린 기억이 있었다. 그 이후 "강개분사이 종용취의난"이라는 글귀를 좌우명으로 삼아 그늘에서 묵묵히 나라의 독립과 어려운 이웃을 위해 헌신하는 길을 택했던 것이다.

윤 사장은 생각이 깊고 도량이 컸으며 신의와 신용이 있는 사람이었다. 그는 재력가이면서도 겸손하고, 자신의 생활은 검소하게 하면서 어려운 이웃에는 아낌없이 베풀어서 주위 사람들의 존경을 한몸에 받고 있었다. 그런 그가 민 씨 일가에 의해 동화를 이끌어갈 새로운 경영자로 선택된 것이다. 돌이켜보면 그 결정은 동화나 활명수를 위해 아주 다행스러운 것이었다. 윤 사장은 동화를 인수하자마자 현대적인 경영기법을 도입해 과감한 구조조정과 인재 영입으로 회사를 정상화하고 장기적인 발전의 토대를 마련했다.

회사와 관련된 몇몇 일화를 통해 윤 사장이 가진 경영자로서의 특출한 면모를 엿볼 수 있다. 우선 그는 자신에게는 엄격하면서도 아랫사람에게는 예의가 바른 사람이었다. 출퇴근 시간을 항상 철저하게 지킴으로써 솔선수범했고 사원들이 출장을 갈 때 보고하러 오면 앉아서 인사를 받는 법이 없었으며 떠나는 사람을 꼭 문까지 배웅할 정도로 자상했다. 그는 자신을 낮춰서 리더십을 발휘할 줄 아는 인물이었던 것이다.

윤 사장은 생산직 여사원들을 항상 가족을 의미하는 '안식구'라고 호칭하며 인간적으로 배려했는데, 이런 행동은 남존여비 사상이 팽배해 있던 당시의 상황에서는 대단히 파격적인 것이었다. 또한 겨울이 다가오면 언제나 회계 담당 직원을 대동하고 마포에 있는 시장에 나가 월동용 장작을 직접 구매해 사원들에게 돌릴 정도로 따뜻한 사람이었다.

그는 진심으로 종업원들을 사랑했다. 심지어 회사에 들어오는 선물도 개인적으로 가지는 법이 없이 모두 모아두었다가 종업원들에게 골고루 나눠줄 정도였다. 이런 선물 나누기는 동화의 전통이 돼 지금도 회사에 들어오는 모든 선물은 총무부에서 모아두었다가 매년 설과 추석에 전 종업원이 추첨을 해서 나눠 갖는 '수혜품 추첨제'로 이어지고 있다.

또한 윤 사장은 공사 구분이 철저하고 약속을 생명처럼 지켰다. 그는 큰돈이든 작은 돈이든 회사 공금을 개인적으로 쓰는 법이 없었다. 회사에 사장 전용차가 있었으나 공무 외에는 개인적으로 사용하지 않았고 개인적인 용무를 볼 때는 항상 전차를 이용했다고 한다. 광복 후 대한독립촉성국민회 일을 볼 때도 매사를 공정하게 합리적으로 처리해 국내 인사들을 얕보던 임정 요인의 존경을 받을 정도였다.

이런 윤 사장의 성실하고 근검절약하는 생활태도와 겸양지덕(謙讓之德)을 발휘하는 인간미는 종업원들에게 귀감이 되고 나아가서 그들한테서 존경받는 계기가 됐다.

윤 사장은 생명 존중 사상을 갖고 있어 늘 "좋은 약이 아니면 만들지 마라. 살상하는 약보다는 병을 고쳐 생명을 살리는 약을 만들라."고 했다. 또한 "동화는 동화 식구 전체의 것이요, 또 이 겨레의 것이니 온 식구가 정성을 다해서 다 같이 잘살 수 있는 기업으로 이끌어라."라는 경영철학을 갖고 있었다. 그의 이런 뜻은 동화의 기업문화와 전통으로 자리잡아 오늘날까지 이어져 내려오고 있다.

예를 들어 1976년 살충제 '홈키파'를 개발할 때 사내에 "보당의 뜻을 이어 생명을 살리는 약을 만들어야지 죽이는 약을 만들어서 되겠느냐."는 논란이 있어 한동안 제품 개발이 중단될 정도였다. 상당한 논의 끝에 인체에 유해한 벌레를 잡는 것은 간접적으로 생명을 살리는 길이라는 결론이 나서 마침내 생산을 시작했지만 제품명을 경쟁 제품과는 달리 방어적인 인상을 주는 '홈키파'로 정한 것도 윤창식 사장의 경영철학에서 비롯된 동화의 기업문화를 웅변으로 말해주는 사례라고 하겠다.

1978년 아들인 윤광열 회장이 우리나라에서는 처음으로 생산직 사원 월급제를 실시한 것도 종업원의 복지를 최우선으로 하는 선대의 뜻을 이어받은 조치였다.

진정한 리더 윤창식을 재평가하다

윤창식 사장의 일화를 더듬다 보니 그의 인생관과 경영철학은 '겸손함'과 '목표를 향한 불굴의 의지'로 요약된다. 이런 그의 생애는 짐 콜린스(Jim Collins)가 저서 《좋은 기업을 넘어 위대한 기업으로Good to Great》에서 말하는 최고 경지의 '단계 5' 경영자가 갖춘 덕목과 매우 흡사하다. 회사를 훌륭한 기업으로 도약시키는 리더가 갖춰야 하는 조건에는 동서양의 구분이 없는 것일까?

콜린스는 '단계 5' 리더의 특성을 겸손하면서도 의지가 굳고, 변변찮아 보이면서도 두려움이 없는 이중적인 성격으로 묘사한다. 그는 그런 리더의 대표적인 인물로 미국 대통령 에이브러햄 링컨을 꼽고 있다. 링컨은 겸손하고 내성적인 성격과 나약해 보이고 서투른 매너를 가졌지만 자신의 조국을 위대한 나라로 만들겠다는 큰 목표를 위

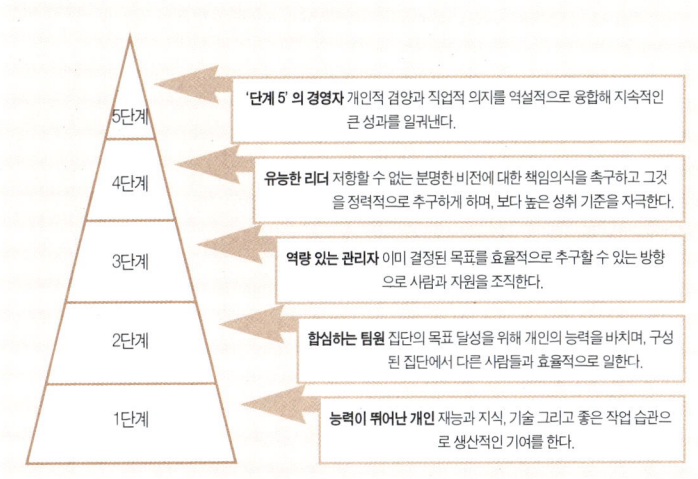

출처: 짐 콜린스 저, 《좋은 기업을 넘어 위대한 기업으로》

해서는 두려움 없이 행동했다.

콜린스는 '단계 5'의 경영자들은 '조용하고, 자신을 낮추며, 겸손하고, 조심스러우며, 수줍어하고, 정중하면서 부드럽고, 나서기 싫어하며, 말수가 적은' 등의 표현으로 상징된다고 한다. 그러면서도 그들은 '강렬한 의지, 회사를 키우는 데 필요한 것은 무슨 일이든 한다는 금욕에 가까운 결의'도 함께 갖추고 있다는 것이다.

'단계 5'는 활명수를 위기에서 구해내고 장수 제품으로 만드는 데 결정적인 기여를 한 윤창식 사장을 설명하기 위해 만든 용어가 아닐까 싶을 정도로 그에게 딱 들어맞는 표현이다. 독자들의 이해를 돕고자 콜린스가 요약한 '단계 5' 리더십의 두 가지 측면을 전재한다.

'단계 5' 리더십의 두 가지 측면

직업적 의지	개인적 겸양
• 좋은 회사에서 위대한 회사로 전환하는 뚜렷한 계기인 초일류의 성과를 창출한다. • 오랜 기간 최고의 성과를 내는 데 필요한 일이라면 아무리 어렵더라도 해내고야 마는 불굴의 의지를 보인다. • 영속하는 큰 회사를 세우는 기준을 설정한다. 그리고 그에 미달하는 것에 만족하지 않는다. • 결과가 나쁠 때는 창밖이 아니라 거울을 들여다보며 자신에게 책임을 돌리고, 다른 사람들이나 외부 요인들, 불운을 원망하지 않는다.	• 비길 데 없는 겸손함을 보이며 대중 앞에 나서서 떠벌리기를 꺼린다. 제 자랑을 늘어놓는 법이 없다. • 조용하고 차분하게 결정해 행동한다. 사람들을 고무하는 카리스마보다는 주로 격상된 기준에 입각해 동기를 부여한다. • 자기 자신이 아니라 회사에 야망을 돌린다. 차세대의 후계자들이 훨씬 더 큰 성공을 거둘 수 있는 기틀을 갖춰준다. • 회사가 성공했을 때는 거울이 아니라 창밖을 내다보며 다른 사람들과 외부 요인들, 행운에 찬사를 돌린다.

    좋은 회사에서 위대한 회사로 도약한 기업을 이끈 경영자들이 예외 없이 갖추고 있는 '단계 5'의 리더십을 갖추기 위해 우리 경영자들은 외국 사례를 참고할 것 없이 윤창식 사장을 벤치마킹하면 될 것이다.

    민강 사장과 윤창식 사장을 대비해보는 것은 결코 두 사람의 역량을 비교해보자는 의도가 아니며, 그것은 가능한 일도 아니다. 다만 두 사람의 인생 역정을 비교해봄으로써 오늘날의 경영자들이나 경영자를 지망하는 이들이 인생을 살아가는 데 필요한 교훈을 얻을 수 있었으면 하는 소망 때문이다. 두 사람은 모두 훌륭한 인생을 살았고 우리 사회에 큰 족적을 남긴 인물들이다. 한 사람은 기업을 창업하고 어려운 시절에 나라를 위해 아낌없이 자신의 몸을 던진 인물이며, 다른 한 사람은 그 기업이 위기에 처했을 때 과감하게 인수해 회생시키고 장수 기업으로 키운 은인이다.

활명수라는 하나의 제품과 동화약품이라는 기업을 매개체로 얽힌 두 사람의 인생은 닮은 점도 많지만, 한편으로는 큰 대조를 보여준다. 두 사람의 일생은 결과적으로 한 사람은 독립투사로, 다른 한 사람은 기업가로 모두 자신이 원하는 인생을 살았기 때문에 성공적이라고 할 수 있다. 하지만 다른 조건을 배제하고 경영자의 삶이라는 좁은 관점에서만 본다면 윤창식 사장의 생애가 후대 경영자들에게 더 많은 시사점을 남긴다.

······· **활명수** 경영 레슨 10 ·······

1. 겸손은 최고의 전략이다.
겸손함은 노자의 《도덕경》은 물론 서양의 경영이론에도 나오는 최고의 인생 전략이다. 그런데도 많은 경영자가 겸손하지 않음으로써 화를 자초하는 경우가 많다. 겸손은 리더십의 원천이기도 하다.

2. 기업의 성공을 향한 불굴의 의지를 가져야 한다.
몸은 낮추되 의지는 강해야 한다. 경영자는 어떤 난관도 돌파할 수 있다는 자신감이 있어야 위기를 극복해낼 수 있다.

3. 경영자는 항상 자중자애해야 한다.
경영자의 삶은 혼자만의 삶이 아니다. 기업가의 일거수일투족은 기업의 장래와 종업원 그리고 그 가족의 미래에 영향을 미친다. 경영자는 항상 신중하게 행동해야 한다.

4. 공사(公私)는 철저하게 구분하라.
경영자는 공과 사를 철저하게 구분할 줄 알아야 종업원들에게 존경을 받을 수 있으며, 그래야만 리더십을 발휘할 수 있다.

5. 인간적인 배려는 항상 필요하다.
아무리 엄한 경영자라도 인간적인 배려를 할 줄 알아야 종업원들의 마음을 얻는다.

6. 기업문화는 결국 최고경영자가 만드는 것이다.
기업문화는 경영자의 의지와 철학이 없으면 만들어지지 않는다. 경영자가 자신의 뜻을 솔선수범해 실천하고 종업원들이 그에 공감할 때 기업문화는 저절로 만들어진다.

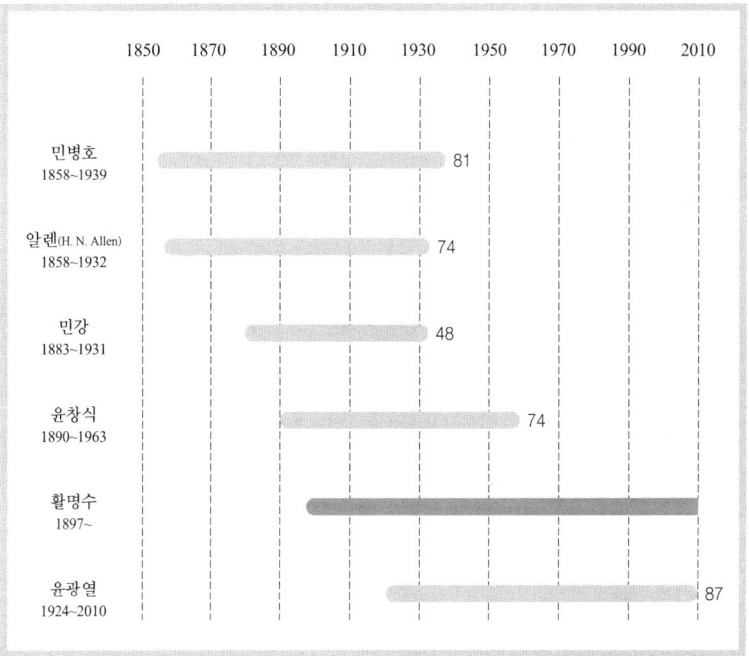

활명수 100년 성장의 비밀

초판 1쇄 발행 2009년 11월 30일
초판 28쇄 발행 2024년 12월 23일

지은이 예종석

발행인 이봉주 **단행본사업본부장** 신동해 **편집장** 김예원
마케팅 최혜진 이인국 **홍보** 반여진 허지호 송임선
제작 정석훈

브랜드 리더스북
주소 경기도 파주시 회동길 20
문의전화 031-956-7351(편집) 031-956-7089(마케팅)
홈페이지 www.wjbooks.co.kr
인스타그램 www.instagram.com/woongjin_readers
페이스북 www.facebook.com/woongjinreaders
블로그 blog.naver.com/wj_booking

발행처 ㈜웅진씽크빅
출판신고 1980년 3월 29일 제406-2007-000046호

ⓒ 2009 예종석, 저작권자와 맺은 특약에 따라 인지를 생략합니다.
ISBN 978-89-01-10117-3 03320

리더스북은 ㈜웅진씽크빅 단행본사업본부의 브랜드입니다.
저작권법에 따라 국내에서 보호받는 저작물이므로 무단전재와 복제를 금지하며,
이 책 내용의 전부 또는 일부를 이용하려면 반드시 저작권자와 ㈜웅진씽크빅의 서면 동의를 받아야 합니다.

※ 책값은 뒤표지에 있습니다.
※ 잘못된 책은 구입하신 곳에서 바꿔드립니다.